39가지 사건으로 보는

금의 역사

《黄金诱惑》

作者：阮崇晓

copyright 2011 by重庆出版传媒股份有限公司

All rights reserved.

Korean Translation Copyright by Pyongdan Publishing

Korean edition is published by arrangement with 重庆出版传媒股份有限公司

through EntersKorea Co.,Ltd, Seoul.

39가지 사건으로 보는

금의 역사

The History of Gold

루안총샤오 지음 | 정영선 옮김

평단

머리말

인류는 황금의 존재를 인식했을 때부터 세상에서 유일무이한 이 금속을 손에 넣기 위해 각축을 벌였다.

예나 지금이나 '황금'이라는 두 글자는 무한한 상상을 불러일으킨다. 태양처럼 빛을 발하는 황금은 인간의 마음을 사로잡기에 충분하다. 수천 년 동안 '황금'으로 세워진 신비한 건물과 사방으로 빛이 퍼지는 문미(門楣)는 부귀영화와 화려함의 극치를 보여주었지만, 그 이면에는 그로 인한 과거의 비애가 숨어 있다. 황금은 권력, 돈, 영예, 아름다움, 안정, 영생불멸에 대한 인간의 욕망에 불을 붙였다. 또한 탐욕의 상징이자 허영의 도구였고, 교환수단으로서 화폐의 자리에 올랐다. 황금 이외에 세계에서 이렇게 오랫동안 사람들에게 최고의 예우를 받은 금속은 지금까지 없었다.

인류 역사에서 황금의 역할은 크게 두 가지였다. 첫째는 장신구로서 부귀와 권위를 상징했고, 둘째는 등가물로서 화폐 도구로 쓰였다.

이집트의 파라오들은 첫 번째 기능을 아낌없이 활용했다. 그들은 사후에도 황금이 자신들의 부귀영화를 유지시켜 줄 것이라 믿었다. 《구약성서》에는 이스라엘 백성과 여호와가 각각 황금으로 송아지와 감실을 만들어 이를 통해 신앙을 확립하고 권위를 세웠다는 내용이 나온다. 또한 신대륙을 발견한 콜럼버스는 황금으로 자신의 영혼이 지옥에서 구원 받기를 희망했다……

무역의 도구로서 황금의 지위는 더욱 높았다. 크로이소스가 스타테르 금화를 주조한 것이 인류 금화 주조의 효시다. 이때부터 황금은 화폐라는 역할을 추가하면서 그 중요성이 날로 높아졌다. 페르시아 제국뿐만 아니라 로마 제국도 금화를 제국의 번영을 유지하는 절대적인 수단으로 여겼다.

아메리카 대륙에서 시작된 황금의 물결은 유럽에 가격혁명을 일으켰고, 기존의 경제 구조를 바꾸어 놓았다. 화폐개혁을 추진하던 과학자 뉴턴은 금본위제를 화폐의 최고봉으로 끌어올렸다. 금본위제의 시행은 대영 제국을 세계 최고 강국으로 발돋움하게 했으며, 세계에 산업혁명의 물결을 일으켰다.

그러나 20세기 제1차 세계대전과 월가에서 시작된 대공황으로 인해 금본위제가 폐지되자 이때부터 황금의 화폐로서의 영예는 점차 무너지기 시작했다. 사람들이 탐욕에 눈이 멀어 지폐에 현혹되면서 황금은 마침내 '야만시대의 유물'로 간주되고 만다.

'무역과 생산이 발전하면 황금은 인류가 부를 창조하는 데 있어 걸림돌이 되고 디플레이션을 야기하는 주범이다'라는 생각을 하는 사람들이 있다. 은행업의 발전과 복잡한 금융파생상품 등의 출시는 그들에게 좋은 구실을 제공했다. 금은 화폐체계에서 지위가 계속 약화되던 중 닉슨 대통령에 의해 달러 화폐체계에서 마침내 제거되기에 이른다.

반면 황금의 굴레를 벗어난 달러는 붕괴되기는커녕 석유가격의 독점과 조폐세의 수입에 힘입어 계속해서 패권을 유지했다. 심지어 많은 사람이 달러가 과거의 황금처럼 국제 화폐체계를 견고히 유지시키는 근원이라고 믿었다. 그들은 순진하게도 달러가 지배하는 국제 화폐체계가 이렇게 견고한 것은 전후 미국이 세계 유일의 초강대국인 이유도 있지만 그보다 미 연방준비제도이사회(FRB)가 화폐 관리에서 발휘한 능숙한 기교가 더 큰 원인이라고 여겼다. 달러가 초강세를 보였을 때 〈뉴욕 타임스〉는 심지어 이런 글을 실었다. '우리에게 그린스펀이 있는데 누가 금을 필요로 하겠는가?'

체코의 유명 작가 밀란 쿤데라(Milan Kundera)는 이런 말을 했다. "인류가 골똘히 생각을 하면 하느님이 웃는다." 하느님과 그린스펀이 동시에 나타나면 인간은 하느님을 믿을까, 아니면 그린스펀과 연방준비제도이사회를 믿을까?

인간이 발행한 지폐 앞에서 황금은 언제나 열세에 놓여 있는 듯하지만 지폐가 범람하면 곧바로 금의 진가가 발휘되기 시작한다. 투기가 과열되어 화폐가치가 극도로 불안해지면 상대적으로 금의 가치가 높아져 리스크 회피를 위한 도피처가 되는 것이다.

미국의 서브프라임 사태로 인한 글로벌 금융위기가 이것을 여실히 증명했다. 인류 경제사상 가장 큰 규모의 위기가 일어나자 각국 정부는 모두 큰 어려움을 겪었다. 글로벌 경제위기로 과거 통화버블 속에서도 증가하던 각국의 GDP는 더 이상 성장을 기대하기 힘들었고, 할 수 있는 방법은 지폐를 발행해 시장을 구제하는 것뿐이었다. 그래서 미국은 대대적인 경기부양책을 시행했다. 우선 1조 7000억 달러에 달하는 1차 양적 완화(quantitative easing) 조치를 시행했다. 그 후 EU도 2000억 유로의 부양책을 시행했고, 중국도 이에 뒤질세라 4조 위안에 달하는 부양책을 시행했다.

그러나 국제화폐의 '맏형' 격인 달러를 추가 발행하는 것은 위기를 다른 나라에 전가하는 행위이다. 달러 중에 70%는 미국 이외의 국제 시장에서 유통되므로 화폐를 추가 발행하면 미국 경제는 회복되고 미국의 채무는 희석되지만 미국 채권을 대량 보유한 국가들은 울며 겨자 먹기 식으로 고통을 감내할 뿐 자신의 자산이 줄어들지 않게 할 방법이 없기 때문이다.

이런 과정이 지속되면 '양떼효과'를 유발해 각국은 앞다투어 화폐의 평가절하를 단행한다. 각국 정부가 '보이는 손'을 높이 쳐들고 현란한 춤을 출 때 '보이지 않는 손'은 철저하게 감춰져 있다. 이때 황금은 리스크 회피와 인플레이션 헤지(inflation hedge)[1]를 위해 '난세의 영웅'처럼 등장한다.

2009년 9월 9일, 미국 금 선물 가격이 1000달러를 돌파하고 온스당 1008.2달러를 기록하며 6개월 만에 최

[1] 물가상승으로 인한 실질투자수익 하락을 막기 위해 금, 부동산, 원유 등의 실물자산에 투자하는 것.

고점을 찍었다. 런던 금 현물 가격은 온스당 1007.45달러로 치솟아 '천금의 지붕(千金頂)²'을 성공적으로 딛고 올라섰다. 황금이 이렇게 주목받는 이유는 인플레이션과 달러 약세가 예상되기 때문이다. 각국 정부의 경기부양책과 관련된 '출구' 전략이 여전히 탁상공론의 단계에만 머물러 있어 인플레이션에 대한 우려를 더욱 증폭시키고 있다. 또 한편으로는 금융위기 발발 후 미국의 막대한 재정적자를 우려하는 목소리가 더욱 커지면서 달러는 계속 약세를 지속하고 있다. 2009년 초부터 지금까지 달러지수는 총 4.1% 하락했다. 이러한 원인들로 인해 금에 투자해 리스크를 줄이려는 사람들이 더욱 늘어나고 있는 실정이다.

관련 데이터에 따르면, 미국은 전임 부시 대통령이 군사비 지출을 위해 6조 달러나 부채를 늘리고 오바마 대통령은 경기 부양을 위해 2조 달러의 부채를 늘렸다. 그렇지만 막대한 재정적자에 허덕이는 미국 경제가 회복과 성장을 지속할 수 있을지는 알 수 없는 일이다. 미국 정부가 또 예상 밖의 융자 리스크에 직면하지는 않을지 우려하는 분위기 속에서 사람들의 관심은 다시 황금으로 쏠리고 있다.

노벨 경제학상 수상자이자 유로의 아버지로 불리는 로버트 먼델 (Robert Mundell)은 20세기 말에 이렇게 예언했다. "21세기, 황금은 국제 화폐체계의 한 부분이 될 것입니다." 당시로서는 이 말은 대담하면서도 상당히 논쟁을 불러일으킬 만한 견해였다. 하지만 21세기가 10분의 1을 경과

² 첸자오왕(千找網)에서 개발한 경매 리스트 툴의 이름이기도 하나 여기에서는 금값이 1000달러를 돌파했다는 뜻.

한 지금, 황금은 다시금 사람들이 앞다투어 찾는 '부의 수호자'가 되었다.

법정 화폐에 관해 고대 그리스 철학자 아리스토텔레스는 일찍이 의미심장한 말을 했다. "만일 우리에게 완벽한 관리체계가 있고 국왕에게 하느님과 같은 지혜가 있다면, 법정 화폐는 아무런 문제도 없을 것이다." 그러나 애석하게도 인간은 하느님과 같은 예지력 있는 두뇌를 영원히 가질 수 없다. '하느님이 아닌 사람들'이 발행한 지폐는 국가가 국민에게 발급한 차용 증서다. 만일 황금에 대한 구금이 풀리지 않는다면 이 차용 증서는 영원히 만기가 도래하지 않을 것이다.

역사의 역할 중 하나는 바로 현재 혹은 미래의 방향을 제시하는 것이다. 이 책은 시기별 황금을 중심으로 한 중대한 사상이나 사회적 사건을 통해 금의 경제학적 역할을 조명하고 있다. 이 책을 통해 독자들이 객관적이고 냉철한 시각으로 황금을 바라보고 자본시장에서의 황금의 맥락과 추이를 정확하게 파악하며 그 속에서 유익한 정보를 얻고 경제에 관한 혜안을 얻기를 희망한다.

제3장 금본위제하의 황금을 둘러싼 각축전

제4장 브레턴우즈 체제하의 달러본위제

제5장 위기 속의 황금 저격전

제6장 향후 황금은 다시 화폐의 왕좌를 차지할 것인가?

냉병기(冷兵器)[3] 시대의
황금에 대한 갈망

✛

황금은 발견되자마자 인류와 역사를 같이했다. 상고시대 문명의 관점으로 황금을 바라보면 많은 의문들이 생겨난다. 황금은 어떻게 인류의 눈에 띄게 되었고, 처음 인류가 황금을 숭배하게 된 이유는 무엇일까? 지역에 관계없이 세계 각지에서 황금을 부의 상징으로 숭배하는 이유는 무엇일까? 또한 인간의 원대한 야심에 불을 붙이는 한편, 인간 내면의 깊숙한 곳에 자리한 추악한 영혼을 부추기는 황금의 힘은 어디에서 오는 것일까?

《구약성경》에 나오는 유대인들이 숭배한 금송아지(The Golden Calf)나 황금으로 만든 비잔틴 제국의 소피아 대성당(Hagia Sophia)에 이르기까지…… 전설과 역사를 통해 황금의 신비한 마력과 인간의 끝없는 탐욕, 그리고 무지를 엿볼 수 있다.

✛

전설 속의 금송아지와
황금 언약궤

오늘날까지 전해지는 전설과 역사적 사실을 살펴보면 인류의 전쟁이나 화려한 문화유산은 '황금'이라는 두 글자와 깊은 관련이 있음을 알 수 있다.

인류는 오래전부터 금과 관계를 맺었고, 이 관계는 긴 세월만큼이나 복잡하고 수많은 문제를 양산했다. 희귀하고 견고하며 아름다운 금은 인간을 매혹하기에 충분했다. 그리하여 금은 인류 역사에서 시대마다 고유한 지위를 확보했다. 태양을 숭배한 인간은 금이 발하는 찬란한 빛에 깊이 매료되었다. 더욱이 황금색은 고대 제왕의 권력을 상징하는 색상으로 부상했다. 금은 토템 숭배와 장신구로서의 단순한 기능에서 이후 화폐 기능까지 수행하게 되

> 3 화기 사용이 보편화되기 전까지의 모든 무기를 일컫는 말.

었다. 가치 척도의 수단으로서 생존 물자를 교환하는 매개체가 되자 금은 모두가 손에 넣고 싶어 하는 대상이 되었다.

금융파생상품이 대거 출시된 오늘날, 금융 버블의 형성과 붕괴가 반복되면서 투자자들은 자산의 가치가 하루아침에 천정부지로 치솟거나 나락으로 떨어지는 상황을 경험했다. 소유한 자산 증명서(지폐, 채권, 주식 등)가 휴지조각이 될지도 모른다는 불안감이 팽배해지면 투자자들은 자연스레 금으로 눈을 돌린다.

예나 지금이나 희소성이 있는 금은 사람들의 기대와 희망을 저버리지 않는다. 노력에 비해 생산량이 턱없이 적어도 인간의 금에 대한 욕망과 금을 캐려는 열정은 결코 수그러들지 않았다. 그 옛날의 황당무계한 신화나 아득한 전설을 살펴봐도 금은 인간이 저항할 수 없는 원초적인 매력을 지닌 듯하다.

피아노의 황태자 막심 므라비차(Maksim Mrvica)가 연주한 〈영광의 탈출(Exodus)〉 OST는 힘이 넘치는 피아노곡으로 세계 음악계에 큰 반향을 불러일으켰다. 또한 문화가 다른 민족 간에 공감대를 형성하게 했다. 이 곡을 듣고 있으면 아름답고 즐거운 상상과 활력이 용솟음치고 광야를 달리는 듯한 격정이 느껴지면서 마치 음표 하나하나가 역사의 장에서 성큼 걸어 나와 시공을 초월해 모세가 살았던 시대로 인도하는 듯하다. 그리고 모세가 되어 고난과 역경을 헤쳐 나가는 듯한 착각에 빠지게 한다.

그러나 모세를 제외한 이스라엘 백성에게서 결의나 용기는 찾아볼 수 없었고, 모세가 그들의 곁을 떠났을 때 이스라엘 백성은 우상을 숭배하고 맹신하는 모습을 보였다. 여기에는 금이 깊숙이 관련되어 있다.

《성경》에는 금에 대한 언급이 400여 차례나 나온다. 그중 구약《출애굽기》에 기록된 금송아지와 황금 언약궤(Ark of the Covenant) 이야기는 가장 주목을 끌면서도 의미심장하다. 역사 기록을 보면, 요셉 시대 이스라엘 백성은 심각한 기근 때문에 가나안 지방에서 애굽(이집트)으로 이주해야 했다. 이집트에 도착한 이스라엘 백성은 근면과 성실로 사회적 부를 이루었다. 그러나 좋은 시절은 그리 오래가지 않았다. 요셉이 죽자 이스라엘 백성은 박해를 받기 시작했다.

이집트의 파라오 세티(Seti) 1세가 집권하면서 상황은 더욱 심각해졌다. 그는 이스라엘 백성을 토목 공사에 징용하여 나일강 삼각주에 황궁을 짓고, 카르나크 신전(Karnak temple)에 거대한 원형 기둥을 세웠으며, 아비도스 신전(Abydos Temple)을 세웠다. 세월이 지나면서 이집트 파라오의 노예로 전락한 이스라엘 백성은 햇볕이 따갑게 내리쬐고 폭우가 쏟아져도 감시관이 휘두르는 채찍을 맞으며 중노동을 해야 했다.

그러나 이것이 끝이 아니었다. 이스라엘인의 수가 점점 늘어나자 파라오는 자칫하면 이집트인들의 삶의 터전을 위협받을 수 있겠다고 생각했다. 그래서 그는 다음과 같은 무지막지한 명령을 내렸다. "이스라엘인이 낳는 남자 아이는 모두 나일 강에 버려라." 훗날 이스라엘 민족의 지도자가 된 모세도 태어났을 때 파라오의 마수를 피할 수 없었다. 모세도 강에 버려졌으나 이집트의 공주에게 구출되어 왕궁에서 성장했다. 그는 40세 때 동포가 학대받는 것을 보고 분개하여 이집트인을 살해하고 미디안 땅으로 도망갔다. 그리고 그곳에서 유목민 미디안족(族)의 사제(司祭) 이드로의 딸 십보라를 아내로 맞아 게르솜과 엘리에젤이라는 두 아들을 얻었다. 80세 되던 해에는 호렙 산에서 이스라엘 백성을 구하라는 여호와의 계시를 받았다.

세티 1세가 죽고 뒤를 이어 그의 아들 람세스(Ramses) 2세가 왕위를 계승했다. 모세는 이집트로 돌아와 파라오에게 여호와의 계시를 전했다. 그는 이스라엘 백성을 해방하지 않으면 이집트인들은 열 가지 재난에 직면할 것이라고 경고했다. 그러나 파라오는 이를 인정하지 않았다. 결국 이집트인들은 천재와 인재를 입게 되었고, 분노한 파라오는 보복을 가했다.

이스라엘 백성을 구원하라는 계시를 받은 모세는 여호와의 보호를 받으며 이스라엘 백성과 함께 이집트를 탈출했다. 그들은 홍해를 건너고 사막을 지나 비옥한 땅인 가나안으로 향했다. 그러나 모세가 하느님을 대면하기 위해 시나이 산으로 갔을 때, 이스라엘 백성은 금송아지를 만들어 이를 숭배했다. 십계를 들고 시나이 산에서 내려온 모세는 하느님 이외의 우상(금송아지)을 숭배하는 이스라엘 백성을 보고 분노와 실망을 금치 못했다. 그는 분개한 나머지 십계명판을 깨뜨려 버렸다. 이때 여호와는 자신의 백성이 사이비 종교를 믿는 것을 용인할 수 없어 이를 바로잡고자 했다. 이에 모세는 사태의 심각성을 깨닫고 이스라엘 백성을 대신해 여호와에게 그들의 잘못을 용서해 달라고 간청했다. 여호와는 마지못해 승낙했다. 그리고 이스라엘 백성에게 십계가 새겨진 석판을 다시 만들어 주고, 앞으로 이스라엘 백성이 다른 사물을 숭배하지 못하도록 모세를 통해 다음과 같은 자신의 뜻을 명확하게 전했다. 이스라엘 백성은 반드시 성막을 지어 예배를 드리고, 단향목으로 만든 다음 도금한 언약궤(법궤)에 십계를 담아 성막에 안치하라는 것이었다. 이 밖에도 언약궤 위의 두 거룹(cherub)[4]과 네 귀퉁이의 고리를 황금으로 만들도록 지시했다. 이때부터 황금 언약궤는 유대인들에게 국가의 흥망성쇠를 좌우하는 국보급 보물이 되었다.

모세가 부숴 버린 금송아지와 더불어 황금 언약궤도 소실되는 운명을 피하지 못했다. 신바빌로니아의 왕 네부카드네자르(Nebuchadnezzar) 2세가 예루살렘을 침략한 후 황금 언약궤와 솔로몬 왕의 보물은 모두 사라졌고, 이것은 역사적으로 가장 유명한 보물 미스터리로 남아 있다. 그럼, 금송아지와 황금 언약궤가 의미하는 바는 무엇일까?

흥미로운 점은 똑같이 황금으로 만든 신앙의 상징이지만 운명이 판이하게 갈렸다는 것이다. 유대인과 기독교인에게 금송아지는 인간의 맹목적 숭배, 무지, 저속 등 부정(不正)함을 대표하는 사물로 간주된다. 그러나 황금 언약궤는 위대함, 성스러움, 모독할 수 없는 것의 상징으로 여겨졌다. 이를 통해 인류가 신앙을 확립하던 초기에 황금은 인간에게 양날의 칼 같은 존재였음을 알 수 있다. 황

[4] 유대교, 그리스도교, 이슬람교 문헌에 나오는 천사를 말한다. 사람, 동물, 새의 모습을 한 천상의 존재로 날개가 있고 신의 보좌를 운반한다.

모세가 시나이 산에서 십계를 받을 때 이스라엘 백성이 금송아지를 만들어 숭배하는 모습

금 때문에 한 민족이 전멸의 위기에 처하기도 했지만, 통치자는 이런 위력을 가진 황금의 힘을 빌려 권위를 수립하는 도구로 활용하기도 한 것이다.

그 후 황금은 교환 매개체로서 여러 금속 중에서도 최고의 지위를 누리며 부의 상징으로 부상했다. 그러나 사람들은 권위를 상징하는 황금의 기능을 잊지 않았다. 예로부터 무력 정복은 권위를 세우는 강력한 수단이었고, 황금은 무력 정복을 뒷받침하는 경제적 지원군이었다. 또 황금이 지닌 고유의 속성은 권위를 상징하는 각종 건축물에 내걸기에 안성맞춤이었다.

세계 각지 유명한 교회의 꼭대기에는 황금 십자가가 달려 있고, 크렘린 궁의 지붕에는 황금으로 만든 별이 있다. 이를 보면 지역이나 민족은 다르지만 약속이나 한 것처럼 권위를 상징하는 최고의 금속으로 황금을 선택했음을 알 수 있다. 그 결과, 지역을 막론하고 권위

39가지 사건으로 보는 금의 역사

(특히 종교나 이데올로기)의 주체가 대중의 육체적 힘을 빌리고자 할 때나 정신을 억압하고자 할 때 황금은 더할 나위 없이 좋은 선택이 었다. 초기에 황금은 장신구의 형태로 권위를 상징했다. 황금 장신구를 권위 있고 고귀한 제왕의 몸에 걸치거나 감실(龕室)[5]에 걸기도 했다. 또 신성한 건축물에 황금을 상감하여 장식하기도 했다.

금송아지 같은 숭배물이 되기도 하고 황금 별 같은 권위의 상징이 되기도 하면서 황금은 자신의 의도와는 관계없이 인간들이 만들어 낸 신앙의 모순 속으로 빠져들었다. 황금은 모범의 대상으로 받들어 짐과 동시에 저속한 존재로 여겨졌다. 사실 황금에 대한 인간의 모순된 심리는 인류 사회에 존재하는 각종 권위에 대한 암시이기도 하다. 처음에는 뭇 사람들의 존경을 받다가 끝내는 이미지가 실추되고 나중에 재기하는 현상이 그렇다. 이는 과거에도 그랬고, 현재도 그러하며, 앞으로도 그러할 것이다.

지금까지는 주로 장신구로서 금의 운명을 살펴보았다. 이후 금은 화폐 기능을 겸하게 되면서 야생마처럼 질주했다. 금은 인류가 위대한 문명을 창조하는 데 일조한 동시에 인류의 탐욕을 조장하고 잔혹한 전쟁을 초래했다. 그뿐만 아니라 금 본연의 교환 기능을 이용해 인류의 생활 수준과 생산 효율을 높였고, 동시에 인간에게 야만적인 노역(奴役)을 부과했다. 이처럼 금속 덩어리인 금은 인류에게 막대하고 다양한 영향을 미쳐 왔다.

[5] 불교, 유교, 가톨릭 등 종교에서 신위 및 작은 불상이나 초상 또는 성체(聖體) 등을 모셔둔 곳.

고대 이집트 :
황금 가면에서 금광 지도의 발견까지

이집트 하면 가장 먼저 떠오르는 것은 바로 피라미드다. "시간은 만물을 비웃지만, 피라미드는 시간을 비웃는다"라는 아랍 속담이 있다. 세상에 그 어떤 사물도 시간의 흐름을 피해가지는 못한다. 제아무리 위대한 인물도 결국 죽음을 맞이하고, 아무리 거대한 건축물도 비바람의 침식으로 과거의 찬란함을 잃게 된다. 마찬가지로 최고의 기술도 새로운 기술 앞에서 고개를 숙이는 것이 현실이다. 단 하나 예외가 있다면 바로 피라미드다. 중국 북쪽을 에두른 만리장성이나 고대 그리스의 파르테논 신전은 모두 고증하는 역사적 사료가 있어 그 역사를 알 수 있다. 그러나 피라미드는 여전히 신비의 베일에 싸인 채 비밀을 간직하고 있다. 인류는 피라미드가 언제 만들어졌으며 어떻게 만들어졌는지에 대한 사료나 기록을 전혀 발견하지 못했다.

과학 기술이 고도로 발전하고 고고학 기술이 첨단화되고 있지만, 피라미드의 베일을 모두 벗겨 내는 것은 인류에게 영원한 숙제일 것이다. 그러나 피라미드는 고대 이집트의 나일 강 문명으로 시작된 인류 문명의 발달 정도를 충분히 보여주고 있다. 이는 다른 대하 문명이 대신할 수 없는 부분이다. 이러한 고대 이집트 땅에서 인류 문명의 발달 수준을 상징하는 전형적인 금속, 즉 황금은 중요한 역할을 하도록 운명 지어졌다.

이스라엘 민족의 금송아지가 인류 최초의 숭배물은 아니다. 또한 여호와가 가장 먼저 황금으로 권위를 상징한 신인 것도 아니다. 《구약성경》과 고고학자들의 연구를 토대로 유추해 보면, 역사상 가장 먼저 황금을 대량으로 사용한 나라는 바로 이스라엘 민족을 노예로 삼았던 고대 이집트다. 이집트 상형문자를 풀이해 보면, 기원전 2600년경 나일 강 일대에 황금이 있었다는 묘사가 나온다. 고대 미탄니 왕국의 투스라타(Tushratta) 왕은 "이집트에는 황금이 흙보다 많다"라고 말했다. 특히 나일 강 제1폭포 근처의 누비아(Nubia, 지금의 이집트와 수단의 국경 지대)는 세계 최초의 황금 산지로 16세기까지 서방 국가에 황금을 수출했다. '누비아'라는 명칭도 이집트어의 '금(nub)'에서 유래했다.

1922년 영국의 고고학자 하워드 카터(Howard Carter)와 그의 발굴단은 이집트 남부 나일 강 서쪽 사막에 있는 '왕들의 계곡'에서 파라오 투탕카멘(Tutankhamen)의 무덤을 발견했다. 도굴범들의 손길이 닿지 않은 이 무덤에서 발굴된 진귀한 보물들은 세계를 놀라게 했다. 이

파라오 투탕카멘이 무덤에서 쓰고 있던 가면. 높이가 50센티미터로 현재 카이로의 이집트 박물관에 소장되어 있다.

는 이집트 고고학사는 물론 세계 고고학사에도 길이 남을 가장 위대한 발견 중 하나다. 투탕카멘의 무덤은 비할 데 없는 역사적 가치와 함께 수많은 수수께끼를 담고 있다. 무덤의 발견과 동시에 투탕카멘은 가장 유명한 파라오가 되었다.

투탕카멘의 미라를 발굴한 고고학자들은 그의 머리에 쓰여 있던 황금 가면을 보고 놀랐다. 실물 크기의 가면은 신체의 얼굴 부위에 덮여 있었다. 보석과 색유리로 장식된 황금 가면의 이마에는 상, 하 이집트(상 이집트는 매가 수호신이고 하 이집트는 뱀이 수호신이다)를 상징하는 신의 형상인 매와 맘바(Mamba)[6]가 장식되어 있고, 턱에는 긴 수염을 늘어뜨려 사자(死者)의 신인 오시리스(Osiris)를 상징했다. 이러한 투탕카멘 가면은 세계에서 가장 정교하고 아름다운 예술 작품 중의 하나로 손꼽히며, 현재 카이로에 있는 이집트 박물관에 소장되어 있다.

[6] 코브라 과(科)의 큰 독사.

70년이 지난 1990년대 초, 센타민 이집트(Centamin Egypt)의 대표 유수프 엘 라히(Youssef El-Raghy)가 이탈리아 토리노의 한 박물관을 구경하던 중 문득 고향 생각이 나서 20세기 초에 이탈리아인이 북아프리카에서 수탈한 문물들을 특히 주의 깊게 보았다. 그런데 갑자기 그의 눈에 띄는 것이 있었다. 그는 알고 있는 이집트 역사를 총동원해 본 결과 그것이 다름 아닌 기원전 1320년의 파피루스 지도임을 알았다. 그 후 과학적인 고증을 거친 결과 이 지도는 세계에서 가장 오래된 지리 지도이자 나일 강과 홍해 사이의 금광 위치를 알려주는 보물 지도였다.

황금 가면과 금광 지도의 발견은 매우 중요한 역사적 의미가 있다. 이 유산의 발견은 황금의 역사에서 이집트의 지위를 증명하는 확실한 증거이기 때문이다. 황금 가면은 이집트인들의 황금 제련 기술이 최고 수준이었다는 사실을 보여주며, 금광 지도는 고대 이집트가 상당히 광범위한 지역에서 체계적으로 금광을 채굴했다는 사실을 말해 준다.

"고대 이집트의 문명은 검은 흙과 황금으로 일궈낸 것이다." 황금의 역사를 연구하는 티머시 그린(Timothy Green)의 이 말은 고대 이집트에 대한 매우 정확한 평가라 할 수 있다. 오늘날 우리에게 알려진 고대 문명 중에서 초기의 발달 수준이 나일 강 유역을 능가했던 곳은 거의 없다. 나일 강이 정기적으로 범람함에 따라 토지가 비옥했던 까닭에 고대 이집트인들은 낮은 생산성에도 불구하고 생존에 필요한 농작물을 쉽게 얻었을 것이다. 게다가 나일 강 유역에 매장된 풍부한 황금 자원으로 인해 이 지역은 인류 최초로 선사 시대에서 문명 시대로 접어들 수 있었다.

과거 금의 가치를 알 수 있는 기록으로 '황금 한 덩어리는 은 두 덩어리에 해당한다'라는 6000여 년 전 고대 이집트의 거래 기록이 남아 있다. 또한 고대 이집트의 수많은 조각 예술품에서 '금'을 나타내는 상형문자가 발견되었다. 관련 기록에 따르면, 누비아에서 생산된 황금은 신대륙이 발견되기 전까지 양과 질 면에서 모두 세계 최고였다. 막대한 양의 황금을 얻기 위해 이집트 파라오는 대군을 이끌고 남쪽으로 수차례 정벌에 나섰다. 막강한 이집트 군대 앞에 누비아인들은 금을 캐는 노예로 전락했다. 당시 이집트인들은 이미 도르래 원리를 이용한 간단한 승강기를 만들어 채굴에 사용했다. 그러나 승강기 내부의 공기는 탁했고 금광 안의 열기는 참기 어려울 만큼 뜨거웠다. 게다가 폭우라도 쏟아지는 날에는 흙과 돌이 무너져 내려

누비아 광부를 묘사한 벽화

금광 내부에서 일하던 많은 사람이 목숨을 잃었다.

채굴을 위한 노동력을 확보하려는 목적으로 고대 이집트는 누비아를 상대로 전쟁을 일삼았다. 이집트 제4왕조의 첫 파라오 스네프루(Snefru)는 재위한 동안 기원전 2600년 이후부터 누비아에서 전쟁 포로 7000명과 소와 양 20만 마리를 끌고 갔으며, 누비아를 이집트의 식민지로 삼았다. 누비아인이 도망가거나 저항하지 못하도록 하기 위해 고대 이집트인들은 시설과 제도 면에서 다양한 방법을 고안해 냈다. 일례로, 그들은 여러 민족에서 용병을 충당해 용병이 노예들과 소통하는 것을 원천 봉쇄했다. 노예들은 황금을 몰래 숨겼다가 뇌물로 주는 방법 등으로 노예의 신분에서 탈피하고 싶어했지만 비참한 운명에서 벗어날 길이 없었다.

누비아인들의 목숨과 맞바꾼 황금은 파라오의 금고로 쉴새없이 흘러들어갔다. 덕분에 고대 이집트의 국고는 넘쳐나 세계에서 유례없는 호화로운 건축물을 세우고 거대한 규모의 수리 사업을 진행할 수 있었다. 몇 대에 걸쳐 지어진 카르나크 신전의 전체 규모는 남북으로 2킬로미터, 동서로 500~600미터 크기다. 특히 대열주실은 23미터와 15미터 두 종류의 큰 기둥이 134개나 된다. 단일 신전으로는 세계 최대 규모를 자랑한다. 이를 통해 고대 이집트의 뛰어난 건축 수준을 알 수 있으며, 황금으로 뒷받침된 경제력이 얼마나 막강했는지를 가늠할 수 있다. 이집트의 웅대하고 신비로운 피라미드와 신전을 마주하면 우리들은 정말로 고대 이집트인들이 지은 것인지, 아니면 외계인이 지은 것인지 의구심을 갖게 된다. 그러나 투탕카멘의 무덤을 직접 본 사람들은 놀람과 동시에 18년밖에 살지 못한 파라오의 관과 가면이 황금으로 만들어지고 그의 무덤에서 금은보화가 쏟아져 나온 것을 보고 이집트의 모든 것이 황금으로 만들어졌다는 사실을 믿게 된다.

그런데 역사를 통해 한 가지 놀라운 사실을 확인할 수 있다. 황금과 약탈로 세워진 나라는 반드시 약탈을 당하고 만다는 것이다. 아시아, 유럽, 아프리카 대륙이 만나는 곳에 자리한 고대 이집트는 주변 신흥 제국들이 수시로 넘보는 대상이었다. 주변의 제국들이 서로 연합해 침범해 오자 고대 이집트도 더 이상은 버티지 못했다.

기원전 7세기, 아시리아(Assyria)인들의 침략을 시작으로 인류 고대 문명의 꽃이라 할 수 있는 이집트는 전쟁터로 전락했다. 그리스, 페르시아 제국, 알렉산드로스 제국[7], 로마 제국이 연이어 이집트를 정복했고, 전쟁이 일어날 때마다 이집트는 엄청난 양의 재물을 약탈당했다. 몇천 년에 걸쳐 축적된 황금은 지중해의 바닷길과 시나이 반도의 육로를 통해 각 제국의 중심으로 호송되었다. 황금으로 인해 무한한 영광을 누리던 이집트는 무참한 공격을 받아 생명의 불씨가 차츰 꺼져 가고 있었다.

로마 제국의 속주가 된 이집트는 한때 번영을 누렸으나 그것도 잠시, 서로마와 동로마 제국이 연이어 붕괴하면서 또다시 전쟁의 불길에 휩싸였다. 아라비아 제국, 오스만 제국, 근대 신흥 자본

[7] 마케도니아의 왕위에 오른 알렉산드로스 대왕이 기원전 334년 동방 원정에 나서 이집트, 페르시아, 인더스 강 유역에 걸쳐 건설한 대제국.

주의 제국의 침략으로 이집트는 주인 없는 나라 신세가 되고 말았다.

제1차 세계대전이 끝나고 민족 독립운동이 물밀듯이 일어나면서 1922년에 이집트는 독립국가가 되었다. 그러나 제국주의는 약탈로 얼룩진 이집트를 쉽사리 놓아주지 않았다. 제2차 중동전쟁에서 영국과 프랑스는 수에즈 운하를 독점하기 위해 혈안이 되었다. 이집트의 운명은 결국 나세르 장군의 수중에 들어갔다. 이후 아랍 민족주의자의 강경한 태도와 수완으로 이집트는 마침내 진정한 독립을 이루었고, 세계에서(특히 중동 지역) 점차 중요한 역할을 담당하게 되었다. 그러나 오늘날의 이집트는 더 이상 찬란한 빛을 발하던 고대 이집트가 아니다. 과거의 독창적인 나일 강 문명은 점차 아랍 문명의 일부분으로 녹아들었다.

치열한 전투와 총성은 끝이 났다. 인류 역사상 최초로 체계적이고 대규모로 금을 채굴했던 이집트는 그동안 전 세계에 심원한 영향을 미쳤다. 세계에서 가장 중요한 유통 도구였던 금은 세계 무역을 서서히 발전시켰고, 신대륙이 발견되기 전까지 유통된 금의 상당 부분이 과거 이집트 파라오의 국고에서 나온 것이었다. 그러나 오늘날의 이집트는 황금의 소비 대국이지 더 이상 수출 대국이 아니다. 이러한 과거와 현재의 상반된 현상은 참으로 아이러니한 일이기도 하다.

리디아인 :
최초로 주화를 만들어 사용한 민족

화폐는 시대별로 다양한 형식을 띠었다. 원시사회에서 인류는 물물교환의 방식으로 자신이 필요한 물품을 획득했다. 예를 들어 양한 마리와 돌도끼를 맞바꿀 때 자신이 가지고 있는 물건이 곧 화폐였다. 그 후, 인류사회가 발전하면서 교환 가능한 물건의 종류와 수가 복잡하고 다양해졌다. 이 시기에는 쌍방이 모두 받아들일 수 있는 물건으로 교환이 이루어졌는데 이것이 바로 원시화폐다.

화폐학자의 연구에 따르면 인류는 가축, 소금, 희귀한 조개껍데기, 진귀한 새의 깃털, 보석, 사금, 돌 등과 같은 대량 채취가 어려운 물건을 화폐로 사용했다. 심지어 제2차 세계대전 이후 독일에서는 담배가 화폐로 사용된 적이 있다.

마르크스는 "금과 은은 원래는 화폐가 아니지만, 화폐는 원래부터 금과 은이었다"라고 말했다. 금의 특성을 깨달을수록 사람들은 금이 화폐의 기능을 담당하기에 탁월한 매개체라는 사실을 체감했다. 금은 보관하기 편리하고 쉽게 파손되지도 않는다. 또한 세계 어느 지역에서나 그 존재를 알고 최고의 가치를 지닌 매개체로서 널리 사랑받는다. 이 밖에도 다른 금속과 달리 균등하게 분할이 용이하고 무게와 순도에 따라 가치가 정해진다. 이런 특성을 감안해 보면 인류 역사에서 금이 화폐로 이용된 것은 필연적인 결과였다. 그러므로 최초로 금화를 주조한 나라를 연구하는 것은 화폐의 역할을 담당했던 금의 의미와 역사적 배경을 이해하고 그 영향을 이해하는 데 도움이 될 것이다.

세상의 모든 금이 광산이나 지하에서 채굴된 것은 아니다. '골드러시'로 유명한 캘리포니아로 많은 사람들이 앞다투어 모여든 이유는 직접 만든 조잡한 도구를 이용해 강이나 해안가에 쌓인 금 알갱이를 걸러낼 수 있었기 때문이다.

앞에서도 소개했듯이 고대 이집트인들에게는 일찍부터 금광채굴기술이 있었지만, 지중해 맞은편의 소아시아(지금의 터키 일대)인들은 그렇지 못했다. 그들은 피라미드의 지반을 닦을 만한 능력도 없었고, 금을 채굴하는 데 필요한 고난도 기술도 갖고 있지 않았다. 그러나 고도의 채굴기술이 없었어도 소아시아 지역의 리디아 왕국은 금화를 만들어 냈다. 프랑스의 유명한 역사학자 페르낭 브로델(Fernand Braudel)은 일찍이 이렇게 말했다. "새로운 문명이 태동하는 데 가장 결정적인 요인은 바로 지리적 조건이다." 이 말은 리디아에도 해당

되는 말이다. 리디아는 뛰어난 지리적 조건을 갖춘 덕분에 인류 최초로 금화를 탄생시킬 수 있었다.

고대 그리스 신화에는 미다스와 술의 신 디오니소스의 이야기가 나온다. 마음이 선한 미다스 국왕은 낯선 사람에게도 항상 은혜를 베풀었다. 미다스의 은혜를 입은 디오니소스는 은혜를 갚기 위해 그에게 소원을 들어주겠다고 했다. 미다스는 손이 닿는 것마다 모두 금으로 변하게 해달라고 청했다. 디오니소스는 그의 소원을 들어주었고, 정말로 손에 닿는 것마다 황금으로 변하자 흥분한 그는 딸을 포옹했다. 그 순간, 사랑하는 딸이 황금 조각상으로 변해 버렸다. 그제야 그는 후회의 눈물을 흘리며 딸을 원래의 상태로 되돌리기 위해 디오니소스에게 다시 간청했다. 디오니소스의 도움으로 미다스는 팩톨러스(Pactolus) 강에서 목욕을 한 후 탐욕 때문에 일어난 일을 되돌려 놓을 수 있었다. 그 후 이 강의 모래에도 금이 섞여 있다고 전해진다.

미다스는 소아시아 중서부 지역의 고국(古國) 프리기아의 국왕이다. 역사 고증에 따르면, 세계에서 가장 강한 기마병을 소유한 약탈의 민족 프리기아는 히타이트(Hittite) 제국이 해체되는 데 어느 정도 관련이 있다. 후대의 기록을 보면 역사학자들은 프리기아인을 리디아인으로 불렀는데, 이로 미루어 볼 때 미다스는 리디아인의 조상으로 추측된다. 전설에서 말하는 미다스가 몸을 담갔던 팩톨러스 강은 고증할 길이 없지만, 리디아 사람들이 강가에서 다량의 '사금'을 채취했다는 기록은 분명히 존재한다. 역사의 아버지로 추앙받는 헤로

39가지 사건으로 보는 금의 역사

도토스(Herodotos)의 대작 《역사》에 보면 리디아에서 금이 풍부하게 생산되었다는 사실이 많은 부분에 걸쳐 기록되어 있다.

사료에 따르면, 리디아 왕국은 소아시아의 중심부에 위치했는데 주변 산으로부터 빗물에 쓸려 내려온 사금이 리디아 왕국 경내의 모든 강으로 흘러들어가 리디아에는 풍부한 사금이 존재했다. 리디아 인들은 강에서 채취한 사금을 '호박금'[8] 또는 '백금'이라 불렀다. 이 것은 대략 3분의 2의 금과 3분의 1의 은으로 이루어져 있었다.

리디아가 최초로 금화를 주조한 배경에는 호박금이 충분한 것 이외에 더 중요한 요인이 있었다. 바로 다른 나라와는 비교할 수 없을 정도로 우수한 지리적 이점이었다. 오늘날 세계에서 지리적으로 가장 우위를 점하고 있는 도시가 어디인지 묻는다면 대부분 터키의 이스탄불(역사적으로 유명한 도시 콘스탄티노플)을 꼽을 것이다. 이 도시는 유럽과 아시아 대륙을 연결하고 지중해와 흑해의 교통 요충지에 자리하고 있어 전략적 의미와 무역 통로에서 세계에서 첫째로 손꼽히는 도시다.

기원전 700년, 리디아의 수도 사르디스(Sardis)는 1000년 후의 이스탄불에 버금가는 지위를 누리고 있었다. 사르디스는 동서양을 가로지르며 에게해와 유프라테스강을 연결하는 교통요지에 위치하고 있어 무역과 상업이 자연스럽게 발달했다. 무역량이 급증하면서 화폐가 탄생했다. 사르디스에 각지의 상품과 상인이 집결하여 거래가 이루어졌기 때문에 태환과 유통을 위한 화폐가 생겨나는 것은 자연스러운 현상

[8] 금과 은의 천연합금.

이었다. 이렇게 해서 사르디스는 상인이 운집하고 사치스러운 분위기의 국제적인 대도시로 변모했다.

인류의 역사를 돌이켜 보면 어떤 분야든 거대한 발전은 단번에 이루어진 적이 없다. 마찬가지로 리디아의 화폐도 일정한 발전 과정을 거쳤다. 처음 리디아 사람들은 그 지역에서만 나는 검은 돌을 이용해 금의 순도를 검사했다. 이 돌을 사람들은 '시금석'이라 불렀다.

돈을 받는 상인은 상대가 지불한 금을 '시금석'에 문지른 다음, 24개의 바늘로 이루어진 도구로 금을 문질러 그 자국을 자신이 받은 것과 비교했다. 24개 바늘 중 하나만 순금으로 만들어졌고, 나머지 23개의 바늘은 다른 금속과 순금이 비율에 따라 혼합되어 있었다. 예를 들면 금은, 금동, 금은동 이런 식이었다. 금 순도를 테스트하는 혁신적인 이 도구는 당시 무역을 발전시키는 데 크게 공헌했다. 그러나 무역량이 급증하면서 이 방법도 큰 효과를 보지 못하기 시작했다.

기원전 7세기, 리디아인들의 화폐에는 획기적인 변화가 생겼다. 그들은 '덤프(Dump)'라고 하는 콩 모양의 백금을 만들었는데 너무 무거워 휴대하기가 적합하지 않았고, 크기와 무게도 제각각으로 일정한 규격이 없었다. 게다가 표면에 도안이나 숫자로 액면가를 표시하기가 쉽지 않았다. 그래서 덤프는 거래에 사용하기에는 사실상 실용성이 매우 떨어졌다.

이것을 해결한 사람은 바로 크로이소스 국왕이다. "크로이소스 같은 부자"라는 말은 부에 대한 무한한 동경을 의미하는 속담이다. 이

속담에는 역사적인 의미가 담겨 있다. 아버지 알리아테스의 뒤를 이어 왕위에 오른 크로이소스는 리디아 역사상 가장 명성이 높았던 리디아의 마지막 국왕이다. 그의 통치 기간에 전성기에 접어든 리디아는 소아시아에 있는 그리스 여러 도시를 정복했다. 크로이소스는 또한 뛰어난 화폐 전문가이기도 했다. 그는 순도가 낮은 금과 은을 제련하고 불순물을 걸러내는 금 제련소를 인류 최초로 만들었다. 크로이소스가 만든 화폐 앞면에는 사르디스 성의 휘장인 수사자와 수소의 반신상이 새겨져 있고, 뒷면에는 음각기법으로 타원형과 정사각형이 새겨져 있었다.

더욱 놀라운 것은 크로이소스가 새로 주조하는 화폐에 액면가, 무게, 규격 등 매우 엄격한 기준을 적용했다는 사실이다. 또 소액 거래를 위해 3분의 1, 6분의 1, 12분의 1 등의 액면가가 낮은 금화도 만들었다.

하지만 새로운 개념이 처음 선보일 때면 으레 미흡한 부분이 있기 마련이다. 크로이소스는 소액 거래에 금화가 적합하지 않다고 판단하여 금은복본위제를 설립했다. 그런데 시간이 지남에 따라 금과 은의 공급량이 수시로 변하고 이로 인해 가치의 변동이 극심해져 이 제도도 매우 불안정했다. 그렇지만 인류에 대한 기여도 측면에서 보면 크로이소스의 화폐는 단점보다 장점이 많은 것이 사실이다. 새로운 화폐제도는 리디아 제국의 무역을 발전시키고 동양과 서양의 물자 유통을 촉진해 리디아는 세계 무역 역사에서 화려한 한 페이지를 장식할 수 있었다.

크로이소스가 리디아 농부의 조공을 받는 모습

크로이소스가 리디아를 통치한 지 15년 되던 해, 주변 국가들은 대부분 그의 화폐체계를 모방해서 사용하고 있었다. 이 무렵, 키루스(Cyrus) 2세가 이끄는 페르시아 군대가 흑해 연안을 따라 소아시아로 들어왔다. 크로이소스는 페르시아의 최대 목표는 리디아이고 그들이 황금 냄새를 맡고 돌진하고 있음을 분명히 알고 있었다. 이 두 나라 사이의 전쟁은 사실상 불가피했다.

기원전 547년, 크로이소스와 키루스는 프테리아(Pteria)에서 첫 번째 교전을 벌였다. 전쟁이 끝난 후 크로이소스는 그리스 델포이에 있는 아폴론 신전으로 사자를 보내 신탁을 요청했다. 무녀는 "한 제국이 멸망할 것"이라고 예언했다. 신탁을 들은 크로이소스는 페르시아 제국이 멸망할 것이라 단정하고 국경지대에 부대를 배치해 진격을 준비했다.

한편 키루스 2세는 크로이소스의 군대가 페르시아로 진격하는 것을 막기 위해 기원전 546년 대군을 이끌고 방어선을 돌아 리디아 수도 사르디스를 선제공격했다. 두 군대는 사르디스 성 아래에서 대치했다. 리디아 국왕 크로이소스는 기마병으로 적을 맞이했고 키루스 2세는 낙타병을 전진에 배치했다.

헤로도토스의 《역사》에는 이 전쟁에 대한 기록에서 말이 낙타를 무서워해 리디아의 전투마가 페르시아의 낙타를 보거나 그 냄새를 맡으면 기마병이 아무리 애를 써도 전진하지 않았고, 이로 인해 리디아의 기마병은 말에서 내려와 싸웠다고 기술했다. 용맹하기로 소문난 리디아의 기마병은 페르시아 군대에 대적하지 못했고 결국 패해 사르디스 성으로 도망갔다. 키루스 2세는 두 주 동안 성을 에워싸고 대치하다가 마침내 성벽을 타고 올라가 공격을 퍼붓고 크로이소스를 생포했다. 크로이소스는 기둥에 묶여 화형에 처해질 뻔하다가 목숨을 구하게 된다. 이로써 "한 제국이 멸망할 것"이라는 무녀의 예언은 맞아떨어졌다. 한때 화려하고 부귀영화를 누렸던 제국 리디아는 무녀의 예언대로 멸망했다.

많은 역사학자는 '미신을 믿었던 우매한 크로이소스가 리디아의 운명을 델포이 신전의 무녀에게서 구했다'며 멸망의 책임을 크로이소스에게 돌렸다. 그러나 이는 겉으로 드러난 원인일 뿐 역사적으로 보면 타민족을 정복하고 부를 갈취해 강국이 된 나라는 부지기수이고, 리디아는 이미 넘쳐나는 황금으로 전투의 의지를 상실한 상태였기 때문에 멸망에 이른 것이다.

리디아는 최초로 화폐를 주조한 나라로 영원히 역사에 남을 것이다. 그러나 한편으로 부로 인해 군사적으로는 회복 불능의 상태에 빠져 멸망에 이른 부국으로 후세인들에게 경종을 울릴 것이다. 다시 말해, 부(富)가 전쟁의 승패를 가르는 필요조건은 아니며, 재물은 결국 탐욕에 눈 먼 침략자를 불러들인다.

다레이코스 :
최초이자 가장 진정한 의미의 금본위제

　페르시아인은 이란 고원 일대에 살았던 민족으로, 현재의 이란인에 해당한다. 최근 뉴스에 자주 보도되는 이란은 1979년 이슬람 혁명이 시작된 이래로 철저하게 서방세계와 대립하고 있다. '미국 대사관 인질사건' '우라늄 농축' '이란 총선' 등 민감한 문제를 둘러싸고 서방 국가와 끊임없이 분쟁을 벌이고 있는 것이다.

　지금의 이란은 러시아의 뒤를 이어 서방 국가에 강경한 태도를 취하고 있다. 저명한 정치학자 새뮤얼 헌팅턴(Samuel Huntington)은 이런 정세를 냉전 후 특유의 '문명의 충돌'이라고 개괄했다. 그런데 사실 그렇게 볼 수만은 없다. 일찍이 2400여 년 전, 이란의 선조들은 서쪽 그리스(서양 문명의 발원지)로 정벌을 떠났고, 알렉산드로스 대왕도 자신을 그리스 문명의 전파자라 자처하며 동쪽의 페르시아 제국을 정복하고 철저하게 파괴했다. 이렇게 이미 고대에도 문명의 충돌은 있었던 것이다.

역사는 현실을 비추는 거울이다. 따라서 현실을 정확히 이해하고자 한다면 역사를 되짚어 볼 필요가 있다. 페르시아 제국은 기원전 아시아와 유럽, 아프리카 대륙을 종횡무진 하던 3대 제국 중의 하나였다. 당시 페르시아 제국의 부상은 세계 구도에 어떤 영향을 미쳤을까? 또한 냉병기 시대에 부와 지위의 상징이었던 황금은 페르시아 제국의 역사에서 어떤 역할을 했을까?

근대에 이르러 발견된 거대한 유전 이외에도 이란고원에는 금이 많이 매장되어 있다. 페르시아 부락의 지도자 캄비세스(Cambyses) 1세가 태어나기 이전, 페르시아 민족은 줄곧 타민족의 약탈의 대상이었다. 기원전 30세기, 이집트 파라오는 누비아의 황금을 마구 약탈했을 뿐만 아니라, 이란고원의 황금에 눈독을 들이고 여러 차례 약탈에 나섰다. 바빌로니아의 왕 네부카드네자르가 아시아와 아프리카를 종횡무진 하며 안하무인이던 시절, 페르시아의 황금은 또다시 참혹하게 약탈되었다. "강은 동쪽으로 30년, 서쪽으로 30년 흐른다"는 말이 있듯, 캄비세스 1세의 아들 키루스 2세가 기원전 550년 메디아의 수도 에크바타나를 점령하면서 페르시아는 국력의 전환기를 맞이했다.

메디아(Media) 왕국에 반기를 든 키루스 2세는 오랫동안 계획했던 동쪽으로의 확장을 위해 우선 페르시아인을 업신여겼던 바빌론과 동맹을 맺어 후방에 도사리던 위협 요인을 제거했다. 기원전 546년에서 기원전 539년까지 키루스는 동쪽의 이란과 중앙아시아의 여러 지역을 잇달아 정벌하며 승승장구했고, 그가 뻗은 칼끝에 인도조차 위태로울 정도였다.

승리를 맛본 자는 그것을 쉽게 잊을 수 없듯, 승리에 도취된 페르시아인도 예외는 아니었다. 동방에서 승리를 거둔 그들은 풍성한 수확을 거두었고, 이런 재물 앞에서 페르시아인들은 더욱더 탐욕스러워졌다. 그들은 다른 지역에서 더 많은 재물을 약탈할 수 있기를 바랐다. 동시에 정복한 나라에서 남김없이 수탈해 온 재물을 이용해 군비를 확충했다.

이 경험을 원동력으로 삼아 페르시아는 서부 지역으로 눈을 돌렸다. 앞서 언급했듯이 키루스 2세는 리디아를 멸망시켰는데, 리디아가 멸망하고 나서 얼마 지나지 않아 페르시아인들은 리디아인들의 봉기를 진압하는 과정에서 소아시아 서쪽 해안 부근에 있는 그리스 식민지 몇 곳을 정복했다. 기원전 539년, 키루스는 바빌론과의 동맹을 일방적으로 깨뜨리고 바빌론 성을 공격했다. 그는 자신이 바빌론인의 신분으로 이곳을 통치한다고 선포했다.

명성이 높던 바빌론은 이때부터 페르시아의 수도가 되었다. 키루스 2세가 사망하고 나서 그의 아들 캄비세스 2세가 왕위를 계승했다. 캄비세스 2세의 군사적 재능은 아버지 키루스 2세에 결코 뒤지지 않았다. 기원전 525년, 그는 이집트를 정복하고 수도 멤피스를 공격해 파라오와 그의 금고를 모두 수사(Susa)로 옮겨 왔다.

캄비세스 2세가 갑자기 사망하고 그를 도와 페르시아의 군인으로 이집트 원정에 참가했던 다리우스 1세가 반란을 진압하고 왕위에 올

다리우스가 전쟁에서 패한 장수의 투항을 받아들이는 모습(페르시아 부조)

랐다. 다리우스(Darius) 1세가 즉위했을 당시 페르시아 제국은 동쪽의 인더스강에서 서쪽의 에게해에 이르기까지 역사상 처음으로 아시아, 유럽, 아프리카를 아우르는 대제국을 건설했다. 전대미문의 광활한 영토를 차지한 페르시아 제국은 영토를 관리하는 데 있어 많은 혼란을 겪었다. 이렇게 넓은 영토를 통치한 적이 없었기 때문에 다리우스 1세는 참고할 만한 사례가 없었던 것이다. 그러나 경험이 없었을 뿐 패기가 없는 것은 아니었다. 다리우스 1세는 즉위한 지 1년 만에 정치, 군사, 경제 등 각 분야를 대대적으로 개혁했고, 마침내 광활한 페르시아 제국 전체가 그의 통치권에 복속했다. 후대인들은 이런 그를 '철혈대제(鐵血大帝)'라고 칭했다.

다리우스 1세가 추진했던 개혁 중에서 화폐개혁이 가장 큰 성과를 거두었다. 중앙집권 통치를 강화하기 위해 그는 페르시아 제국을 12개의 성으로 나누고, 각 성에서 생산되는 금을 공물로 바치게 했다.

그리고 금 생산량이 많은 이집트와 리디아를 상대로 공개적인 약탈 정책을 폈다. 이렇게 거두어들인 황금은 모두 수도 바빌론 성으로 운송되었다. 거대한 제국의 응집력을 강화하기 위해서는 통일된 화폐가 필요했다. 이에 다리우스 1세는 약탈해 온 황금 중에 일부를 화폐를 주조하는 데 사용했다.

명석한 정복자는 피정복자의 장점과 우수성을 배우고 받아들일 줄 안다. 다리우스 1세가 바로 그런 인물이었다. 그는 화폐제도를 추진하는 과정에서 화폐 주조 방면에서 선구자인 크로이소스의 화폐 주조법을 받아들였다. 그러나 크로이소스보다 다리우스 1세가 한 수 위였다. 그는 금화 앞면에 제국 수도의 상징이 아니라 자신의 초상을 새기고 '다레이코스(Dareikos)'라고 이름 붙였다. 이를 통해 그는 자신이 '왕 중의 왕'이라는 권위를 과시했다. 이후 세계 각지에서 유통되는 화폐는 이를 모방하여 자민족의 '국부급' 인물을 동전이나 지폐에 새겨 넣었다.

페르시아는 중앙집권 통치의 일환으로 금화의 주조는 중앙에서 통제하고 지방은 임의로 다레이코스를 주조하지 못하게 했다. 다레이코스의 순도를 보증하기 위해 다리우스 1세는 사금을 최고 수준까지 제련하라고 명하고, 한 개의 다레이코스는 금 8.3그램으로 주조하도록 규정했다. 다리우스 1세야말로 가장 진정한 의미의 금본위 화폐제도를 수립한 인물이라 할 수 있다.

냉병기 시대에는 잦은 전쟁과 빈번한 정권 교체, 적대국의 차단 등의 원인으로 무역이 발전할 수 없었다. 그러나 아시아, 유럽, 아프리카 대륙을 아우르는 방대한 제국 페르시아는 이런 문제를 단번에 해소하고 동서양 상품의 집산지로 급부상했다. 다레이코스의 탄생으로 무역은 빠르게 발전했다. 다른 국가나 민족과 거래를 할 때에도 다레이코스를 사용해 결제가 가능했기 때문이다.

브레턴우즈 체제(Bretton Woods system)의 달러처럼 다레이코스는 각국의 비축통화가 되었다. 단, 다레이코스는 순금으로 만들어진 반면 달러는 협상을 통해 패권의 지위를 유지하는 지폐 형태라는 점이 다르다.

한때 일세를 풍미했던 다레이코스가 발트해, 아프리카, 중앙아시아, 동유럽 지역의 발굴 과정에서 가끔 발견되는 사실을 통해 당시 다레이코스가 매우 광범위하게 유통되었음을 알 수 있다.

이집트 파라오의 사치를 흠모했던 다리우스 1세는 페르시아 제국의 강대함을 만방에 과시하기 위해 세상에서 가장 호화로운 궁전과 웅장한 신전을 건설했다. 유명한 페르시아의 수도 페르세폴리스(Persepolis)도 당시에 지어진 것이다. 페르세폴리스의 건축물은 약 14만 제곱미터 넓이의 거대한 석판 위에 세워졌고, 그중에서도 '백주홀'의 규모가 가장 크다. 백주홀은 한 변의 길이가 69미터인 정사각형의 홀이며, 내부에는 11.3미터 높이의 기둥 100개가 설송 나무로 만든 넓은 천장을 떠받치고 있다. 오늘날 남아 있는 유적지를 보면 한때 찬란하고 장엄했던 궁전의 모습을 가히 짐작할 수 있다.

다리우스 1세의 확장정책은 계속 이어져 기원전 492년부터 기원전 448년까지 페르시아 제국의 그리스 원정 전쟁인 '그리스-페르시

39가지 사건으로 보는 금의 역사

이란 남부도시 시라즈(Shiraz) 부근에 현존하는 페르세폴리스의 유적. 1979년 세계문화유산으로 지정되었다.

아 전쟁(Greco-Persian War)'이 일어난다. 페르시아의 원정은 3차에 걸쳐 일어났는데, 페르시아가 3차 원정을 준비하던 중 기원전 489년부터 수년 간 바빌로니아와 이집트에서 반란이 지속되어 원정이 연기되었다. 이때 다리우스 1세가 사망하여 그의 아들 크세르크세스(Xerxes)가 뒤를 이었다. 크세르크세스는 페르시아가 동원할 수 있는 모든 군대와 물자를 동원해 대대적으로 진격했다.

이때 스파르타를 중심으로 30개 그리스 도시 국가가 동맹을 결성한다. 육군은 스파르타가, 해군은 아테네가 지휘권을 맡아 그리스 도시 국가들은 연합항전에 참여했다. 그리스-페르시아 전쟁에서 페르시아 제국이 그리스에 패하고, 그 결과 페르시아 군대는 지중해에서 쫓겨나 페르시아는 리디아를 포함한 소아시아의 도시국가마저 모두 잃었다.

그러나 서로 죽고 죽이는 살육전쟁에는 최후의 승자가 없는 법이다. 대규모 전쟁을 치른 페르시아와 그리스는 모두 국력이 쇠퇴했고, 이는 마케도니아(알렉산드로스 제국의 전신)의 굴기에 절호의 기회를 제공했다. 기원전 331년, 알렉산드로스 대왕은 가우가멜라(Gaugamela) 전투에서 한때 번영을 누렸던 페르시아 제국을 철저히 격파했다. 전쟁이 끝나고 알렉산드로스 대왕은 다리우스 3세의 막사로 들어가 다리우스가 사용했던 황금 전차, 황금 어좌, 황금 욕조 등을 자세히 살펴보았다. 황금으로 만들어진 아름답고 정교하기 그지없는 이 물건들은 다리우스가 출행할 때 사용했던 장비에 불과했다.

다리우스 3세의 사치스러운 생활을 목격한 알렉산드로스는 이렇게 말했다. "이것이 아마도 군왕의 뜻이었겠지!" 알렉산드로스의 의중을 헤아려 보면 그는 스스로를 훈계한 것이다. '군왕이 황금에 현혹되면 황금의 노예가 되고, 노예로 전락한 군왕을 기다리는 것은 오직 쇠락과 실패뿐이다.'

고대 로마 :
황금을 쌓아 만든 거대한 제국

"모든 길은 로마로 통한다"라는 말이 있다. 성공에 이르는 길은 여러 갈래이므로 자신을 속박하지 말라는 뜻이다. 또 "로마는 하루아침에 이루어진 것이 아니다"라는 속담도 있다. 성공은 결코 쉽게 이루어지는 것이 아니라 오랜 시간 노력을 기울여야 함을 말한다. 이렇듯 '성공의 종착지'를 굳이 로마에 비유하는 이유는 무엇일까? 찬란했던 고대 로마의 역사를 들추어보면 그 답을 찾을 수 있다. 당시의 로마는 세계 중심으로서 세인들의 동경의 대상이었다.

알렉산드로스가 광활한 아시아 대륙을 상대로 정복전쟁을 벌일 때고대 로마는 작은 나라에 불과했다. 전설에 따르면, 그리스인이 트로이 성을 공격했을 때 비너스 여신의 아들 에로스와 그의 추종자들은 성을 빠져나왔다. 그들은 아프리카 북부의 카르타고(Carthago)를 지나 비옥한 로마에 도착했다. 기원전 753년 로마를 건설한 로물루스(Romulus)는 바로 에로스의 후손이다. 늑대가 키운 로물루스는 훗날 로마의 통치권을 얻기 위해 자신의 친형제를 죽였다는 이야기가 전해진다.

전설에서 보여주는 것처럼 고대 로마는 탄생에서부터 늑대와도 같은 '상무정신(尚武精神)'이 가득했다. 기원전 5세기 초, 고대 로마는 라틴동맹을 결성한 일부 도시와 에트루리아족 등 이웃민족을 상대로 전쟁을 일으키고, 이탈리아 반도 남부의 토착민과 그리스 도시국가를 정복하여 지중해 서부지역의 대국으로 부상했다. 그러나 당시의 영토는 호전적이고 용감한 고대 로마인들에게 '제국의 초기단계'에 불과했다. 몇 대에 걸친 정복전쟁으로 고대 로마는 마침내 페르시아 제국과 알렉산드로스 제국의 뒤를 잇는 또 하나의 거대 제국이 되었다.

영토가 확장됨에 따라 고대 로마의 사병들은 더 많은 보수를 요구했다. 에드워드 기번(Edward Gibbon)의 《로마제국쇠망사》에는 이런 내용이 있다. "로마황제는 로마 군대 전사들의 월급을 황금 열두 개로 인상했다." 이 내용으로 미루어 보면 로마 제국은 군비 지출과 군수물자 지원을 위해 대외 약탈이 불가피했을 것으로 추측된다. 정복전쟁에 나설 때마다 로마의 병사들은 패자의 재물을 전부 약탈해 왔고, 그중에서도 황금은 주요 약탈 대상이었다. 로마인들은 역대 전쟁 중 특히 '포에니(Poeni) 전쟁'과 '다키아(Dacia) 전쟁'에서 가장 많은 금을 약탈했다.

포에니 전쟁

    '포에니'는 로마인들이 페니키아인을 지칭하던 말이다. 페니키아인은 항해와 상업 수완이 뛰어난 민족이었고, 지중해 연안의 모든 항구에서 페니키아 상인을 볼 수 있었다고 전해진다. 현존하는 사료에 보면 페니키아인이 북아프리카 지역에 카르타고(카르타고는 로마보다 이른 시기에 건설되었지만 정확한 시간은 고증할 수 없다)를 건설했다는 기록이 있다. 그들은 막대한 상업 자산을 이용해 강력한 해군을 조직하고 지중해를 향해 서서히 세력을 넓혀갔다. 스페인 남부의 해안과 부근의 도서, 사르데냐(Sardegna) 섬, 코르시카(Corsica) 섬, 시칠리아 섬 서부 등을 점령하며 지중해 서쪽을 장악했다. 페니키아인의 세력 확장은 지중해 반대편에서 막 부상한 로마인들에게 커다란 위협이 아닐 수 없었다. 따라서 이들 간에 지중해 세계의 패권을 둘러싸고 전쟁이 일어나는 것은 시간문제일 뿐이었다. 세 차례에 걸쳐 백여 년 동안 이어진 두 나라 사이의 전쟁은 '포에니 전쟁'이라 불린다.

    제1차 포에니 전쟁의 도화선은 '메시나(Messina) 사건'이다. 피로스 전쟁 기간에 시라쿠사(Siracusa)가 고용한 일부 이탈리아인들이 시칠리아 섬 북동부에 있는 메시나를 점령했다. 기원전 265년, 이탈리아인들이 시라쿠사의 참주[9]와 충돌했는데 상황이 불리해지자 두 파로 나뉘어 각각 카르타고와 로마에 구원을 요청했다. 이

[9] 왕위를 찬탈한 사람.

때 카르타고가 먼저 메시나를 점령했다. 기원전 264년, 로마 군대가 시칠리아로 진군하면서 전쟁의 서막이 올랐다. 로마는 메시나와 아그리젠토(Agrigento)를 잇달아 점령하고 시라쿠사에 동맹을 강요했다.

그러나 바다에서는 카르타고가 우위였다. 로마는 재빨리 함대를 조직했다. 기원전 260년, 로마군은 갑판에 목재 가교를 설치한 함대를 이용해 밀라이(Mylae) 해전에서 승리를 거두었다. 기원전 256년, 로마 해군은 에크노무스(Ecnomus) 해전에서도 크게 승리했다. 같은 해, 로마 원정군은 아프리카에 상륙했지만 그곳에서는 패배했다. 이후 주요 격전지를 시칠리아로 옮기면서 로마는 육지전에서 우세를 점했다. 기원전 241년, 로마 해군은 새로 건설한 전함 200척으로 함대를 구성해 아에가테스(Aegates) 제도 부근에서 카르타고 함대를 크게 무찔렀다. 카르타고는 강화를 강요받았고, 결국 시칠리아와 그 부근의 리파리(Lipari) 제도를 로마에게 할양했다. 그리고 10년 내에 3,200탈렌툼(Talentum, 카르타고 화폐)을 배상해야 했다. 로마는 즉시 시칠리아에 첫 번째 성(省)을 만들었다.

카르타고에게 이렇게 심한 굴욕을 안겨주었어도 로마는 승리의 기쁨을 조금도 느낄 수 없었다. 전황은 계속 유리하게 전개되었지만 그로 인해 로마는 더 많은 황금이 필요했기 때문이다. 대외 무역이 발달하자 화폐 수요가 늘었고, 영토 확장을 위해 도입한 용병제는 사병들의 보수 지급을 위해 더 많은 금과 은을 필요로 했다. 이런 상황에서 제2차 포에니 전쟁이 황금이 풍부한 스페인에서 발발했다.

로마는 원정군을 스페인으로 파견할 계획을 세웠다. 기원전 218년, 카르타고의 한니발(Hannibal) 장군이 대규모 용병을 이끌고 스페인 동남 연해에 위치한 신 카르타고를 출발해 갈리아(Gallia) 남부를 거쳐 험난한 알프스 산을 넘어 이탈리아로 진격했다. 잠시 재정비를 한 뒤 한니발 장군은 트레비아(Trebbia) 강가에서 로마 군대를 격파했다. 이 듬해 봄, 트라시메누스 호수에서 매복하고 있던 한니발은 로마군을 섬멸했다.

기원전 211년, 한니발은 군대를 이끌고 로마 성까지 남하했다. 로마의 두 집정관이 군대를 이끌고 칸나에(Cannae)에서 카르타고군과 교전했다. 한니발은 양면포위 전술로 로마 군대에 큰 타격을 입혔다. 그 후, 이탈리아 남부의 많은 도시들이 한니발에 의해 함락되었다. 그러나 전쟁이 길어지면서 전세가 로마 쪽으로 기울었다. 멀리 카르타고에서 온 한니발의 용병들은 적지에서 보급도 제대로 받지 못해 점차 고립무원의 상태에 빠졌다. 한편 로마는 자국의 영토라는 이점과 이탈리아 중부 도시들이 여전히 로마에 충성하고 있었기 때문에 지원병을 계속 공급받을 수 있었다. 그래서 수세에 몰렸던 로마 군대는 공세를 취

프랑스 루브르 박물관 앞의 한니발 조각상

하기 시작했다.

  같은 해, 로마는 한니발의 동맹자들을 엄벌하고 시라쿠사와 카푸아(Capua)를 함락했다. 기원전 207년, 로마 군대는 또다시 이탈리아 북부에서 하스드루발(Hasdrubal)이 이끄는 스페인 지원군을 섬멸했다. 로마의 명장 스키피오 아프리카누스(Scipio Africanus)는 스페인에 있는 카르타고 세력을 섬멸한 후 기원전 204년 북아프리카로 원정을 떠났다. 이듬해, 귀국 명령을 받고 고국으로 돌아온 한니발은 기원전 202년 카르타고 성 서남부의 자마에서 스키피오 아프리카누스와 격돌했고 전쟁은 한니발의 패배로 막을 내렸다. 기원전 201년, 카르타고는 북아프리카 이외의 모든 속지를 포기하고 아울러 함대(10척의 순찰함만 남음)와 코끼리 부대를 넘겨주고 50년 동안 1만 탈렌툼을 배상하겠다는 내용의 평화조약을 체결했다. 여기에는 로마의 허락 없이 카르타고는 다른 국가와 교전할 수 없다는 내용도 포함되었다. 군사와 외교상의 자주권을 모두 박탈당한 카르타고는 더 이상 강국이 아닌 로마의 속국으로 전락했고, 로마는 지중해 서부의 패주 자리를 차지했다.

  참담한 패배를 맛본 카르타고는 이후로 정치, 군사적으로 다시는 일어서지 못했다. 하지만 낙심하기보다는 대외 무역을 회복시키는 데 심혈을 기울였다. 상업적 두뇌와 재능을 가진 카르타고인은 제2차 세계대전 후의 일본처럼 경제와 무역을 빠르게 발전시켰다. 1970년대 군사적으로 하수인 패전국 일본이 막강한 경제력으로 아메리카를 점령한 것을 보며 미국이 감탄을 금치 못했던 것처럼, 기원전 2세기

로마도 카르타고를 보며 비슷한 느낌을 받았을 것이다. 두 차례의 포에니 전쟁에서 로마가 약탈한 황금은 대외 무역으로 다시 카르타고로 빠르게 흘러들어갔다.

카르타고를 시찰하던 로마 사신이 번영을 구가하는 카르타고를 보고 놀라 입을 다물지 못했던 사실을 보면, 당시 카르타고의 부귀는 로마인의 질투와 원망을 사기에 충분했다. 당시 원로들은 원로원(senate)에서 강연을 마칠 때면 그날의 주제와 상관없이 항상 'Carthagodelendaest!(카르타고를 반드시 멸망시키자!)'라는 말로 끝을 맺었다고 한다. 이런 상황이었기 때문에 제3차 포에니 전쟁의 발발은 불가피한 일이었다.

기원전 149년, 로마는 카르타고에 선전포고를 했다. 북아프리카에 로마 군대가 상륙하자 카르타고는 자신의 뜻을 굽히고 강화를 요청했다. 이에 대해 로마는 카르타고 성을 허물고 주민을 바다에서 15킬로미터 이상 떨어진 내륙으로 이주시키라는 등의 가혹한 조건을 내걸었다. 이에 분노한 카르타고 사람들은 이를 거부하고 저항에 들어갔다. 로마 군대는 2년 동안 카르타고 성을 포위했지만 아무런 성과를 거두지 못했다.

기원전 146년 봄, 카르타고에는 기근이 들고 유행병이 창궐했다. 이 기회를 틈타 로마 군대는 막강한 병력을 앞세워 성으로 돌진했다. 카르타고 성이 함락된 후 로마사병들은 미친 듯이 재물을 약탈했다. 그들은 심지어 금으로 만든 신상(神像)을 도끼로 쪼개어 나누어 가지기도 했다. 연일 계속된 약탈로 카르타고의 재물은 바닥이 났다. 그래도 분이 풀리지 않았는지 극악무도해진 로마인은 불을 질렀고, 이로써 700년 동안 번영을 누렸던 카르타고는 지구상에서 영원히 자취를 감추었다. 그 뒤로 카르타고 성이 다 타고 남은 재가 지상에서 1미터나 쌓였다는 이야기가 전해진다. 25만 명의 주민 중에 5만 명이 살아남았으나 모두 노예로 전락했고, 그 후로 카르타고라는 독립 국가는 완전히 자취를 감추었다.

포에니 전쟁은 고대 로마의 대외 정벌 과정에서 가장 중요한 전쟁이다. 이 전쟁으로 지중해는 로마의 내륙호(內陸湖)가 되었고, 로마인은 많은 황금과 노예를 손에 넣을 수 있었다. 이를 계기로 로마는 초유의 강한 면모를 갖추게 되었으며, 이는 이후의 영토 확장에 든든한 버팀목이 되었다.

다키아 전쟁

  ⋮   이탈리아 로마 퀴리날리스(Quirinal) 언덕 부근의 트라야누스 포룸(Forum Trajanus)에는 2000여 년 동안 우뚝 서 있는 거대한 돌기둥이 있다. 이 원형기둥은 고대 로마의 유명한 건축가 아폴로도로스(Apollodoros)가 트라야누스 황제의 다키아 전승을 기념하기 위해 설계한 것으로, 기둥에는 당시 전쟁의 모습이 줄지어 새겨져 있다.

트라야누스는 카이사르(Caesar)와 마찬가지로 로마 역사를 이야기할 때 빼놓을 수 없는 황제 중 한 명이다. 그가 통치하던 시기에 로마 제국은 영토를 가장 크게 확장했다. 그는 동쪽의 티그리스와 유프라테스강을 시작으로 서쪽의 브리튼(Britain) 대부분 지역, 남으로 이집트와 북아프리카, 북으로 라인강과 다뉴브강 북쪽의 다키아에 이르는 넓은 영토를 다스렸다. 고대 로마인들에게 트라야누스 황제는 영토와 재물을 가져다준 좋은 황제이지만, 다키아인들에게는 재앙의 근원이었다.

고대 로마의 영토는 이미 상당히 넓었다. 하지만 그들은 정복의 고삐를 늦추지 않았다. 그중에서도 야심만만한 트라야누스는 더욱 그러했다. 당시 로마를 중심으로 서쪽은 대서양, 남쪽은 사하라, 북쪽은 냉혹한 야만족의 땅이었다. 따뜻한 지중해 연안에서 나고 자란 로마인들은 올리브와 포도가 풍부한 비옥한 땅을 떠나고 싶어하지 않았다. 그들은 유목민처럼 버터로 음식을 끓여 먹는 것에도 익숙하지 않았다. 그래서 그들은 탐욕의 눈을 동북쪽에 있는 다뉴브강 유역의 다키아로 돌렸다.

루마니아인의 먼 조상인 다키아인은 2400년 전 다뉴브강 유역에 현재 루마니아 영토의 세 배에 달하는 광활한 왕국을 건설했다. 다키아 경내는 삼림, 가축, 광산이 풍부했고 특히 금과 은이 많이 매장되어 있었다. 다키아의 풍부한 산물은 로마인들의 관심을 끌기에 충분했다. 그러나 강인한 다키아인은 용맹하고 전쟁에 능했으며, 더욱이 다키아는 로마의 동북 요충지에 자리잡고 있었다. 카르파티아(Carpathian) 산맥과 다뉴브강으로 이루어진 천연의 요새를 차지한 다

트라야누스 포룸 : 대리석 원기둥에는 다키아 전투의
웅대한 장면들이 조각되어 있다.

키아가 로마보다 지리적으로 우세한 위치에 있었다. 다키아인은 로마 제국에 출몰하여 소란과 약탈을 일삼았고, 궁지에 몰린 로마 제국은 그들에게 재물을 주며 강화를 요청하기도 했다.

이러한 다키아를 트라야누스는 목에 걸린 가시 같은 존재로 생각했다. 98년, 트라야누스는 다뉴브강에 다리를 놓았다. 그 뒤 101년에 강력한 군대를 이끌고 양 갈래로 나누어 다키아를 침략했다. 다키아인은 강력하게 대항해 로마 군대에 심각한 타격을 입혔다. 같은 해 겨울, 다키아인은 도브루자(Dobruja)에서 로마 주둔군을 습격했으나 성과를 얻지 못했다.

102년 봄, 트라야누스는 다키아의 수도인 사르미제게투사(Sarmizegetusa)를 공격하고 데케발루스(Decebalus)에게 강화를 요청했다. 평화조약이 체결된 후 다키아의 일부 요새에는 로마군이 주둔하고 나머지 요새들은 철거되었으며 다키아인들은 외교 자주권을 포기했다. 그러나 패배를 인정하지 않은 데케발루스는 조약을 어기고 다시 요새를 쌓고 무기를 만들었다. 아울러 로마의 도망자들을 모으고 동맹국을 찾아 로마 주둔군을 공격했다. 105년, 트라야누스는

12만 병사를 모집해 다시 다키아로 향했다. 로마 군대가 서쪽과 남쪽에서 여러 갈래로 다키아의 수도를 향해 진격했다. 양측은 사르미제게투사에서 불꽃 튀는 접전을 펼쳤고, 결국 다키아의 패배로 끝이 났다. 데케발루스는 잔여 부대를 이끌고 산으로 들어가 계속 저항하다 끝내 스스로 목숨을 끊었다.

트라야누스는 다키아를 멸망시킨 후 이곳을 로마 제국의 성으로 건설하게 함으로써 오랫동안 갈망하던 풍요의 땅을 드디어 손에 넣었다. 이로써 로마 제국은 동유럽과 아시아로 통하는 요충지를 확보하게 되었다.

트라야누스는 다키아인을 상대로 거둔 승리에 상당한 의미를 부여했다. 이 전쟁을 통해 그는 다키아에서 180톤의 황금과 16만 5000톤에 이르는 은을 획득했기 때문이다. 또한 로마 제국의 북방 한계선이 확장되어 그 후 수백 년 동안 다뉴브강은 로마인들의 북쪽 국경선이 되었다.

과거에 다키아는 황금이 풍부해 '행복한 다키아'라고 불렸다. 그러나 행복을 선사했던 황금이 그들에게 끊임없는 재난을 몰고 왔다. 트라야누스 이후 게르만인, 슬라브인 그리고 아라비아 제국까지 모두가 다키아를 황금의 공급지로 여겼다. 이때부터 다키아는 페르시아 제국에 정복당한 고대 이집트처럼 재기 불능의 상태가 되었다. 다키아에서 시작된 루마니아는 1881년 루마니아 왕국을 세웠고, 1947년 12월 30일 루마니아인민공화국을 선포하였다.

카르타고를 향한 포에니 전쟁과 황금의 땅 다키아를 상대로 한 정복전쟁에서 고대 로마는 막대한 양의 황금을 획득했다. 로마인들은 황금으로 몸을 치장하고 집을 꾸미는 데 전혀 인색하지 않았다. 그러나 황금이든 로마의 막강한 무력이든 세상에 영원한 것은 없다. 고대 로마가 피정복지에서 많은 금을 거두어들였지만 방대한 제국을 다스리는 데 사용하기에는 턱없이 부족했다. 그 결과 후기 로마 제국에서는 금 부족으로 인해 화폐가치가 자주 절하되었다. 이에 국민의 불만이 커져 갔고, 거기에 북쪽 게르만 튜튼 기사단(Teutonic Knights)의 침략까지 더해져 수 세기 동안 번영을 누리고 횡포를 일삼던 거대한 제국은 결국 멸망하고 말았다.

39가지 사건으로 보는 금의 역사

중국 :
뒤늦은 황금 숭배

중국인은 '숭배'라는 표현을 사물에는 잘 사용하지 않는다. 예외가 있다면 위대한 애국시인 굴원(屈原)이 《이소(離騷)》에서 여러 차례 향초(香草) 숭배에 대한 감정을 묘사한 것이다. 굴원은 이를 통해 자신의 암울한 처지와 부패한 세상을 표현했고, 그럼에도 절개를 지켜 우국우민(憂國憂民)의 군자가 되어야 한다고 읊었다. 이를 제외한 대다수의 중국인은 '숭배'라는 단어를 조상이나 어떤 걸출한 인물에게 경의를 표할 때 사용한다.

다른 민족과 달리 중국인은 황금을 숭배하는 경지까지는 오르지 못했다. 역사를 통틀어 황금을 얻기 위해 전쟁을 일으킨 사례도 찾아볼 수 없다. '배물교'[10]가 성행했던 시대에도 돈이나 황금이 다른 사물보다 더 높은 경지에 있는 숭배의 대상이라고 공공연하게 표현한 경우는 드물었다. 왜냐하면 이는 비도덕적이고 저속한 것으로 비칠 수 있기 때문이었다. 특히 기존의 문인(文人)들은 돈을 모든 악의 근원이라 폄하하거나 심지어는 '구린내 나는 돈'이라는 표현도 서슴지 않았다.

하지만 숭배하는 감정을 과하게 드러내지 않았다고 해서 중국인들이 황금을 경시한 것은 아니었다. 단지 중국에서 황금을 대량으로 사용하고 채굴하기 시작한 시기가 다소 늦었을 뿐이다. 사모무대방정(司母戊大方鼎)[11]을 비롯해 병마용 갱에서 발견된 전차, 병기 등의 금속 문물은 모두 청동으로 주조되었다. 또한 고대인들이 돈을 일컫은 말도 대부분 '은자(銀子)' 혹은 '동판(銅板)'이었다. 이 두 가지 사실을 통해 중국의 주조사(鑄造史)에서 황금은 주도적 위치를 차지하지는 못했다는 사실을 알 수 있다. 1840년 청나라 말기까지 주권을 상실한 몇 건의 조약을 보더라도 금이 아닌 은이 전쟁배상금의 지불 수단이 되었다. 고대 역사를 보면 중국은 늘 황금 부족에 시달렸는데 그 이유는 크게 두 가지로 나눌 수 있다.

첫째는 지리적 원인이다. 중국 영토에 금광이 부족했다는 것이 아니라 지리적으로 다른 문명과 단절되어 있어 황금에 대한 정보를 얻기가 어려웠다. 앞에서 언급한 이집트, 페르시아, 마케도니아, 고대 로마 등 많은 제국들은 서로 빈번하게 접촉했다. 이집트의 주변 민족은 황금을 유별나게 숭배한 이집트를 모방(예를 들면 이스라

[10] 자연물에 영검이 있다고 믿어 숭배함으로써 안위(安慰)와 가호(加護)를 얻고자 하는 원시 종교 형태.
[11] 청동으로 만든 솥.

엘인이 금송아지를 만든 것)했고, 고난도의 채굴기술도 쉽게 전수받을 수 있었다. 리디아의 화폐 주조 등 화폐에 대한 관념도 주변 민족에 많은 영향을 미쳤다.

그러나 이보다 더 중요한 원인이 있다. 고대에는 민족 간에 전쟁과 약탈이 빈번히 발생해 황금이 여러 민족의 손을 거치면서 유통이 촉진되었지만 중국의 경우는 달랐다. 지중해를 둘러싸고 메소포타미아, 이집트, 그리스, 로마가 서로 접해 있고 인도는 인도양을 앞에 두고 중동, 아프리카, 동남아시아와 서로 영향을 주고받았다. 그러나 중국은 이러한 나라들에 견줄 만한 지리적 조건을 갖추지 못한 데다 역사가 시작된 이래 대부분의 시간을 주변과 단절되어 지냈다. 중국의 서남쪽과 서쪽은 세계에서 가장 높은 산맥이 가로막고 있고, 동쪽과 남쪽은 태평양이 자리하고 있는데 중국은 근대에 이르러서야 이곳을 넘나들었다. 그리고 북쪽과 서북쪽은 사막과 대초원이다. 이러한 자연환경은 중국을 외부로부터 보호하는 역할을 했다. 그런데 중국의 조상은 여기에서 한 걸음 더 나아가 흉악한 유목민족의 침입을 막고자 북쪽에 5660여 킬로미터에 달하는 만리장성을 쌓았다.

이렇게 세계와 단절된 중화문명은 다른 문명에 비해 상대적으로 안정되고 견고하게 발전했다. 외부의 위협이 적은 상황에서 중국은 자신만의 문명을 발전시켰고, 그런 이유로 다른 문명의 우수한 문화를 이해하고 혁신을 추구하기에는 한계가 있었다. 중국에서는 황금도 '안정되고 견고한' 지위를 누렸다. 비단길이 생기면서 중국으로 많은 양의 황금이 유입되었지만 몇 세기 동안 중국인들은 의복에 옥으로 만든 장신구를 주로 달았고 일반적으로 은이나 동을 화폐로 사용했다.

둘째는 사회 불안과 관계가 있다. 고고학 자료를 보면 한(漢)나라 이전에는 상품을 유통할 때 황금이 필수였다. 이 점은 한대 이전의 분묘에서 출토된 다량의 황금 장신구를 통해서도 알 수 있다. 그리고 각종 문헌을 통해 당시 황금이 누렸던 중요한 지위를 가늠할 수 있다. 당시의 문헌에는 황제가 공을 세운 대신이나 장수에게 수백 근(斤)의 황금을 하사했고, 변경지역에서 전쟁이 일어나면 군수물자나 군량을 사기 위해 많은 황금이 필요했다는 기록이 있다. 그러나 한나라 이후부터 중국의 황금이 갑자기 감소하기 시작했다. 중국 역사상 황금이 왜 갑자기 줄어들었는지는 여전히 풀리지 않는 수수께끼로 남아 있다.

이와 관련된 의견을 살펴보면 다음과 같다. 한나라 이후, 왕조 교체가 빈번해지고 민족 전쟁이 끊이지 않아 다량의 황금이 왕공귀족이나 지주계층에게로 흘러들어갔다. 이들은 부를 축적할 목적으로 황금류의 자산을 숨겨 놓았다. 그런데 지속적인 사회불안과 전쟁으로 주인은 죽고 숨겨 놓은 황금은 행방이 묘연해졌다. 어마어마하게 많은 황금이 중국 각지에 묻혀 있지만 그 행방을 알 수 없어 이것은 이때부터 역사의 수수께끼가 되었다. 이것이 아마도 중국의 '황금 부족'을 설명할 수 있는 역사적 해석일 것이다.

이런 이유로 중국에 '황금 부족' 상황이 초래되었을 수도 있지만 그렇다고 중국이 황금을 이용한 정도가 다른 고대 문명국에 비해 떨

어진 것은 아니었다. 황금 유물이 출토
된 무덤이나 유적지의 연대를 보면 황
금을 사용한 가장 이른 시기가 하(夏)
나라 초기다. 간쑤(甘肅) 위먼(玉門)의
훠샤오거우(火燒溝) 유적에서는 하나
라 초기에 제작된 금, 은, 동으로 만든
고리와 금 귀걸이 등의 순장품이 출토
되었다. 또 허난(河南) 후이(輝)현의 은
(殷)나라 고분과 허난 안양(安陽) 샤오
둔(小屯)의 은나라 유적지에서는 금괴
와 금박이 출토되었는데, 이는 3500년
전의 중국에서 이미 황금을 사용하여
금기(金器)[12]를 가공하고 제작하는 기술
이 발달했음을 말해준다.

쓰촨 광한 싼싱뚜이의 황금 가면

　　1976년, 쓰촨(四川) 광한(廣漢) 싼싱
뚜이(三星堆)에서는 더 많은 금기(金器)
가 출토되었다. 이곳에서는 황금지팡
이, 황금 가면, 호랑이나 물고기 모양
을 본뜬 금박 장신구, 피리 모양의 금
박 장신구, 금제 허리장신구, 금 덩어
리 등 매우 다양한 종류의 유물이 쏟아
져 나왔다. 게다가 유물의 크기가 대형

[12] 금으로 만든 그릇과 기구.

이었다. 1호, 2호 갱에서는 황금 가면이 출토되었고, 2호 갱에서는 금박을 입힌 청동두상이 출토되었다. 이런 다양한 유물들은 중화민족이 일찍부터 상당한 수준의 황금 제작기술을 보유하고 있었음을 보여주는 증거다.

황금으로 물건을 만들어 사용한 것 이외에도 중국에서 황금과 화폐의 인연은 긴 역사를 갖고 있다. 사마천(司馬遷)의 《사기·평준서(史記·平準書)》에 이런 기록이 있다. "우(虞)나라와 하(夏)나라에서는 화폐인 금을 황색, 백색, 적색 세 등급으로 나누었다(황색, 백색, 적색은 각각 금, 은, 동을 말한다)." 중국에서 출토된 최초의 금화는 지금으로부터 약 2300여 년 전의 전국(戰國)시대 초(楚)나라의 '영애(郢爰)'다. '영'은 선진(先秦)시대 초나라 도성의 이름이다. '애'는 초나라의 중량단위라고 말하는 사람도 있는데, 1애는 초나라 단위의 1근으로 약 250그램에 해당한다.

영애는 기원전 241년에서 기원전 223년 사이에 주조되었다. 현재볼 수 있는 것은 고고 발굴 작업에서 출토된 것들이다. 영애는 넓적한 판에 작은 네모가 여러 개 찍혀 있고 하나씩 떼어 사용하도록 되어 있다. 작은 네모 하나의 무게가 15그램 가량이고, 금 함량은 보통 90% 이상이다. 함량이 높은 것은 99%, 일부는 80%인 것도 있다. 영애는 광범위한 지역에서 출토되었다. 통계를 보면 1950년대부터 안후이(安徽), 허난(河南), 쟝쑤(江蘇), 후베이(湖北), 산둥(山東), 저쟝(浙江), 산시(陝西) 등지에서 총 700여 개, 4만여 그램에 달하는 영애가 발견되었다. 그중 95% 이상이 과거 초나라 영토에서 출토되었다.

이러한 사실에 비추어 보면 당시 초나라의 금화 주조량과 유통량이 상당히 많았음을 알 수 있다.

진시황이 중국을 통일한 후 중국 최초로 화폐법을 반포하고 금화를 '상폐(上幣)'로 규정했다. 상폐는 일반 백성이나 소규모 거래에서는 보기 어려웠고 중요한 행사나 의식 때만 사용되었다. 그 후의 왕조에서는 황금을 화폐로 사용하기보다는 대부분 소장품이나 상품으로 여겼다. 당시 황금을 소장하는 것은 넓은 의미로 대중소비였다. 마치 지금 우리가 순금으로 만든 액세서리를 여러 개 사 모으는 것과 같다. 이러한 황금에 대한 강렬한 미련은 중국 고대의 '소프트 골드'가 그랬던 것처럼 왜 중국이 스펀지처럼 각지의 황금을 흡수하는 괴상한 나라가 되었는지를 설명해 준다.

'소프트 골드'는 성질이 연한 황금을 말하는 것이 아니라 중국 고대의 비단을 말한다. 시대를 막론하고 의식주는 인류 최대의 관심사다. 의복은 추위로부터 몸을 보호하는 기능도 있지만 신분을 드러낼 수 있는 중요한 상징이기도 하다. 색채가 화려한 최고급 비단은 세계가 인정한 최상의 의복 소재로 '소프트 골드'라는 명성을 얻었다. 특히 실크로드가 열린 이후 화려하고 가벼운 비단은 세상 사람들의 마음을 사로잡았다. 고대 로마에서는 귀족들이 비단을 손에 넣기 위해 전쟁도 마다하지 않았다. 고대 그리스의 석조 작품과 유적지에서 출토된 도기나 그림을 보면 투명하고 부드러운 질감의 긴 옷을 입은 모습이 눈에 띄는데 고고학자들은 이를 비단이라 추측했다.

기원전 53년 로마의 크라수스(Crassus) 장군은 파르티아(Parthia)인과 전쟁을 치렀는데, 이때 처음으로 비단의 아름다움을 알게 되었다. 태양이 높이 뜬 정오가 되자 파르티아인이 비단으로 만든 깃발을 펼쳐 로마 군대의 시야를 어지럽힌 뒤 혼란을 틈타 전쟁을 승리로 이끈 것이다. 그 후 로마인들은 백방으로 수소문해 군사들의 시선을 빼앗았던 물건이 바로 비단이었다는 것을 알아냈다. 이때부터 비단은 신비한 힘으로 로마인들을 사로잡았다. 시간이 더 흐른 뒤, 로마는 아름다운 비단 때문에 중화문명과 인연을 맺게 되었다. 비단 이외에 중국의 차와 도기도 세계에 정평이 나 있었다.

이런 특산물들을 구입하기 위해 세계 각지(특히 서양)의 황금이 속속 중국으로 흘러들어갔다. 그러나 서양 사람들은 황금이 일단 신비의 땅 중국에 들어가면 흐름이 멈춘다는 사실을 접하고 몹시 놀랐다. 황금이 사라진다는 것은 자신들의 구매력이 사라지는 것을 의미하기 때문에 서양인들은 당황했다. 서양 사람들에게 있어 화폐란, 한 곳에 오래 머물지 않고 이 나라에서 저 나라로 물처럼 흘러 다시 돌아오는 존재였기 때문이다.

만일 A국의 황금이 계속해서 B국으로 흐르면 유입국인 B국 국민은 지갑이 두둑해지고, 이것은 유출국인 A국 상품에 대한 구매 수요를 늘리게 될 것이다. 반면 A국의 구매력은 하락해 국민은 허리띠를 졸라매고 소비를 줄여야 한다. 이렇게 되면 황금 유입국의 물가는 올라가고 유출국의 물가는 하락한다. 이때 황금이 다시 유출국으로 돌아온다. 그런데 이러한 이론이 중국에서는 통하지 않았다. 중국인에게 황금은 화폐가 아니므로 황금이 유입되어도 이것이 물가에 영향을 미치지 않았다. 그래서 중국에서는 서양의 가설과는 정반대의 현상이 일어났다. 사람들에게 기이한 땅으로 여겨지는 중국에 들어온 황금은 침전되어 다시 나가지 않았다.

중국은 마치 금을 끌어당기는 비법이라도 갖고 있는 것처럼 계속해서 서양의 황금을 흡수했다. 이를 두고 영국의 유명한 철학자 데이비드 흄(David Hume)은 이렇게 말했다. "용기에 액체가 가득 차 찰랑찰랑해지면 수위는 더 이상 올라가지 않는다. 마찬가지로 밑 빠진 독에 물 붓듯 황금을 무한대로 흡수할 수 있는 나라는 없다." 그런데 만일 용기가 너무 커 밑 빠진 독처럼 계속해서 물을 부어야 한다면 이 상황을 어떻게 해석해야 하는 것일까?

당시 바로 중국이 밑 빠진 독이었다. 애덤 스미스는 일찍이 중국은 세계에서 가장 부유하고 풍요로운 나라 중 하나라고 말했다. 온 세상의 황금도 세계에서 가장 풍요로운 국가, 즉 중국을 채우지는 못했던 것이다.

어떤 사물도 발전하는 과정에서 정상 궤도를 벗어나면 버블이 형성되고 버블은 결국 붕괴라는 결과를 벗어나지 못한다. 마찬가지로 중국은 무수히 많은 황금을 흡수했지만 이 때문에 혹독한 대가를 치르지 않으면 안 되었다.

황금이 유입되려면 실물을 지속적으로 공급해 주어야 한다. 지속적인 실물 공급은 통치자가 대중의 노동력을 끊임없이 착취해야 유지될 수 있다. 이런 악순환이 되풀이되고 있는 가운데 많은 고관대작과 귀족들은 황금을 물 쓰듯 하는 동시에 중국에서 생산되는 물품을 뱃길과 새로 개척한 해상 통로를 이용해 계속해서 서방으로 보냈다. 이런 상황이 오랜 기간 지속되자 극소수 계층이 돈을 물 쓰듯 하며 극도의 사치를 향유하는 반면, 대다수 백성은 극심한 궁핍에 시달리게 되었다. 이 상황을 타개할 방법은 막강한 중앙집권을 유지하며 봉기자를 억누르거나 아니면 봉기자가 막강한 정권을 수립해 정권을 전복하는 것이었다. 아무튼 가혹한 착취는 계속해서 이어졌고, 중국의 대외 무역은 수 세기 동안 여전히 흑자를 지속했다.

시간을 냉병기 시대에 붙잡아 둘 수만 있다면 내부 상황이 어떻게 발전하든 중국도 세계에서 가장 부유한 국가 대열(부국이 반드시 부민을 의미하는 것은 아니다)을 유지하고 여전히 세계의 중심이라는 권위를 과시했을 것이다. 그러나 활력이 넘치는 서방이 부상하면서 중국은 더 이상 우위를 점하지 못했다.

역사 기록에 따르면, 중국의 문호를 개방하기 위해 영국인들이 처음에 그들의 공산품을 들고 와 중국의 문을 두드렸지만 중국은 "필요 없다!"라는 한마디로 거절해 버렸다. 그 후 동인도회사가 아편을 들여오면서 중국의 황금이 대량으로 유출되기 시작했다. 아편이 중국에 막대한 손실을 끼친 것은 부인할 수 없는 사실이지만 린저쉬(林則徐)의 '호문소연(虎門銷烟)'[13] 이후에도 중국의 대외 무역은 여전히 흑자를 기록했다. 마침내 '무역 전쟁'에서 인내심을 잃은 서방은 강력한 배와 대포를 동원해 중국이 문호를 개방하도록 했다.

[13] 영국 상인의 아편을 몰수하여 광둥 후먼(虎門)에서 불태운 사건.

이를 계기로 중국에 침전되어 있던 황금이 다시 유통되기 시작했다. 결국 중국인을 백 년 동안 치욕에 떨게 만든 것은 공정 무역이 아닌 끊이지 않는 침략전쟁으로 인해 황금이 다시 유통되기 시작했다는 점이다.

비잔틴 제국 :
황금지대 위에 건설한 황금제국

    역사상 콘스탄티노플의 화려한 역사에 견줄 수 있는 세계의 수도는 없다. 과거 비잔틴 사람이 하늘에서 자국의 수도를 내려다봤다면 놀라움을 금치 못했을 것이다. 아시아와 유럽 대륙이 만나는 곳에 보석처럼 박혀 아름다운 빛을 발하는 콘스탄티노플의 모습에 감탄이 절로 나왔을 것이다.

    324년, 콘스탄티누스(Constantinus) 대제는 로마의 동방거점을 세우라고 명령했고, 이곳은 330년 공식적으로 로마 제국의 새로운 수도가 되었다. 그리고 '콘스탄티누스의 도시'라는 뜻의 '콘스탄티노플'로 불렸다. 많은 자원이 투입된 방대한 공사는 6년이 지나서야 비로소 초기 단계의 모습을 드러냈다. 콘스탄티노플은 유럽과 아시아를 가르는 협소한 보스포루스(Bosphorus) 해협을 가로질러 세워졌다. 작은 구릉에 위치한 이곳은 남쪽으로는 마르마라(Marmara)해, 북쪽으로는 골든 혼(Golden Horn)이 접해 있다. 동쪽은 다르다넬스(Dardanelles) 해협의 관문을 지키고 있으며, 서쪽에서 아래로 굽어보면 트라키아(Thracia) 평원이 내려다보인다. 천혜의 요새에 자리한 콘스탄티노플은 방어가 용이해 외부에서 공격하기가 쉽지 않다. 뿐만 아니라 비잔틴은 아시아로 통하는 필수 관문이자 흑해에서 에게해로 향하는 유일한 통로다.

이 밖에도 북쪽의 골든 혼은 항만 길이 10킬로미터에 너비 460미터의 주항로가 있는 아름다운 천혜의 항만이다. 게다가 작은 수로가 여러 개 있어서 선박을 정박할 수 있다. 이곳은 예로부터 세계 각지의 상선이 모이는 곳으로 현지 주민에게 끊임없이 물자를 제공해 주어 '골든 혼'이라 불렸다.

콘스탄티누스 대제가 사망하자 로마 제국은 곧바로 내우외환의 소용돌이로 빠져들었다. 제위를 놓고 치열한 다툼이 계속되었으며 광활한 영토 곳곳에서는 노예들이 들고일어났고, 호시탐탐 기회를 엿보던 외족의 침입까지 겹쳐 로마는 사분오열의 위기에 직면했다. 제국은 끝내 서쪽은 오래된 로마 성을 중심으로, 동쪽은 세운 지 얼마 안 된 콘스탄티노플을 중심으로 둘

비잔틴 제국의 창시자 콘스탄티누스 대제 조각상

로 분열되었다.

제국이 분열된 후 고트(Goth)족의 수장 알라리크(Alaric)는 군대를 이끌고 동, 서로마 제국을 침략했다. 동, 서로마 제국은 단결해서 저항하지 않고 상대방이 침략당하는 것을 수수방관했다. 갈수록 세력이 강해진 알라리크는 병력을 모아 남하하여 서로마를 침공해 부유한 로마 성을 포위했다. 얼마 후, 로마 성에 기근이 들고 전염병이 돌아 원로원은 알라리크와 강화조약을 맺고 금 2,268킬로그램과 은 13,607킬로그램을 비롯해 다른 귀중품과 재물을 주었다. 그러나 알라리크는 잠시 철수했다가 또다시 로마 성을 두 차례나 포위했고, 마지막 포위 때에는 성 안의 노예들이 모반을 하여 알라리크에게 성문을 열어 주었다. 야만스런 알라리크 군대는 성에 들어가 사흘 동안 남김없이 약탈을 했다. 476년, 기력이 쇠할 대로 쇠한 서로마 제국의 마지막 황제인 로물루스 아우구스툴루스(Romulus Augustulus)가 폐위되면서 전통을 이어오던 로마 제국은 마침내 멸망했다.

고대 로마 제국을 부분적으로 계승한 비잔틴 제국은 로마 제국의 정신을 온전하게 계승하는 길을 택한 것이 아니라 그리스 문화와 그리스어, 동방 정교를 기반으로 하여 신흥국가로 발전했다. 비잔틴 제국은 서로마 제국과 문화적으로 큰 차이가 있었지만 황금을 동경하고 중시한 점에서는 다를 바 없었으며 오히려 한층 더 앞섰다고 할 수 있다.

콘스탄티노플에서 1천여 년을 통치한 비잔틴 제국의 황제들은 대체로 퇴폐적이고 부패했으며 권모술수가 뛰어나고 잔인한 인물들이었다. 그중 가장 대표적인 인물로 이레네(Irene)를 들 수 있다.

이레네는 유럽 역사상 최초의 여제로, 잔인한 행동으로도 유명하다. 780년, 이레네는 자신의 아들이자 열 살밖에 안 된 콘스탄티누스 6세의 후견인이 되었다. 그러나 황제를 꿈꾸는 그녀는 후견인이 되는 것만으로 자신의 권력욕을 채울 수 없었다. 그래서 797년, 이레네는 황제인 친아들의 눈을 뽑은 뒤 수도원에 감금하고 자신이 제위에 올라 비잔틴 제국을 통치했다.

그러나 802년, 이레네에게 액운이 닥쳤다. 그녀는 재정대신 니케포루스(Nikephoros)의 반란으로 제위에서 쫓겨나 레스보스섬에 유배되어 그곳에서 이듬해 생을 마감했다. 그 후 9년 동안 비잔틴을 통치한 니케포루스의 결말은 이레네보다 훨씬 비참했다. 그는 불가리아와 전투를 치르던 중 험준한 산길에서 음모자들에게 암살되었다. 불가리아의 국왕 크룸(Krum)은 니케포루스의 두개골을 금으로 도금한 뒤 그것을 술잔으로 평생 사용했다고 한다.

비잔틴 황제들의 행위는 후대 역사학자들의 혐오감을 불러일으켰지만, 비잔틴 금화는 후세 화폐사 연구자들의 찬사를 받았다. 완벽한 화폐체계뿐만 아니라 금화의 순도나 명성이 다른 나라의 본보기가 되기에 손색이 없었다. 비잔틴 제국은 유럽과 아시아 양 대륙을 연결하는 지리적 이점으로 당시 세계에서 가장 중요한 무역허브가 되었다. 뿐만 아니라 콘스탄티노플은 실크로드의 종착지였기 때문에 동방의 각종 문물과 상인이 집결하여 객잔이 우후죽순처럼 들어섰다. 콘스탄티노플은 상품무역을 확대하기 위해 항구를 만들었다.

이를 계기로 콘스탄티노플은 수출입 무역을 훨씬 편리하게 할 수 있었고, 세계무역의 중개지로 활약하며 수입을 올렸다. 동방에서 온 노예, 비단, 모피, 곡식, 귀한 목재, 향료, 염료, 상아, 보석, 희귀 동물, 기타 사치품 등이 주인을 기다렸고 서방의 유리, 모자이크 작품, 고급 편직물, 수놓은 비단, 무기, 와인, 금화, 은화, 보석장신구, 공예품 등이 크고 작은 배에 가득 실려 동방으로 떠났다.

무역 규모가 커지면서 화폐 유통량도 크게 늘어났다. 비잔틴 화폐가 교환 기능이 없었다면 이런 무역이 지속될 수 없었을 것이다. 게다가 비잔틴 통화는 오랜 기간 안정세를 보였기 때문에 비잔틴 정부는 계산을 통해 황금 453.6그램으로 '노미스마타(Nomismata)' 금화 72개를 만들었다. 노미스마타 1개는 은화 12개에 해당했고, 은화 1개는 동전 12개에 해당했다. 1년에 280일 일하는 근로자 한 명이 약 25개 노미스마타를 벌면 먹고 입는 것을 해결할 수 있었다. 과거 리디아인들에게 금화는 화폐인 동시에 공공 관계를 촉진하고 황제의 권위를 높이며 부를 늘리는 수단이었다. 제국의 통치자들은 다양한 방법으로 지리적으로 가까운 리디아의 전통을 받아들였다.

유스티니아누스(Justinianus)와 같은 시대에 살았던 사람들은 제국의 금화를 이렇게 평했다. "금화는 각 지역에서 널리 사용되었다. 그리고 대적할 만한 다른 화폐가 없었기 때문에 뭇 사람과 국왕의 숭배를 받았다." 중국에서 발견된 외국화폐 중 비잔틴의 금화가 페르시아 사산(Sasan) 왕조의 은화 다음으로 많은 것을 보면 그 말이 과장된 것이 아님은 확실하다. 더 놀라운 사실은 비잔틴 황제는 다른 나라의 통치자는 자신의 초상을 노미스마타에 새길 권리가 없다고 생각했다는 것이다. 그 이유는 그들은 금화가 상업 무역에서 아무런 방해도 받지 않고 유통되게 할 능력이 없다고 생각했기 때문이다. 유스티니아누스 2세는 아랍의 칼리프(caliph)가 자신의 초상을 노미스마타에 새겨 넣었다는 이유로 아랍을 상대로 전쟁을 일으켰다.

중국 경내에서 출토된 비잔틴 금화

무역량이 증가하면서 금화의 수요가 늘자 금 수요도 따라서 증가했다. 리디아와 지리적으로 가까운 비잔틴은 계속 리디아에서 황금을 조달했지만 페르시아 제국, 알렉산드로스 제국, 로마 제국이 약탈해 간 후 리디아의 황금도 크게 줄어들었다. 아르메니아(Armenia)의 금광과 발칸의 은광도 비잔틴에 한정적인 양만을 공급할 수 있을 뿐이었다.

그런 까닭에 비잔틴 제국은 이집트와 수단 남부의 누비아 금광을 주목했다. 누비아는 단기간에 비잔틴의 금 공급원이 되었다. 7세기, 모하메드의 호소로 아랍인들이 궐기하기 시작했고 누비아와 오랜 관계를 유지하면서 비잔틴 제국의 마르지 않는 이 황금 샘을 철저히 차단해 버렸다.

누비아를 잃은 비잔틴 제국은 자신의 지리적 여건을 주의 깊게 살펴보았다. 그러자 자신들이 사방의 황금을 끌어모으는 황금지대에 위치하고 있음을 발견했다. 비잔틴 제국의 주된 수입원은 상업 무역을 통해 거둬들이는 관세와 무역세(이 밖에도 국경세, 성 진입세, 부동산 매매세 등의 항목이 있다)였다. 그러므로 발달한 무역과 상업은 제국 국고를 채워 주는 충실한 자금줄이었다. 이러한 황금지대에서 이루어지는 무역은 비잔틴을 중심으로 서쪽의 유럽과 남쪽의 아랍 세계가 연계된 삼각무역 방식이었다.

모든 나라는 다른 나라와 무역을 할 때 비잔틴에 다양한 명목의 세금을 금으로 지불했다. 이 밖에도 비잔틴은 유럽을 상대로 수입은 하지 않고 비잔틴에서 생산한 생사를 대거 수출하면서 금과 은으로 바꿨다. 이로 인해 마치 세계의 황금저장고처럼 금이 비잔틴으로 물 흐르듯 계속해서 흘러들어갔다.

퇴폐적인 비잔틴 황제들은 넘쳐나는 황금을 가지고 제국의 부를 드러내기 위해 보스포루스 해협 양쪽 해안의 모든 궁전을 금으로 장식했다. 역사 기록을 보면 비잔틴 제국의 제41대 황제 테오필루스(Theophilus)는 황금으로 큰 나무모형을 조각하여 황금어좌의 그늘을 만드는 등 극도로 사치스러운 생활을 했다. 더 놀라운 것은 유스티니아누스 대제는 전설적인 솔로몬 왕보다 더 많은 황금을 소유하려고 했다는 사실이다. 532년, 그는 노동자 1만 명을 동원해 6년에 걸쳐 소피아 대성당을 건축했다. 총 14만 5150킬로그램의 황금이 사용된 소피아 대성당은 말로 표현할 수 없을 정도로 화려함의 극치를 보여준다(돔 천장 하나 장식하는 데 5만 4431킬로그램의 황금이 쓰였다).

18세기의 유명한 사학자 에드워드 기번은 《로마제국쇠망사》에서 비잔틴 제국의 1천년 역사를 "시종일관 쇠락과 비참함이 가득한 이야기"라고 평가했다. 그러나 오랫동안 후세인들은 비잔틴 황제들의 황당하고 포악함을 직시하면서도 비잔틴 문명이 인류에 많은 기여를 했다고 인정해 기번의 평가를 그다지 인정하지 않았다. 비잔틴 제국의 탄생은 야만족의 침략으로 멸망한 서로마 제국과 관계가 깊다. 그러나 역대 비잔틴 황제들은 더할 수 없이 큰 권력과 엄청난 재물만을 탐닉하며 서로마의 멸망을 거울로 삼지 않았다.

11세기, 돌궐족(突厥族)이 소아시아를 점령하자 비잔틴은 흑해 연안의 상업 거점을 서서히 상실했다. 동시에 베니스가 부상하고 제노바와 카탈로니아(Catalonia) 상인이 경쟁하면서 비잔틴의 상업은 쇠락하기 시작했다. 노르만족이 그리스 남부의 테베(Thebes)와 코린트(Corinth)에 있는 비단산업의 중심지를 침략해 양잠사와 견직물 장인을 시칠리아로 끌고 가자 비잔틴은 더 이상 비단을 독점할 수 없게 되었다. 수차례의 십자군 운동 중 특히 네 번째 십자군 동정(東征)은 비잔틴의 상업적 지위에 심각한 타격을 입혔고, 지중해 무역 구도를 완전히 바꿔 놓았다.

비잔틴 제국 말기에 있었던 황실 투쟁에서 황위 쟁탈자들은 자금 확보를 위해 상업 무역 특권을 담보로 삼음으로써 이미 심각하게 파괴된 상업을 더 심각한 지경으로 몰고 갔다. 콘스탄티노플은 세계 무

소피아 대성당. 17
세기 이전의 세계
에서 가장 큰 성
당. 현재 터키의
종교 박물관이 되
었다.

역 중심의 지위를 동지중해의 상업 거점인 베니스에 내주었다. 베니
스와 제노바 상인은 심지어 비잔틴 본토에서 상업 특권을 확보해 콘
스탄티노플 외곽의 갈라타(Galata)에 상업식민지를 세웠다. 14세기에
이르러 비잔틴의 상업은 이미 완전히 위축되었다.

1453년 5월 29일, 오스만 투르크(Osman Turk) 제국의 수천만 병사
들이 두건을 동여매고 구부러진 칼을 휘두르며 난공불락으로 이름
난 콘스탄티노플을 공격했다. 유럽과 아시아 대륙이 만나는 요충지
에 1130여 년 동안 우뚝 서 있던 고성은 끝내 함락되고 말았다. 비잔
틴 제국의 마지막 황제 콘스탄티누스 11세는 전쟁에서 목숨을 잃었
고 비잔틴 제국은 멸망했다.

소피아 대성당의 웅장한 종소리는 그 후로 더 이상 울리지 않았다.
오스만 투르크의 정복자들은 수만 명의 백성을 노예로 끌고 갔고, 황

궁과 성당 내부에 있는 수많은 황금과 보석을 약탈했다. 그들은 위대한 도시를 마구 짓밟았다. 수십 명의 터키 사병이 성 소피아 대성당의 황금 돔 지붕에 기어 올라가 끌과 정으로 돌로 만든 거대한 십자가를 부수었다. 콘스탄티노플의 기독교인과 시민들은 십자가가 바닥으로 떨어져 산산이 부서지는 광경을 눈물을 흘리며 지켜보았다. 십자가가 있던 자리에는 금으로 만든 초승달이 세워졌다. 오스만 투르크인은 웅장한 소피아 대성당을 이슬람 사원으로 바꾸었다. 얼마 후, 오스만 투르크 제국은 수도를 콘스탄티노플로 옮기고 천 년 고성의 이름을 지금의 이스탄불(이슬람의 성이라는 뜻)로 바꾸었다.

콘스탄티노플의 함락은 천 년 이상 이어온 비잔틴 제국(동로마 제국)의 소멸을 의미한다. 콘스탄티노플의 함락은 통치자들에게 경고의 메시지를 전했다. '위대한 국가도 나라를 잘 다스리지 못하고 황음과 부패가 만연하면 제아무리 부유해도 또 견고하고 막강한 방위시설을 갖추고 있어도 외적의 침입을 막지 못한다.'

신대륙 황금을 둘러싼
쟁탈전

제2장

✦

1453년 5월 29일은 서양의 기독교인들에게 치욕의 날로 기억된다. 콘스탄티노플의 함락은 종교적인 실패는 물론, 유럽인들이 더 이상 원하는 생필품을 동양과의 무역으로 얻을 수 없음을 의미했다. 그들은 치욕을 씻기 위해 미지의 세계에 의지했다. 이슬람 세계의 동쪽 끝에서 우방국을 찾아 함께 적을 무너뜨리기를 바랐다. 그리고 기독교의 복음을 이슬람보다 훨씬 더 많은 사람에게 전파할 수 있기를 희망했다. 또한 동방으로 통하는 '새로운 항로'를 개척할 수 있기를 간절히 원했다.

그러나 이런 원대한 이상보다 그들이 더 갈망한 것은 바로 황금이었다. 거센 불길처럼 타오른 인간의 욕망은 인류 역사상 가장 피비린내 나고 잔인하면서 비인도적인 정복활동을 불러왔다.

✦

신대륙 발견 시대가 열린
시대적 배경

어느 한 국가나 지역에서 벗어나 전 세계의 관점에서 인류 역사를 살펴보면 1500년은 분수령이 되는 시점이다. 현대사학의 새로운 시대를 개척한 유명한 역사학자 스타브리아노스(L. S. Stavrianos)가 쓴 《세계사》에는 세계의 역사를 1500년 이전의 세계와 1500년 이후의 세계 두 부분으로 분류했다.

이를 '서양 중심의 역사론'이라고 말하며 비난하는 역사가나 독자도 있지만 반드시 그렇게만 볼 수는 없다. 1500년 전의 역사를 살펴보면 세계 각 문명은 우열을 가리기 어려울 정도로 하나가 흥하면 다른 하나가 쇠하면서 서로 영향을 주고받았다. 그러나 1500년 이후의 세계는 확실히 달랐다. 이 시기 서방에서는 르네상스와 종교개혁, 신대륙 발견 등 역사적인 3대 사건이 일어났다. 이 사건으로 방출된 에너지는 서양 문명이 다른 문명을 크게 앞지르는 데 원동력으로 작용하며 서방세계의 발전을 이끌었다. 그 후의 역사는 비슷한 문명끼리 서로 영향을 주고받기보다는 서양 문명이 일방적으로 동양문명으로 침투했다고 볼 수 있다.

역사상의 3대 사건 중 '신대륙 발견'은 인류와 떼려야 뗄 수 없는 관계에 있는 황금에 막대한 영향을 미쳤다. 신대륙 발견은 기존 세계의 경계를 무너뜨리고 탐욕스러운 인류에게 신천지를 열어주었다. 또한 금, 은에 대한 인간의 무한한 갈증을 조금이나마 해소시켜주었다. 개척의 꿈을 안고 신대륙으로 향하는 물결은 전 유럽을 휩쓸었고, 신대륙을 향한 골드러시는 그야말로 인산인해를 이루었다. 골드러시는 황금이 인간에게 발휘하는 힘이 얼마나 대단한지를 보여준 사건이다. 이것은 사회 구석구석까지 영향을 미쳤고 발전을 눈앞에 둔 새로운 세계는 부상을 꿈꾸었다. 서양 사람들은 더 이상 자신들의 시야에 한계를 긋지 않고 좁은 지중해를 벗어나 대양, 심지어 전 세계로 뻗어 나갈 기회를 호시탐탐 노렸다.

정화(鄭和)[14]가 거대한 함대를 이끌고 일곱 차례나 서양을 다녀온 역사적 공로가 '천조상국(天朝上國)'[15]이라는 자만심에 묻혀 갈 무렵, 서양인들은 작디작은 배로 '신대륙 발견'의 서막을 열었다. 이를 계기로 중국과 세계 여러 문명 제국은 한 시대로부터 버림을 받게 된다. 그러므로 서양인들이 신대륙을 발견할 수 있었던 동기

[14] 콜럼버스보다 먼저 인도양과 아프리카를 다녀온 중국 명나라 항해가.
[15] 중국이 스스로를 높여 부르는 말.

와 시대적 배경을 탐구해 보는 것은 상당히 의미 있는 일일 것이다.

향로와 금은을 얻기 위해
새로운 항로가 필요하다

　　　　　　　　　　새로운 항로 개척의 첫 번째 원인이자 가장 직
접적인 원인은 바로 콘스탄티노플의 함락이었다. 1453년 이후, 중동
과 근동(近東)[16] 지역은 모두 이슬람의 천하가 되었다. 특수한 지리적
우위를 점하고 있는 콘스탄티노플이 함락되자 유럽인들은 더 이상
조상들처럼 페르시아 만을 통해 인도와 중국을 오갈 수 없는 상황에
처했다. 또한 보스포루스 해협의 거대한 항구를 통해 향료를 얻을
수도 없었다. 그러나 향료의 수요가 점차 늘어났기 때문에 유럽인은
향료군도(Spice Islands)[17]에서 향료를 직접 얻을 수 있도록 새로운 무
역항로가 필요했다.

　두 번째 원인은 새로운 식민지와 부에 대한 갈망이었다. 오랫동
안 서양과 중국, 인도의 무역은 아랍인의 중개로 이루어졌다. 또 유
럽 전역에서 아랍인과의 무역은 이탈리아의 베니스나 제노바 상인
이 장악하고 있었다. 이런 상황에서 서
유럽의 영국, 프랑스, 스페인, 포르투갈
등 각국의 군주와 상인들은 이탈리아인
과 아랍인의 독점을 깨뜨리고 직접 인

[16] 서유럽에 가까운 동양의 서쪽
지역.
[17] 인도네시아에 있는 말루쿠
(Maluku)군도.

도나 중국, 향료군도 등지에 가서 현지인과 향료나 비단 등을 거래하고 싶어 했다.

또 당시 중국인이나 인도인은 유럽의 물건에 전혀 관심이 없어 유럽인은 향료와 비단을 얻기 위해서는 많은 금과 은이 필요했다. 수입보다 지출이 많은 상황이 오랫동안 지속되자 유럽의 황금 비축량은 급감했다. 1400년 유럽 각국의 황금생산량이 4톤에도 못 미쳤다는 추산에 근거해 이를 화폐로 환산해 보면 겨우 금화 100만 더커트(ducat)에 불과한데, 이것은 무역 수요를 만족시키기에는 턱없이 부족한 양이다. 경제학자 존 데이(John Day)는 《15세기 금은 대기근》에서 15세기 유럽 각국의 정부가 금화 부족으로 인해 무능력해진 상황에 대해 날카롭게 묘사했다. "1409년, 파리의 화폐상들은 아무리 많은 돈을 주어도 조폐공장에 더 많은 금, 은을 제공할 수 없다며 입을 모아 항의했다."

금과 은이 부족해지자 여러 지역, 특히 지방에서는 다시 물물교환이 시작되었다. 놀랍게도 후춧가루의 가격은 같은 무게의 황금과 맞먹을 정도였다. 이렇게 당시의 인기상품은 등가물 역할을 했다. 독일의 왕자들은 독일의 은행가들을 '후추인간'이라 부르기도 했다. 이런 화폐 부족 현상은 무역에도 많은 영향을 미쳤다. 상황이 이러하자 사람들은 식품이나 서비스 항목에서 지출을 줄이려고 했기 때문에 결과적으로 물가가 하락했다.

사료를 살펴보면, 1400년에서 1500년까지 서유럽 경내의 상품 물가는 20~50% 하락했다. 예를 들어 스페인 아라곤 지역의 가격지

39가지 사건으로 보는 금의 역사

수는 약 20% 하락했고, 영국의 밀 가격은 1360년에서 1500년 사이 50% 하락했다. 프랑크푸르트 호밀 가격의 하락세는 이보다 더 심했다. 이는 15세기 유럽의 일반적인 현상이었으며, 서양인들은 심각한 화폐 부족을 겪게 되자 타지에서 금과 은을 얻을 방법을 백방으로 모색했다.

미지의 세계를 동경하다

⋮   인류 문명의 발전 과정을 보면 유럽은 15세기 이전에는 줄곧 보조적인 역할을 했음을 알 수 있다. 같은 기간 아시아는 유럽보다 문화적으로 앞서 있었으며, 이러한 우위는 지속적으로 확대되었다. 전 세계의 발전 추세를 살펴보면 아시아 대륙과 북아프리카는 다른 지역에 비해 훨씬 더 많은 역할을 수행했는데, 이로 인해 그들이 인식한 세계의 범위는 오히려 자신들의 지역에만 국한되어 있었다. 세계의 양쪽 끝인 태평양 서안과 대서양 동안은 직접적인 왕래가 거의 없었다. 유럽의 암흑기에 아시아 국가들은 번영을 누리고 있었고, 양 세계는 7000여 킬로미터의 실크로드를 통해서만 서로를 인식했다. 이렇게 먼 거리를 통과하려면 오랜 시간이 걸렸기 때문에 동서양 간에 서로를 이해할 수 있는 정보들이 상당 부분 왜곡될 수밖에 없었다.

당시의 중국은 '하늘은 둥글고 땅은 네모'라는 관념과 '천조상국'의 인식이 사회에 뿌리 깊이 박혀 있었다. 반면에 유럽은 수 세기 전에 나온《성경》과 프톨레마이오스(Ptolemaeos)가 2세기에 쓴《지리학 안내(Gegraphik hyphgsis)》를 통해 일부는 지구가 둥글다는 것을 정확히 이해하고 있었으며, 서쪽 끝에서 대서양을 건너면 동경하던 아시아에 다다를 수 있다는 사실을 알고 있었다.

그러나 그들이 아는 세계는 1천여 년 전의 로마인이나 그리스인이 알았던 세계보다도 그 범위가 적었다. 그들은 아메리카, 대양주(오세아니아), 남극주의 존재를 전혀 몰랐다. 비록 인도와 중국의 존재는 알았지만 실제로 가 본 사람은 극히 드물었다.

13세기 말, 유럽 사람들은 마르코 폴로[18]와 그의 여행기를 통해 동양을 알고 동경하기 시작했다. 마르코 폴로는 '중국과 동아시아 그리고 아시아 전체는 문화가 상당히 발달했고 곳곳에는 황금이 있으며 향료가 발달한 지역이다'라고 묘사했다. 이에 유럽인들은 동방의 문명을 동경했고 그것을 직접 보고자 갈망했다. 그러나 마르코 폴로가 중국에 갈 때 거쳐 간 페르시아 만은 유럽인들에게는 금지구역이었다. 15세기 이후의 서유럽인들에게는 더욱 그러했다. 지구가 둥글다는 사실을 굳게 믿는 사람들이 있었지만 그들은 잘못된 데이터로 지구의 크기를 가늠했다. 심지어 유럽에서 서쪽으로 몇 주 동안 가면 아시아에 도착할 거라고 생각하는 사람도 있었다. 눈앞에 펼쳐진 길이 미지의 세계였지만 유럽인들의 새로운 세계에 대한 갈망과 호기심은 신대륙을 찾을 때까지 멈출 줄을 몰랐다.

[18] 이탈리아의 탐험가. 《동방견문록》을 지었다.

종교 전파에 대한 열망이 타오르고
항해기술이 뒷받침하다

15세기, 중국의 해상능력은 유가사상을 뒷받침하는 도구였다. 즉, 큰 규모와 첨단 기술을 갖춘 배는 국가의 위신을 선양하는 도구인 셈이었다. 어느 날, 중국의 의장대[19]가 중동과 동아프리카에 도착했다. 정화가 서양을 일곱 차례나 다녀왔지만, 명(明)나라가 이를 통해 영토를 확장하거나 경제발전에 도움을 받은 것은 아니었다. 의장대는 군사적 사명을 띠거나 무역을 발전시킬 목적으로 간 것은 아니었기 때문이다. 따라서 대항해는 명나라 정부의 재산과 물자를 소모하기만 했을 뿐이었다. 이러한 이유로 명나라가 '항해 금지'를 시작하면서 아시아는 신대륙 발견과 세계 일주의 실현 가능성에서 멀어졌다.

이에 반해 유럽은 대항해 시대의 선봉에 서 있었다. 바이킹 해적들이 그린란드[20]에 간 것과 캐나다에 해적 거점을 세웠다는 증거가 이 사실을 증명한다. 이 밖에 바티칸 시국(Vaticano)[21]의 활동도 항해를 촉진하는 요인 중 하나였다. 포르투갈과 스페인은 탐험활동을 통해 기독교를 전 세계에 전파했고, 아울러 이교도를 기독교인으로 개종시키려고 노력했다. 역사적으로 여러 차례 이슬람 국가의 침략을

[19] 국가 경축 행사나 외국 사절에 대한 환영, 환송 따위의 의식을 베풀기 위해 특별히 조직, 훈련된 부대.
[20] 대서양과 북극해 사이에 있는 세계에서 가장 큰 섬.
[21] 이탈리아의 로마 시 안에 있는 도시 국가로 로마 교황을 원수로 하는 세계에서 가장 작은 독립국.

받은 이베리아 반도는 정치, 종교, 문화적으로 이슬람의 위협을 받고 있었다.

정치, 경제적 확장주의에 문화 이데올로기의 확대라는 명분까지 더해져 이베리아 반도의 항해가들은 자신의 항해활동이 하늘이 내린 사명이라 굳게 믿었다. 그래서 그들은 별 거부감 없이 먼 항해에 나섰다. 십자군 동정[22]으로 인해 시작된 기나긴 전쟁과 중세의 종교 재판 등은 유럽인들을 더욱 기독교에 열광하게 했고, 적극적인 선교 활동은 기독교의 특징 중 하나로 자리잡았다. 이교도나 무신론자들을 기독교로 개종시키기 위해 사람들은 조금도 주저하지 않고 무력을 사용했다. 특히 무어인(Moors)[23]을 무찌른 스페인 선교사들은 전쟁에서의 승리를 종교적 승리로 승화시켰고, 기독교를 이베리아 반도와 유럽을 넘어 세계 곳곳으로 전파했다.

원양 항해에 필요한 기술도 계속 발전했다. 항해가들이 해상활동을 할 수 있었던 것은 종교적 신앙 이외에도 각지에서 전해진 과학 기술 덕분이었다. 점성술의 발전으로 나침반이 생겨났고, 무슬림의 단 마스트(single mast)[24]에 삼각돛을 단 범선이 대형 삼각 범선으로 발전했다. 이 기술은 돛의 대체물이었던 삼각범[25]을 배를 전진시키는 중요한 부품으로 바꾸는 것이었다. 또한 발달한 조선업도 먼 항해를 가능케 한 든든한 버팀목이었다. 이런 과학기술이 유럽에 전해

[22] 중세 유럽에서 기독교도가 팔레스타인과 예루살렘을 이슬람교도로부터 다시 찾기 위하여 일으킨 원정.
[23] 8세기경에 이베리아 반도를 정복한 이슬람교도를 부르던 말.
[24] 지지대가 없는 돛대.
[25] 삼각형 모양의 돛.

지면서 세계의 먼 곳까지 모험을 계획하는 사람들이 생겨났고, '지구는 둥글다'는 설이 나오면서 항해가들은 용감하게 항해에 나설 수 있었다.

15세기의 카라벨 범선. 대항해 시대 원양 항해에 자주 사용되었다.

12세기부터 유럽인들은 항해를 위한 대형 선박을 만들기 시작했다. 1200년에서 1500년 사이 유럽 선박의 적재량은 두 배가량 증가했다. 불과 몇 세기 동안 그들은 아랍인에게서 항해와 관련된 도구의 사용법을 배우고 나침반, 육분의[26], 해도[27], 삼각범, 고물 방향타(stern rubber)[28], 바크(barque)[29] 등의 도구를 직접 개조하거나 기술을 발명했다. 이런 도구와 기술에 힘입어 유럽인들은 험난한 원정 항해를 할 수 있었다.

이런 기술들이 뒷받침되는 가운데 서유럽인들은 신항로를 개척하기 위해 온 힘을 기울였다. 그러나 그들이 신대륙에서 황금을 발견하는 순간, 그렇게 부르짖던 기독교 복음은 온데간데없이 사라져 버렸다. 동서양을 막론하고 인간의 적극성을 끌어내는 데 황금보다

[26] 선박이 대양을 항해할 때 태양·달·별의 고도를 측정하여 현재 위치를 구하는 데 사용하는 기기.
[27] 선박이 항해하는 데 필요한 정보, 즉 바다의 깊이나 항로, 암초의 위치 등을 표시한 항해용 지도.
[28] 배의 뒷부분에 달린 배의 방향을 잡아주는 장치.
[29] 세 개의 마스트를 가진 범선.

더 강력한 동기는 없을 것이다. 콜럼버스는 얼마 안 되는 황금을 손에 넣었지만 바로 이 점이 많은 이들의 욕망에 불을 댕겼다. 이때부터 사람들은 개척과 정복의 발걸음을 멈추지 않았다.

애덤 스미스는 이렇게 말했다. "탐험가와 정복자를 신대륙으로 이끈 것은 바로 '종교화된 황금에 대한 갈망'이었다." 그의 말은 정확했다. 미지의 세계로 통하는 문은 완전히 열렸고, 황금을 종교처럼 숭상하는 서양인들은 신대륙을 향한 원정에 나섰다.

콜럼버스의 신대륙 발견 :
목표에 이르지 못한 목표

콜럼버스를 논하기 전에 먼저 두 가지 이야기로 시작하겠다.

첫 번째 이야기 : 기원전 334년, 알렉산드로스 대왕이 소아시아에 있는 프리기아의 수도 고르디움을 함락했다. 수백 년 전 프리기아의 고르디우스 왕이 마차와 신전 기둥을 연결한 매듭이 복잡하고 단단하게 묶여 있었는데 이것을 푼 사람이 한 명도 없었다. 이 이야기를 전해 들은 알렉산드로스 대왕은 호기심에 그 매듭을 한참 동안 들여다보았다. 그러다 갑자기 검을 휘둘러 매듭을 잘라 버렸다. 수백 년을 넘게 많은 사람이 풀려고 애쓴 난제가 쉽게 풀린 것이다.

두 번째 이야기 : 콜럼버스는 1492년에 신대륙을 발견함으로써 스페인 사람들의 영웅이 되었으며 해군 장군에 임명되었다. 그러나 오만한 귀족들은 그를 얕보았다. 연회에서 콜럼버스는 귀족들의 조소

에 답례라도 하듯 달걀을 집어 들고 이렇게 말했다. "이 달걀을 세로로 세울 수 있는 사람 있으십니까?" 귀족들은 속으로 생각했다. '그게 뭐 어렵다고.' 달걀이 이 사람 저 사람 손으로 옮겨졌지만 성공한 사람은 아무도 없었다. 그러자 콜럼버스는 달걀을 집어 들더니 탁자에 한쪽을 톡톡 두드려 깨트린 다음 세로로 세웠다. 이 광경을 지켜본 귀족들은 수치스러움에 할 말을 잃었다.

위 두 이야기의 공통점은 무엇일까? 바로 위대한 업적을 달성한 사람은 과감하고 결단력 있게 행동한다는 점이다. 알렉산드로스 대왕은 자신을 그리스 문화의 전파자라 자처하며 제국의 영토를 유럽인들이 한 번도 가보지 못한 인더스강 유역까지 확장했다. 콜럼버스는 배에 돛을 달고 멀리까지 항해해 유럽인들의 발자취를 아메리카 대륙까지 넓혔고, 새로운 시대를 개척했다.

그러나 일부에서는 두 가지 이유로 콜럼버스의 위대한 공헌을 비난한다. 첫째, 아메리카 대륙은 누가 발견할 필요가 없었다는 것이다. 왜냐하면 인디언들이 이미 오래전부터 생기 충만한 아메리카 대륙에 살고 있었고, 중남미 지역에 상당한 규모의 아스텍 문명과 잉카 문명을 건설했기 때문이다. 오히려 콜럼버스가 발을 들여놓으면서 착취의 역사가 시작되었다고 비난한다. 둘째, 아메리카 대륙을 콜럼버스보다 더 일찍 발견한 유럽인이 분명히 있었다는 것이다. 베링 해협이 빙설로 가득했을 당시 동북아시아의 사람들이 오늘날의 알래스카에 왔고, 에스키모인이 바로 그 증거라고 말한다.

최근 들어 고고학적인 발견이 늘어나면서 많은 사람들이 북유럽의 바이킹이 이미 오래전에 아메리카 대륙을 발견했다고 믿는다. 또 개빈 멘지스(Gavin Menzies)는 자신의 저서 《1421 중국, 세계를 발견하다》에서 중국의 정화가 1421년 이미 아메리카 대륙을 발견했다고 주장했다. 이런 주장은 정확성의 여부를 떠나 콜럼버스의 역사적 지위를 뒤흔들기에는 부족함이 많다. 설사 과거에 이미 발견했어도 지속적인 탐색이 제대로 이루어지지 않았기 때문에 큰 의미를 부여하기는 힘들고 그저 발견한 사람의 능력이나 우위 정도를 설명할 수 있을 뿐이다. 그러나 콜럼버스의 신대륙 발견은 전 세계에 변화를 예고했다. 아메리카 대륙에서 생산되는 옥수수, 토마토, 감자 등 식량작물과 채소는 사람들의 생활환경을 크게 개선했다. 아메리카 대륙에서 유럽으로 흘러들어간 황금과 은은 유럽의 기존의 경제방식을 근본적으로 변화시켰다. 또 대규모 인구 이동이 일어났다. 유럽인들은 끊임없이 아메리카로 이주했고 아프리카 사람들이 노예로 팔려갔다. 이 모든 변화는 콜럼버스가 아메리카 대륙에 발을 들여놓기 시작하면서부터 시작되었다.

정확히 말해 대항해를 처음 시작한 나라는 포르투갈이다. 디아스(Diaz)는 포르투갈 국왕 주앙 2세의 명령을 받고 1487년 8월 배 세 척을 이끌고 아프리카 서해안으로 탐험을 떠난다. 1487년 말 다시 두 척의 배로 아프리카 남안을 출범했다. 도중에 폭풍을 만나 13일간 표류하다가 아프리카 남동쪽 끝을 발견하고 계속 북상하려고 했지만 선원들의 거센 반발로 되돌아가다가 희망봉을 발견하게 된다.

10년 뒤, 또 다른 유명한 탐험가 바스코 다가마(Vasco da Gama)도

유럽인으로는 최초로 인도에 발을 들여놓았다. 그러나 독점무역에 위협을 느낀 이슬람 상인들의 방해와 토착 영주들의 경계심 때문에 정식 통상 교섭은 난항을 거듭했다. 이듬해 약간의 향료, 보석을 싣고 떠난 다가마는 리스본으로 돌아와 훈장과 융숭한 대접을 받았다. 그 후 다가마는 다시 인도로 향했는데, 이익에 눈이 멀어 도중에 상선을 납치하고 사람을 죽였으며 코지코드(Kozhikode)[30]를 폭파했다. 그는 고아(Goa)와 코친(Cochin)을 강점함으로써 인도무역 독점의 기초를 다지고 포르투갈에 엄청난 부를 안겨주었다. 다가마가 인도항로를 발견함으로써 오스만 투르크의 유럽에 대한 무역 봉쇄 조치는 철폐되었다. 이와 동시에 서방 식민주의자들의 피비린내 나는 동양 식민지 개척의 역사가 그 막을 올렸다.

1488년, 선원들이 두려워하며 더 이상 북상을 원치 않았고 만약 계속 항해를 하면 폭동이 일어날 분위기여서 디아스는 어쩔 수 없이 항해를 포기하고 다시 리스본으로 돌아왔다. 항해를 마치고 돌아온 디아스는 대중을 상대로 자신의 항해일지를 발표했다. 제노바 선원인 크리스토퍼 콜럼버스는 청중들 사이에서 디아스의 소개를 흥미진진하게 들으며 열심히 기록했다.

콜럼버스는 1451년에 이탈리아 제노바에서 방직공의 아들로 태어났다. 콜럼버스는 정규교육을 거의 받지 못했지만 어려서부터 바다를 접해서 지중해를 오가는 상선에 큰 흥미를 가지고 있었다. 스물다섯이 되는 해, 붉은 머리에 훤칠한 체격의 콜럼

---

[30] 인도 남서부 케랄라주(州)에 있는 도시. 옛 이름은 캘리컷.

버스는 침몰한 배의 잔해를 따라 홀로 포르투갈에 왔다. 몇 년이 지나 그는 리스본에서 부유한 포르투갈의 관리이자 선장의 딸과 결혼했다. 뱃일에 남다른 재주가 있는 그는 포르투갈 근해의 상선에서 일하며 평화로운 나날을 보내고 있었다. 그러나 소년 시절에 꾸었던 원대한 꿈을 여전히 간직하고 있던 그는 평범한 일상에 만족하지 못했다. 콜럼버스는 어린 시절 《동방견문록》을 매우 즐겨 읽었으며 자세히 읽다 못해

크리스토퍼 콜럼버스. 서양 역사상 가장 유명한 탐험가.

연구까지 했다. 라틴어로 된 《동방견문록》은 현재 스페인 세비야의 콜럼버스 기념관에 소장되어 있는데, 이 책에는 콜럼버스가 직접 쓴 메모가 남아 있다. 콜럼버스가 이 책을 좋아한 이유는 이 책이 《아라비안나이트》처럼 재미있는 데다 금을 숭배하는 그의 이상에 부합했기 때문이다.

그는 책에 나오는 지역을 매우 동경했다. 중국과 인도의 금은보석에 대해서도 관심을 가졌지만, 그보다 일본에 관한 이야기에 심취했다. 마르코 폴로는 일본에 가 본 적도 없으면서 전해 들은 이야기로만 일본에 관해 몇 장을 썼다. 거기에는 이렇게 적혀 있었다. '중국 해안에서 2400킬로미터 떨어진 해상에 있는 일본에는 황금이 무궁무진하게 많다. 그러나 국왕이 황금 수출을 금지해서 일본에 가서

장사하는 상인이 매우 적다. 황금이 풍부한 일본은 황금으로 국왕의 궁전을 짓고 궁궐의 도로와 바닥을 4센티미터 두께의 금 벽돌로 만들었으며 창틀도 금으로 만들었다. 또 일본은 아무 곳에서나 붉은색의 진주를 채집할 수 있어 일본사람들은 장례를 지낼 때 시신의 입에 진주를 물린다. 원(元)나라 황제 쿠빌라이 칸(Khubilai Khan)은 일본의 황금이 탐나 전쟁을 일으켰지만 번번이 바다에서 폭풍우를 만나 실패했다.'

콜럼버스는 동양의 일본에 다다를 항로를 개척하여 쿠빌라이 칸이 실현하지 못한 꿈을 이루기를 희망했다. 그는 누구에겐가 보내는 편지에 이렇게 썼다. '나는 하나님께 황금이 나는 땅을 알려달라고 기도했다. 세상 모든 물건 중 가장 고귀한 것은 황금이다. 황금은 부를 의미한다. 황금을 소유하는 자는 원하는 것을 모두 얻을 수 있다. 동시에 영혼을 지옥에서 구해 낼 수 있고, 영혼이 천당의 즐거움을 맛보게 할 수도 있다.' 방대한 양의 독서와 오랜 기간의 항해는 콜럼버스의 호기심을 자극했다. 그는 일기에 이렇게 적었다. '젊어서 바다에 나온 나는 지금까지 한 번도 바다를 떠난 적이 없다. 이 직업은 미지의 세계에 대한 궁금증을 유발한다.'

콜럼버스는 원래 포르투갈의 국왕을 통해 자신의 꿈을 실현하려했다. 그래서 자신의 항해 계획안을 주앙 2세에게 제출했다. 그러나 당시 포르투갈이 지원하는 아프리카 서해안 남쪽 항해가 성공을 거두고 있었기 때문에 막대한 비용이 드는 콜럼버스의 탐험 계획안은 통과되지 않았다. 포르투갈 왕실에서 거절당하자 기분이 상한 콜럼버스는 스페인 왕실로 갔다. 그는 모든 노력을 기울여 1486년 1월 마침내 스페인 왕실을 알현할 수 있었다. 충직함과 자신감, 지리에 대한 풍부한 학식으로 콜럼버스는 스페인 왕실에 좋은 인상을 심어 주었다. 스페인은 포르투갈보다 먼저 동인도 군도 항로를 개척할 목적으로 콜럼버스의 계획을 적극 지지했고, 이를 위해 선원과 학자로 구성된 위원회를 조직했다. 그런데 위원회의 업무가 지연되는 바람에 1488년까지도 아무런 결정이 나지 않았다. 콜럼버스는 또 영국과 프랑스 국왕을 찾아가 자신의 계획을 제안했지만 모두 허사였다. 도저히 방법이 없자 그는 스페인 위원회의 결정을 기다리기로 했다.

1490년, 위원회는 콜럼버스의 계획을 부결했다. 그러나 이사벨라 여왕은 여전히 그에 대한 믿음을 갖고 있었다. 1491년, 여왕이 새로 임명한 위원회가 마침내 콜럼버스의 동인도 군도 탐험 계획을 승인했다. 오랫동안 냉대를 받았어도 그는 자신을 낮추기는커녕 오히려 자신감이 넘쳤다. 그는 신대륙을 발견하면 그 대가로 기사(騎士)와 해군 원수 지위뿐만 아니라 항해 도중 발견한 땅의 총독과 통치자 지위, 그리고 그곳에서 얻은 수익(그가 꿈에 그리는 황금도 포함)의 10%를 줄 것을 요구했다. 결과는 예상대로였다. 대의회는 그의 건의를 전적으로 거부했다. 그러나 여왕의 개인 재무를 관리하는 신하가 여왕에게 이번 탐험으로 얻게 되는 이익을 추산해 보면 그가 제시한 조건은 아무것도 아니라고 설명해 주었다. 여러 차례 논의를 거쳐 이사벨라 여왕은 콜럼버스의 요구를 들어주기로 승낙했다. 1492년, 콜럼버스가 제안한 조건을 담은 정식 문서에 마침내 사인이 이루어졌다. 8년 동안의 우여곡절을 겪은 끝에 콜럼버스의 계획은 드디어 통과된 것이다.

1492년 8월 3일, 기쁨에 들뜬 콜럼버스는 선원 87명을 산타마리아 호, 핀타 호, 니나 호 세 척의 배에 나눠 태우고 바로스 항을 출발했다. 역류와 폭풍우를 피하기 위해 먼저 서남향으로 운행하여 9월 초 카나리아 제도(Canary Islands)의 고메라에 도착했다. 9월 6일, 그들은 다시 고메라를 출발해 서쪽으로 항해하다 다시 서남쪽으로 방향을 틀어 드넓은 대서양으로 진입했다. 34일 간의 고된 항해 끝에 10월 12일 새벽 바하마 군도 동남쪽의 사마나(Samana : 현지인들은 '과나하니 (Guanahani)'라고 부름) 섬에 도착했다. 콜럼버스는 스페인 국왕의 이름으로 즉각 섬을 점령하고 '산살바도르(San Salvador : '구세주'라는 뜻)'라고 이름 붙였다. 이틀 동안 이 섬에서 머문 콜럼버스 일행은 다시 남하했다. 그는 머지않아 《동방견문록》에 나오는 금으로 지붕을 만든 일본 왕궁의 모습을 보게 될 것이라 믿었다.

콜럼버스 일행이 큰 섬에 도착했을 때, 그는 현지의 원주민이 그 섬을 '쿠바(Cuba)'라고 부르는 것을 듣게 된다. 쿠바의 발음이 '지팡구(cipangu)'[31]와 비슷하게 들려 콜럼버스와 선원들은 목적지가 가까이 있다고 믿었다. 그러나 그들은 쿠바에서 아무런 소득을 얻지 못해 실망했다. 훗날 식민지배자들에게 막대한 이익을 가져다준 담배를 발견하기는 했지만 당시 그들은 그것의 가치를 알지 못했다. 황금을 제외한 그 어떤

[31] 당시 일본을 부르던 말로 Cipangu → Zipangu → Japan이 일본 명칭의 유래라고 함.

것에도 관심이 없었기 때문이다. 신대륙에 도착한 지 3개월이 지났지만 콜럼버스 일행은 황금을 발견하지 못했다. 황금을 열렬히 갈망한 콜럼버스는 일기에서 황금에 대해 무려 65차례나 언급했다.

콜럼버스는 다시 선원들을 이끌고 다른 섬들을 오갔다. 그러나 그는 오매불망하는 황금을 찾을 수가 없었다. 이듬해 3월, 콜럼버스는 스페인으로 돌아가야 했다. 향후 발견 가능성을 염두에 둔 왕실은 그의 첫 번째 항해를 긍정적으로 평가했다. 5월 말, 스페인 국왕은 콜럼버스를 새로 발견한 대륙의 해군 사령관이자 흠차대신[32], 총독으로 임명하고 정식으로 임명장을 수여했다. 이를 계기로 황금에 대한 그의 열망은 더욱 불타올랐다. 콜럼버스는 스페인 왕실을 위해 엄청난 양의 황금을 반드시 가져오겠다고 맹세했다.

첫 항해를 시작한 지 6년 후 그는 또다시 3차 대규모 항해에 나섰다. 황금을 찾기 위해 최선을 다해 탐사했지만 결국 황금을 찾는 데 실패했다. 콜럼버스 일행을 더욱 힘들게 한 것은 서쪽에 놓인 큰 대륙은 끝이 보일 기미가 없고, 앞은 끝없는 망망대해의 연속이라는 점이었다. 지금은 좁은 파나마 운하를 따라가면 드넓은 태평양으로 진입하고 태평양을 건너면 일본, 중국, 심지어는 더 서쪽에 있는 인도에까지 다다를 수 있다. 하지만 당시 콜럼버스는 이를 알 길이 없었다. 알렉산드로스 대왕처럼 콜럼버스도 비운의 인물이었다.

알렉산드로스 대왕의 정예부대도 인더스강에 도착했을 때 그들을 지지하던 귀족들에게 아무런 재물을 제공하지 못

[32] 왕실을 대표해서 외부 일을 처리하는 관리.

했고 결국 철수해야 했다. 세 차례 원정을 떠난 콜럼버스도 같은 딜레마에 빠졌다. 그는 포르투갈의 항로를 피해 인도양에 다다를 수 없었기 때문에 다가마가 포르투갈 왕실에 재물을 가져다주었던 것과는 달리 스페인 왕실에 보답할 수가 없었다. 콜럼버스 일행이 자신들이 발견한 대륙에서 스페인 왕실의 기대치를 만족할 만한 황금을 발견했더라면 스페인 왕실이 지원해 준 탐험활동비를 보상하고도 남았을 것이다. 그러나 콜럼버스는 서쪽 먼 곳에 새로운 대륙이 있다는 정보 이외에는 왕실에 제공할 것이 아무것도 없었다.

결국 콜럼버스는 눈앞의 이익에 급급한 스페인 왕실의 희생물이 되었다. 단기적 이익이라는 관점에서 보면 콜럼버스는 분명 스페인에 아무런 실질적인 성과를 제공하지 못했다. 그러나 장기적으로 보면 콜럼버스가 발견한 대륙은 그 후 스페인이 부상하는 데 있어 밑거름이 되었고, 스페인이 근대 역사에서 최초로 해상 패권을 장악하는 데 큰 역할을 했다. 역사 속의 위대한 인물 중에는 불공평한 대우를 받은 사람들이 존재한다. 콜럼버스도 신대륙 발견이라는 영광을 제대로 누리지 못하고 말년에 빈곤과 우울함에 시달리다 비참하게 생을 마감했다. 죽음을 앞두고도 그는 자신이 아시아의 인도에 도달했다고 여겼다.

콜럼버스가 살았던 시대에는 콜럼버스가 스페인과 전 유럽에 막대한 부(신대륙 발견)를 가져다주었다는 사실을 몰랐다. 행운은 피렌체 출신 아메리고 베스푸치(Amerigo Vespucci)에게로 돌아갔다. 콜럼버스의 발견에 지대한 관심을 보인 아메리고는 콜럼버스가 갔던 곳

39가지 사건으로 보는 금의 역사

을 자세히 시찰한 후 기행문을 한 편 썼다. 그는 그곳이 인도가 아닌 '신대륙'이라고 단정했다. 1507년, 독일 학자 발트제뮐러(Martin Waldseemüller)는 아메리고의 말을 근거로 신대륙을 '아메리카 대륙'이라고 이름 붙였다. 이로써 콜럼버스의 착오는 정정되었지만 아직까지도 카리브 해 연안의 섬들을 '서인도 제도'라고 부르고, 아메리카 대륙의 원주민들을 인디언이라 부른다.

결국 콜럼버스는 위대한 탐험가로 아메리카 대륙의 문을 열었고, 그 뒤를 따라 식민주의자들이 앞다투어 몰려들었다. 그 후 수백 년 동안 아메리카 대륙은 서방 세계에 부를 공급하는 원천이 되었다. 라틴 아메리카를 상대로 한 무자비한 약탈과 흑인노예제도로 명맥을 유지한 담배와 사탕수수, 캘리포니아 금광 발견 등으로 이른바 '종주국'은 횡재를 했고, 이는 서방 자본주의의 '원시 축적(primitive accumulation)' 단계를 가속화했다. 특히 스페인은 신대륙의 금과 은을 발판으로 삼아 세계의 지배자로 올라섰다.

황금국의 멸망 :
코르테스와 피사로의 만행

콜럼버스는 자신의 말처럼 황금으로 자신의 영혼을 지옥에서 구원하지도 못했고 개인적인 목표도 실현하지 못했다. 그러나 그가 25년만 더 살았더라면 자신의 공로가 청년시절 꿈꾸었던 이상을 훨씬 넘어섰음을 알게 되었을 것이다.

포르투갈의 동방 제국들과는 달리 콜럼버스가 발견한 신대륙은 처음에는 스페인에 이렇다 할 경제적 이득을 제공하지 못했다. 그러나 유럽 역사에서 유명세를 크게 떨친 스페인 국왕 찰스 5세(동시에 신성로마 제국의 황제)가 백성에게 아메리카 대륙에서 황금을 발견하면 국왕에게 5분의 1을 상납하고 나머지는 자신이 소유해도 된다고 공표한 뒤 상황이 달라졌다. 이런 조건에 고무된 스페인 사람들은 앞다투어 아메리카 대륙으로 달려갔다. 1520년대 초, 스페인에는 훗날 아메리카 대륙을 식민지로 만든 두 인물이 등장했다. 아메리카의 광활한 땅(브라질 제외)을 닥치는 대로 집어삼킨 그들은 바로 역사적으로 악명이 높은 코르테스(Cortes)와 피사로(Pizarro)였다.

코르테스,
아스텍 문명을 정복하다

⋮   1500년에서 1520년까지 스페인은 아메리카 대륙을 탐험했다. 당시 국왕의 장려로 많은 항해사가 각종 깃발을 내걸고 황금을 찾아 남북 아메리카의 동쪽과 서쪽을 탐험했다. 그 후 30년 동안 수천 명에 이르는 스페인 모험가들의 탐험으로 스페인은 마침내 유럽국가 중 가장 많은 해외제국을 거느린 국가라는 영예를 얻을 수 있었다.

에르난 코르테스는 운이 좋은 모험가 중의 한 명이었다. 스페인의 하급 귀족가문에서 태어난 그는 법률을 공부했으나 법률가로는 성공하지 못했다. 열아홉 살 때 코르테스는 스페인의 다른 젊은이들처럼 금을 찾아 신대륙으로 먼 길을 떠났다. 처음 그는 식민지인 쿠바에서 광산을 채굴하고 농장을 경영하여 재물을 상당히 모았다. 그 후 코르테스는 산티아고(Santiago) 부근에 있는 도시의 시장이 되었지만 이에 만족하지 못하고 더 넓은 지역을 정복하겠다는 야망을 갖고 있었다.

1519년, 쿠바로 돌아온 탐험가들은 유카탄 반도에서 원주민을 만났는데 그곳에는 황금이 넘쳐난다고 떠들고 다녔다. 당시 탐험가 대다수가 자신의 여정을 과대 포장하는 경향이 있었지만 탐험가들의 말에 솔깃해진 코르테스는 자산을 모두 팔아 전투함 세 척을 산 뒤 함께 금을 찾아 나설 사람을 모았다. 그가 출발할 때는 배 11척, 500여 명의 사병, 말 16필, 소형 카농포 7문의 규모였다. 중요한 사실은 코르테스가 쿠바를 떠나 아스텍으로 원정을 떠나던 해는 마젤란이 세비야에서 세계 일주를 떠난 해라는 점이다. 이 두 가지 계획은 스페인에게 상당히 중요한 의미가 있었다.

　　1519년 4월, 함선과 군대를 이끌고 멕시코 동해안에 상륙한 코르테스는 아스텍 제국의 영지로 들어갔다. 코르테스는 무작정 진격하기보다는 일단 막사를 치고 상황을 파악했다. 그는 몬테주마(Montezuma) 국왕이 그들의 출현에 매우 초조해한다는 소식을 전해 들었다. 아스텍 신화를 믿는 국왕은 그들의 출현을 색다르게 해석했다. 아스텍인의 12주년의 주기에 이 영토를 통치한 경험이 있는 대신(大神)이 출현한다는 설이 있어 스페인 사람이 바로 대신의 특사가 아닌가 생각했다. 또 한편으로는 코르테스가 사기꾼일지도 모른다고 걱정했다. 몬테주마는 코르테스를 시험할 목적으로 선물을 보냈다. 그가 보낸 선물은 대부분 황금으로 만들어졌고 그중에는 마차 바퀴만 한 태양 모양의 금 쟁반도 있었다. 만일 코르테스가 신의 사자가 아니라면 황금 때문에 온 것이므로 이 선물을 받으면 만족하고 돌아가리라 생각한 것이다.

그러나 그의 예상과 달리 코르테스는 떠나지 않았다. 그는 더 많은 황금이 있는지 직접 눈으로 확인하고 그것을 손에 넣고 싶어했다. 부하들에게 자신의 의지를 보여주기 위해 그는 스페인으로 금을 운반할 때 쓸 배 한 척만 남기고 나머지 열 척은 모두 부숴 버렸다. 실패하면 돌아갈 수 없다는 절박함을 보여주기 위함이었다. 그러고는 스페인 국왕에게 충성심이 가득 담긴 편지를 써서 사절 편에 보냈다. 그의 목표는 단 하나, 아스텍을 철저히 정복하는 것이었다.

그는 몇 차례의 전투를 통해 아스텍과 원수 사이가 된 몇몇 부락과 손을 잡았다. 이들이 음식물과 운반자, 전투 인력을 지원해 주지 않았다면 코르테스는 그토록 원하는 승리를 쟁취하지 못했을 것이다. 1519년 11월 초, 코르테스는 포포카테페틀(Popocatepetl) 화산에 올라 스페인 사람으로서 처음으로 아스텍 제국 수도인 테노치티틀란(Tenochtitlan)을 보았다. 이 도시는 텍스코코(Texcoco) 호수 중의 섬에 건설되었고, 넓은 나무로 만든 하천 둑과 육지가 연결되어 있었다. 강둑은 8킬로미터 길이에 일곱 명이 말을 타고 나란히 지나갈 수 있을 정도로 넓었다. 도시 인구는 20만 명 정도였다. 4개의 주요 도로가 도시를 네 부분으로 나누고, 도시 중심에는 아스텍 사제가 산 사람을 재물로 삼아 제사 지내는 40미터 높이의 거대한 피라미드 신전이 솟아 있었다.

한 사병이 당시의 모습을 이렇게 기술했다. '위대한 테노치티틀란 구석구석의 모습이 마치 거울에 비치듯 호수 위에 비치고 있다.' 2년 후 이 위대한 문명이 폐허로 변해 세상에서 완전히 사라질 줄은 그

아스텍 문명의 파괴자 에르난 코르테스

곳에 있던 어느 누구도 짐작하지 못했다.

코르테스가 접근해 오자 아스텍 국왕은 코르테스에게 협상을 제안했다. 1519년 11월 8일, 코르테스는 400명의 스페인 사병과 6000명의 인디언을 이끌고 테노치티틀란으로 왔다. 스페인 사람을 직접 본 후에야 국왕은 그들이 신이 아니라는 사실을 확실히 깨달았다. 국왕은 정복자들을 호화로운 궁전으로 안내해 귀빈 대접을 했다. 스페인 사람들은 자신들이 묵고 있던 방의 벽에서 우연히 문의 윤곽을 발견했다. 문을 열어 보니 안에는 황금으로 만든 제품이 가득했다. 처음 보는 광경에 스페인 사람들은 그야말로 휘둥그레졌다. 흥분한 코르테스는 황금을 가리키며 부하 사병들에게 이렇게 말했다. "아스텍을 정복하고 나면 황금을 마음껏 갖게 될 것이다."

그러나 협상은 순조롭지 않았고 협상이 교착 상태에 빠진 지 7일째 되는 날, 코르테스는 아스텍의 한 관리가 해안가에서 스페인 사람을 공격했고 그중 몇 명이 죽었다는 소식을 들었다. 코르테스는 병사 다섯을 데리고 국왕의 침실로 쳐들어가서 국왕을 잡아 스페인 막사로 끌고 왔다. 코르테스는 막사로 끌려온 국왕에게 수갑과 족쇄를 채웠다. 상황은 기이하게 돌아갔다. 아스텍 국왕이 스페인의 인질이 되었고, 스페인 사람들은 아스텍의 망망대해에 갇힌 신세가 되었다. 양측이 대치하는 상황에서 국왕이 백성에게 명령만 내리면 스페인 사람들은 큰 화를 당할 국면이었다.

이때 쿠바 주재 스페인 총독이 코르테스를 체포하기 위해 스페인 사병 600여 명을 보냈다. 총독은 코르테스가 출발할 때부터 코르테스의 세력이 확대되는 것을 두려워하고 있었다. 이 군대는 테노치티틀란의 동부에 위치한 작은 성에 주둔했다. 코르테스는 부하를 성에 남겨 두고 250명의 사병을 이끌고 파견군의 총본부로 진격하여 1시간가량 격전을 벌였다. 그는 파견군의 우두머리를 생포하고 나머지 사병들을 자신의 작전부대에 편입시켰다. 이 이외에 이 부대가 보유한 10여 문의 대포도 획득했다.

코르테스가 부대를 이끌고 다시 수도로 돌아왔을 때 그곳에서는 새로운 국면이 전개되고 있었다. 그의 부하가 종교의식에 참여했던 아스텍 인들을 공격하여 주민 1000명이 죽고 스페인 사람과 인디언 동맹군은 포위를 당한 상황이었다. 코르테스의 군대는 다시 이들과 합류하여 테노치티틀란에서 방어 작전을 폈다. 다음 날 전쟁터로 끌려간 몬테주마는 돌에 맞아 3일 후 세상을 떠났다. 그의 뒤를 이어 동생이 왕위를 계승했다. 새로 즉위한 왕은 스페인을 향해 맹렬하게 공격을 퍼부었다. 칠흑같이 어두운 밤 코르테스는 포위망을 뚫기 시작했다. 새까만 아스텍 사병들이 스페인 사람들을 포위하며 공격을 퍼부었다. 스페인 사람들은 이날 밤을 '슬픔의 밤'이라고 불렀다. 코르테스 일행은 가까스로 테노치티틀란에서 빠져나왔다. 그러나 병사 600명을 비롯해 동맹군의 병사 2000명이 목숨을 잃었다.

1520년 7월 7일, 코르테스 군대의 남은 병사들은 아스텍을 상대로 승리를 거두었다. 코르테스는 틀락스칼라(Tlaxcala)까지 후퇴하여 군대를 재정비했다. 자메이카 총독은 코르테스와 연합해 식민지 건립을 도왔으며 자메이카로부터 전투 말을 사들였다. 얼마 후, 코르테스의 영토 확장에 동의한다는 스페인 국왕 찰스 5세의 편지와 함께 대규모 지원부대가 도착했다.

코르테스가 한창 전쟁 준비를 하고 있을 때 테노치티틀란에는 천연두가 유행했다(이는 스페인 사병들이 옮긴 것이다). 인디언들은 수년 동안 외부 세계와 단절되어 있었기 때문에 전염병에 매우 취약했다. 천연두 바이러스는 빠르게 퍼졌고 제국의 수도뿐만 아니라 다른 지역에까지 급속도로 번져 나갔다. 수도에서 반격을 지휘하던 새 국왕도 천연두에 걸려 목숨을 잃었다. 아스텍 인들은 바이러스에 끄떡없는 스페인 사람들을 보자 정신적인 압박까지 더해져 혹시 이들이 신의 사자가 아닐까라고 생각했다.

한편 코르테스는 제국의 수도를 공격하기 위해 최후의 준비를 했다. 제국의 수도는 물 위에 세워졌기 때문에 코르테스는 대포를 설치할 수 있는 배를 목공에게 특별 주문했다. 텍스코코 호반에서 코르테스는 1521년 5월까지 공격 채비를 하며 보냈다. 600명의 스페인 전사와 12척의 대포선, 거기에 7만 5000명에 달하는 인디언 동맹군이 그의 작전에 참여했다. 그 후 3개월 동안 제국의 수도는 참혹하기 그지없는 공방전의 무대가 되었다.

아스텍 인들은 스페인의 공격을 수차례나 물리쳤다. 심지어 그들은 스페인 사병을 생포해 신성한 제단으로 끌고 간 뒤 돌칼로 심장을 도려내 불에 태워 신령께 바쳤다.

8월 중순에 이르자 종말이 다가왔다. 산더미처럼 쌓인 시체에서는 악취가 풍겼고 천연두는 더욱 기승을 부렸다. 수도를 지키는 사병들은 풀과 나무뿌리로 허기를 채우며 버텼다. 최후의 총공격에서 스페인 사병과 인디언 동맹군은 아스텍 인 1만 5000명을 학살했다.

테노치티틀란은 철저히 짓밟혔다. 코르테스는 사병들에게 멸망한 도시를 샅샅이 뒤지고 약탈하라고 명령했다. 사병들은 주머니와 배낭에 묵직한 황금을 가득 채웠다. 코르테스는 "마음껏 갖게 될 것이다"라고 이전에 했던 약속을 결국 지키게 되었다. 스페인 황실에 충성을 표시하기 위해 코르테스는 범선 13척을 만들고 황금을 가득 실어 찰스 5세에게 보냈다. 얼마 후 코르테스는 찰스 5세의 명을 받들어 새로운 스페인 총독 겸 총사령관에 임명되었다.

자신의 공적을 드러내기 위해 코르테스는 테노치티틀란의 폐허에 멕시코시티를 세우고, 관리 기구를 만들어 행정을 맡게 했다. 이렇게 세워진 멕시코시티는 오늘날 세계에서 인구가 많은 수도 중의 하나가 되었다.

피사로,
잉카 제국을 휩쓸다

⋮   몇 년 후, 스페인의 수도 마드리드에는 또 다른 아메리카 대륙의 정복자인 프란시스코 피사로가 등장했다.

사생아로 태어나 불우한 어린 시절을 보낸 피사로는 교육을 제대로 받지 못해 글을 쓸 줄 몰랐다. 하지만 그는 인내심과 기백을 갖춘 인물이었다. 스스로를 독실한 기독교 신자라고 믿는 스페인 사람들은 원주민들에게 복음을 전파한다는 구실로 인디언을 학대하고 만행을 일삼았다. 그러나 피사로는 이런 위선적인 가면을 거부했다. 일례로, 페루를 공격해 승리를 거둔 후 어느 선교사가 피사로에게 원주민의 신앙생활을 개선하는 데 그가 할 수 있는 일이 많다고 이야기하자 피사로는 이렇게 말했다. "나는 그런 이유로 이곳에 온 것이 아니오. 내가 여기에 온 목적은 이 우매한 자들이 갖고 있는 황금을 빼앗기 위함이오."

1511년 피사로는 발보아(Balboa)가 이끄는 원정군에 참여한 적이 있다. 당시 원정에서 발보아는 파나마 해협과 태평양을 발견했다. 1526년, 피사로는 동료 디에고 데 알마그로와 에르난도 데 루케 신부와 함께 원정을 시작했다. 적도를 넘어 그들은 툼베스(Tumbes)에 도착했다. 이곳은 아메리카의 또 다른 대제국인 잉카 제국의 영토였다. 수도는 쿠스코(Cusco)였고, 영토는 안데스 산맥을 따라 3500킬로미터가 이어져 있었다. 툼베스에서 피사로는 융숭한 대접을 받았다.

39가지 사건으로 보는 금의 역사

마추픽추. 잉카 제국의 가장 유명한 유적지. '신 세계 7대 기적 중의 하나로 꼽힌다.

잉카는 태양신을 숭배하지만 아스텍처럼 산 사람을 제물로 바치지는 않았다. 피사로는 도시의 신전을 둘러보던 중 반짝반짝 빛이 나는 금제 장식물의 매력에 사로잡혔다.

젊은 국왕 찰스 5세는 얼마 전 코르테스가 영토를 확장했던 경험에 한껏 고무되어 이번 계획에도 엄청난 열정을 보였다. 그는 피사로를 새로운 식민지의 총독이자 총사령관으로 임명했다. 찰스 5세는 아직 정복하지도 않은 영토에 '신 카스티야(Castilla)'라는 이름을 지었다. 이때만 해도 피사로는 자신이 엄청난 기회를 잡게 되리라고는 전혀 생각지 못했다.

1532년 잉카 제국에 내전이 일어났다. 늙은 국왕 우아이나 카팍(Huayna capac)이 죽자 그의 두 아들 아타우알파와 우아스카르가 왕위를 놓고 치열한 전투를 벌인 것이다. 둘은 각자 자신을 추대하는 세

프란시스코 피사로. 비열하고 잔인한 정복자로
널리 알려져 있다.

력들과 함께 지역을 나누어 점거했다.
제국의 남쪽에서 아타우알파의 군대가
우아스카르를 붙잡았다. 그러나 이때
다른 지역에서 모반이 일어나 아타우
알파는 자신의 군대를 북부의 카하마
르카(Cajamarca)[33]에 주둔시켰다.

피사로가 180명의 작은 부대를 이끌
고 다시 툼베스에 와보니 주민들이 모
두 성을 떠나고 없었다. 그는 1525년 이
후 전란과 천연두가 잉카 제국을 덮쳐
많은 생명을 앗아갔다는 사실을 뒤늦게
알게 되었다.

피사로는 툼베스강 남쪽 연안의 산
미구엘(San Miguel)을 첫 번째 근거지로
삼았고 뒤이어 지원부대가 잇따라 이
곳에 도착했다. 그는 아타우알파 국왕
을 찾기 위해 정찰대원을 파견했다. 정
찰대원은 도중에 국왕의 특사를 만났
다. 특사는 국왕이 피사로를 국왕의 막
사로 초청한다는 이야기를 전했다. 피
사로는 168명의 사병을 거느리고 특사
를 따라 높은 안데스산에 올랐다. 1532년

11월 15일, 스페인 사람들은 산속에 있는 카하마르카를 보았다. 국왕은 군대를 성 밖에 배치하고 빈 성에서 피사로가 오기를 기다리고 있었다. 피사로의 사자가 욕실에서 아타우알파를 알현했을 때, 그는 사자에게 내일 피사로를 답방하겠다고 전했다. 이 소식을 전해 들은 스페인 사람들은 상의 끝에 코르테스가 했던 것처럼 국왕을 생포하기로 결정했다.

이튿날 황혼 무렵, 6000명의 사병이 호위하는 어가(御駕)가 도시 중심의 광장에 나타났다. 아타우알파는 가마 위에 앉아서 피사로가 데려온 신부의 기독교 교리를 듣고 있었다. 국왕이 지루해하는 기색을 보이자 피사로가 손짓했고 그 순간 대포와 총소리가 울리며 스페인 사람들이 사방에서 몰려나와 국왕을 생포했다. 무수히 많은 인디언과 마주해 피사로는 국왕의 이름을 내걸고 명령을 내렸다. 사병들은 국왕을 태양신의 화신으로 보았기 때문에 그가 명령하자 인디언들은 순순히 무기를 내려놓았다.

스페인 사람들이 그곳에 주둔하며 스페인의 연해기지에서 보내는 보급품을 기다리는 동안 피사로는 포로와 접촉하며 잉카인들의 성격을 파악했다. 동시에 포로가 된 잉카 제국의 황제 아타우알파도 가까이에서 스페인 사람들을 관찰할 수 있었다. 얼마 후 그는 스페인 사람들이 자신을 기독교인으로 만드는 것보다 더 강렬한 소망을 갖고 있다는 사실을 알게 되었다. 그것은 바로 황금에 대한 갈망이었다. 그래서 아타우알파는 한 가지 제안을 했다. 그는 자신을 풀어준다면 자신이 갇혔던 방을 황금으로 가득 채우고 옆에 있는 방 두

개에는 은을 가득 채워 주겠다고 했다. 그 방의 크기는 가로세로 각각 7미터와 5미터에 높이가 9미터인 방이었다. 피사로는 이 제안을 당장 수락했다. 아타우알파는 즉각 사신에게 이를 명령했다. 그로부터 두 달 동안 제국 각지에서 금이나 은으로 정교하게 만든 장식품이 계속 운반되어 왔다. 피사로는 예술품의 가치에는 전혀 관심이 없었기 때문에 '장물'을 공평하게 나누기 위해 야외에 용광로를 설치해 놓고 예술품을 금괴로 만들었다.

그러나 피사로는 아타우알파를 석방해 주겠다는 약속을 지키지 않았다. 인디언들이 스페인 사람을 공격해 국왕을 구출하려 한다는 소식을 듣고 상황이 자신에게 불리하다고 생각했기 때문이다. 게다가 피사로가 형제 우아스카르를 이용해 국왕과 대적하는 것을 막기 위해 국왕이 이미 우아스카르를 죽이라는 밀서를 보냈다는 소식도 들려왔다. 결국 피사로와 군관은 아타우알파를 죽이기로 결정했다. 피사로는 아타우알파에게 화형과 세례 중 하나를 선택하라고 했다. 아타우알파는 세례를 택했지만 결국 스페인 왕에 대한 반역죄를 명목으로 1533년 7월 26일 의자에 묶여 목이 졸려 죽었다. 죽어가는 아타우알파 옆에서 스페인 사람들은 아타우알파의 영혼을 구원해 달라며 기도했다.

마침내 잉카 제국을 정복한 피사로는 이곳에 새로운 도시인 리마(식민지 시대 남미지역의 스페인 정치 중심)를 세웠다. 무한히 솟아나는 황금은 그들의 욕망을 채워 주었다. 그러나 물샐틈없는 단합과 투철한 모험정신으로 똘똘 뭉쳤던 '피사로 군단'은 전리품과 권력을 놓고 피비린내 나는 혈전을 벌였다. 동료였던 알마그로가 한때 쿠스코를 점령했지만, 페루에서 피사로에게 체포되어 처형당했다. 그리고 1541년 6월 26일, 피사로는 알마그로의 추종자들에 의해 살해되었다. 날카로운 검이 그의 몸을 헤집고 들어가자 피사로는 '그리스도!'라고 외치며 피 묻은 십자가를 집어 입을 맞춘 뒤 눈을 감았다. 극도의 위험을 무릅쓰고 엄청난 대가를 치르며 잉카 제국을 정복했지만 황금을 가득 안고 고향 스페인으로 돌아갈 것을 꿈꾸던 사람들 대부분이 꿈을 이루지 못했다.

첫 번째 금 한 단지의 유혹 :
드레이크의 황금 약탈 생애

2008년부터 아덴만 일대를 지나는 프랑스의 호화 여객선, 사우디아라비아의 거대 유조선, 터키의 철광석 화물선, 심지어는 화학물질을 가득 실은 일본의 선박과 대형 무기를 가득 실은 우크라이나 선박에 이르기까지 모두 소말리아 해적의 표적이 되었다. 소말리아 해적들은 나라를 불문하고 선박에 무엇이 실려 있든 대형 군함만 아니면 절대로 그냥 보내는 일이 없었다. 말 그대로 닥치는 대로 약탈을 일삼았다.

약탈을 당한 크고 작은 선박을 모두 합치면 평균적으로 4일에 한 번꼴로 배 한 척이 소말리아 해적의 '덫'에 걸려드는 셈이어서 국제사회가 이 때문에 골머리를 앓았다. 여러 국가가 군함을 파견해 자국의 배를 호위하고 해적을 소탕했지만 소말리아 해적의 약탈 행위는 수그러들지 않았고, 여전히 드넓은 인도양을 무대로 전 세계에 놀라운 뉴스를 제공했다. 오늘날 이러한 소말리아 해적이 무시할 수 없는 능력을 보유한 해적이라면 400여 년 전 프랜시스 드레이크(Francis Drake)가 이끈 영국 해적은 이들을 훨씬 능가하는 막강한 세력이었다.

아르헨티나의 푸에고(fuego) 섬과 남극 대륙 사이에는 '드레이크 해협(Drake Passage)'이라는 넓은 바다가 존재한다. 그곳은 수심이 깊고 파도가 높으며 연평균 풍속이 8급 이상으로 19세기 이전에는 선원들이 '죽음의 길목'이라 불렀다. 드레이크 해협이라는 이름이 붙은 이유는 16세기 영국 항해사인 프랜시스 드레이크가 발견한 바다이기 때문이다. 드레이크는 이 해협처럼 장대하고 화려하며 비장함이 공존하는 삶을 살았다. 영국인들은 그를 위대한 영웅이라 칭송했지만 적의 눈에 비친 그는 영락없는 '해적'이었다.

'붉은 노을과 해골이 그려진 검은 깃발, 피 묻은 칼과 눈이 휘둥그레질 정도로 수북이 쌓인 황금더미.' 드레이크의 이런 이야기는 사람들의 관심을 끌기에 충분했다. 그는 개인 함대로 스페인 황실의 무적함대를 무찔렀고, 대서양 횡단에 성공해 영국의 새로운 항로 개척이라는 과업을 달성했다.

프랜시스 드레이크는 1540년 잉글랜드 남부의 가난한 소작농의 아들로 태어났다. 그는 열 살 되던 해에 바다로 나가 스무 살에 작은 화물선의 선장이 되었다. 그는 처음에는 잉글랜드 연안에서 주로 운수업을 하며 생계를 이어갔다. 하지만 그 일은 벌이가 적었고 자신이

프랜시스 드레이크. 영국의 유명한 해적 선장이
자 탐험가, 항해가다.

[34] 두 나라 사이의 무역 수지가 균
형을 잃을 때, 제삼국을 개입시
켜 불균형을 상쇄하는 무역. 예
를 들면, 18세기에 이루어진 영
국의 면포, 서아프리카의 노예,
서인도 제도의 설탕을 상호 교
역하던 형태의 무역.

나 수하의 선원들이 열정을 바치기에
는 보잘것없었다. 그래서 그는 사촌형
존 호킨스(John Howkins)의 선대에 들
어가 대서양에서 삼각무역[34]을 하기로
했다.

한편 스페인의 코르테스와 피사로는
콜럼버스가 찾지 못한 전설 속의 황금
국을 이미 찾은 상태였다. 마야인의 후
예인 아스텍과 잉카 제국을 멸망시킨
스페인은 남미대륙을 철저히 통제하고
멕시코와 페루의 금광을 장악하고 있
었다. 아시아 및 아메리카와의 무역을
독점하기 위해 그들은 항로를 봉쇄하
고 다른 나라 선박이 드나들지 못하도
록 철저히 감시했다. 그 결과 먼 태평
양에서조차 스페인 이외의 선박은 눈
에 띄지 않았다. 광활한 태평양이 스페
인의 영해로 변해 버린 것에 대해 다른
나라들은 분개하면서도 감히 조치를
취하지는 못했다.

1568년, 드레이크와 그의 사촌형 호
킨스가 노예선 다섯 척을 이끌고 멕시

코로 가던 중 도중에 폭풍우를 만나 배가 심각하게 파손되었다. 스페인 총독은 그들에게 항구로 들어와 배를 수리하라고 했지만 며칠이 지나자 돌연 그들을 공격했다. 영국 선원은 모두 죽고 드레이크와 호킨스만이 간신히 도망쳤다. 이때 드레이크는 죽기 전에 반드시 스페인에 복수하겠다는 결심을 했다.

새로운 세계를 개척하고 약탈하면서 생기는 수익을 얻을 목적으로 영국 여왕 엘리자베스 1세는 손쉬운 방법을 택했다. 그녀는 영국 상선에 '약탈 허가증(Letter of Marque)'을 주어 영국 상선이 스페인 상선을 약탈하도록 부추겼다. 1572년 호킨스와 드레이크는 최초로 약탈 허가증을 받았다. 그들은 여왕이 선심 쓰듯이 발급한 '약탈 허가증'을 들고 해외로 나가 '첫 번째 금 한 단지(First Pot of Gold)'를 가져온다.

1577년, 드레이크는 다섯 척의 배를 이끌고 잉글랜드를 떠났다. 떠날 때에는 선원들에게 아프리카 서해안으로 갈 것이라고 일렀다. 그러나 선단이 적도 부근에 이르렀을 때 드레이크는 갑자기 목적지를 태평양으로 바꾸었다. 드레이크의 행동에 선원들은 모두 당황했다. 당시에는 파나마 운하가 아직 개통되지 않았기 때문에 대서양에서 태평양으로 들어가는 유일한 해상 통로는 남아메리카 남단의 마젤란 해협밖에 없었기 때문이다. 폭풍우와 암초가 가득한 마젤란 해협은 1520년 마젤란이 인류 최초로 세계 일주를 하던 중에 발견한 곳으로, 그 후 스페인은 강력한 군대를 이 요충지에 주둔시켜 넓은 태평양을 독점하고 있었다.

선원들은 드레이크의 명령에 따라 서남쪽으로 방향을 바꾸었지만 마젤란 해협이 가까워지자 반항하는 무리가 생겨났다. 마침내 배 두 척에서 반란이 일어났다. 그러나 노련한 드레이크는 이를 신속히 진압하고 모반을 꾀한 선장을 즉시 처형했다. 상황이 진정되자 드레이크는 배 다섯 척을 모아놓고 모든 선원에게 이렇게 외쳤다. "여러분이 태평양 동쪽에 있는 재물에 전혀 관심이 없다는 건 잘 압니다. 하지만 잉글랜드 여왕의 영광을 위해 다 같이 싸웁시다!" 사람들을 선동하는 그의 연설은 효력을 발휘했다. 대부분의 선원들은 드레이크를 따라 모험을 하겠다며 충성을 맹세했다.

1578년 9월, 풍랑과 짙은 안개의 비호를 받으며 드레이크는 마젤란 해협을 안전하게 통과했다. 그러나 태평양은 배를 집어삼킬 듯한 거대한 파도로 멀리서 온 손님을 맞이했다. 그중 가장 작은 배가 풍랑에 전복되어 선원 수십 명이 목숨을 잃었다. 다른 한 척인 '엘리자베스 호'는 운 좋게 풍랑에 실려 해협으로 밀려갔고 또 다른 한 척은 할 수 없이 다시 영국으로 돌아갔다. 숙련된 항해기술로 드레이크는 '골든 하인드(Golden Hind) 호'를 조종해 바람을 따라 남쪽으로 며칠을 항해했다. 풍랑이 잦아들고 짙은 안개가 걷히자 놀랍게도 남아메리카의 서해안이 이들 앞에 펼쳐져 있었다.

마젤란이 세계 일주를 한 후 유럽인들이 도착한 남미의 최남단은 바로 푸에고 섬이었다. 그들은 줄곧 푸에고가 남쪽 대륙의 북단이고 두 대륙 사이에 마젤란 해협이 있다고 여겼다. 그러나 드레이크는 푸에고는 그저 큰 섬일 뿐이고 전설 속의 남쪽 대륙이 만일 존재한

39가지 사건으로 보는 금의 역사

다면 이보다 훨씬 더 남쪽에 있다는 것을 알게 되었다. 다시 말해, 마젤란 해협은 대서양과 태평양을 이어주는 유일한 통로가 아니고 두 바다는 푸에고섬의 남쪽에서 서로 연결되어 있었다(3세기가 지난 후, 남극 대륙이 발견되어 사람들은 드레이크를 기념하기 위해 남아메리카와 남극 대륙 사이의 이 광활한 해역을 '드레이크 해협'이라 이름 붙였다).

섬에서 재정비를 한 드레이크는 돛을 펴고 북상하기 시작했다. 그는 남아메리카 서해안을 따라 북상하며 약탈을 했다. 스페인 식민주의자들은 영국 해적선이 태평양에 나타나리라고는 생각지도 못했다. 비록 '골든 하인드 호'는 대포 18문밖에 없는 작은 범선이었지만 부두에 도착할 때마다 무방비 상태의 식민주의자들을 마구 약탈했다.

페루에서 파나마까지 가는 도중 드레이크는 스페인 황금 운반선을 갈취해 360톤의 황금과 26톤에 달하는 은괴 그리고 다량의 보석을 챙겼다. 지금의 시세로 계산해 보면 '골든 하인드 호'가 약탈한 재물은 무려 1억 2000만 달러에 해당한다. 많은 황금을 확보한 '골든 하인드 호'는 바다 위의 움직이는 금고였다.

드레이크는 흥분을 억누르며 냉정하게 머리를 굴렸다. '황금 운반선을 갈취했다는 소식이 남아메리카로 전해지면 스페인 당국이 군함을 보내 추격해 올 것이다. 따라서 남아메리카 남단으로 회항하면 중간에 위험에 처할지도 모른다.' 도박사 기질이 있던 드레이크는 대서양과 태평양이 아메리카 남단에서 서로 연결되어 있는 것처럼 북단에도 연결되어 있으리라 추측했다. 그래서 드레이크는 북쪽으로 방향을 잡았다. 북아메리카를 돌면 고향으로 돌아갈 지름길이 있을 것이라 생각한 것이다. 드레이크의 예상은 정확히 맞아떨어졌다. '골든 하인드 호'가 막 중앙아메리카에 도착하고 얼마 지나지 않아 남아메리카의 스페인 식민지에는 드레이크에 대한 수배령이 내려졌다.

'골든 하인드 호'는 멕시코 서해안을 거쳐 오늘날의 미국 서해안을 따라 북으로 보름 정도 항해했다. 드레이크는 최초로 지도에 북아메리카 서해안의 구체적인 위치를 표시한 인물이다. 이번 탐험에서 얻은 성과로 드레이크는 서양의 유명 항해가 반열에 당당히 이름을 올렸다.

그러나 '골든 하인드 호'가 오늘날의 미국과 캐나다 접경지대에 이르렀을 때 날씨가 갑자기 악천후로 돌변하는 바람에 드레이크는 전설 속의 북방 항로를 찾을 수 없었다. 남북 양쪽으로 회항하는 것이 수포로 돌아가자 드레이크는 기수를 서쪽으로 돌렸다. 그는 100여 톤의 작은 범선으로 태평양을 횡단해 영국으로 돌아가기로 결정했다.

1579년 말, '골든 하인드 호'는 순조롭게 인도네시아에 도착했다. 1만여 개의 섬으로 이루어진 해상국가에서 '골든 하인드 호'는 미로에 빠진 듯 우왕좌왕했다. 드레이크는 마젤란이 부족 간의 충돌에 휘말려 살해당한 교훈을 떠올렸다. 그는 원주민에게 실용품을 건네며 마실 물과 음식을 얻고 길 안내를 부탁했다. 드레이크는 다시 배를 타고 계속 서행하여 1580년 6월 인도양을 건너 희망봉에 도착했고 희망봉에서 아프리카 서해안을 따라 계속 북상했다.

1580년 9월 26일, 선원들은 떠난 지 3년 만에 다시 고국 땅을 밟았다. '골든 하인드 호'는 이번에 적도 한 바퀴 반을 도는 것과 맞먹는 5만 8000킬로미터를 항해했다. 마젤란의 '빅토리아 호'를 이어 두 번째로 세계 일주를 마친 것이다.

이번 항해로 '골든 하인드 호'는 역사상 편도로 가장 많은 재물을 갈취한 해적선으로 기록되었다. 드레이크는 약탈한 재물의 3분의 1을 여왕에게 바쳤다. 흥분한 엘리자베스 1세는 드레이크를 왕궁으로 초청하여 무려 6시간 동안 탐험여행기를 들었다. 그 후 여왕은 직접 '골든 하인드 호'에 올라 드레이크에게 기사 작위를 수여하고, 스페인에서 빼앗아 온 '첫 번째 금 한 단지'를 포상으로 주었다.

드레이크의 성공은 영국인들에게 '인내심과 용기만 있다면 영국은 스페인을 이길 수 있다'는 자신감을 심어 주었다.

첫 번째 금 한 단지의 유혹은 강력했다. 드레이크의 호소로 점점 더 많은 영국인이 항해 행렬에 가담했다. 그들은 규모를 늘려가며 끊임없이 스페인 선대를 공격하고 약탈했다. 이로 인해 스페인의 재정수입은 크게 줄었고, 해상에서의 패권도 흔들리기 시작했다. 영국 해적이 거침없이 지속적으로 신경을 자극하자 해상에서 패권을 휘두르던 스페인도 더 이상은 주제를 모르고 날뛰는 영국 해적을 참고 넘어갈 수가 없었다. 이로써 역사상 최대 규모의 해상 전쟁이 시작되었다. 해상에서의 전력 차이가 컸던 양측의 승패는 이미 결정 난 듯했다. 하지만 역사는 항상 예외가 있는 법……

1587년, 영국의 엘리자베스 여왕이 친(親) 스페인 세력인 스코틀랜드 메리 여왕을 처형한 것이 계기가 되어 스페인은 영국에 선전 포고를 했다. 이미 오랫동안 원한이 쌓여 있던 양국은 마침내 상대를 향해 칼끝을 겨누었다. 1587년 초봄, 스페인은 130척이 넘는 전함과 3만여 명의 병사로 '무적함대'를 조직하고 영국을 공격할 준비를 했다. 한편 영국은 전국적으로 힘을 모았으나 겨우 40여 척의 군함과 몇천 명의 해군이 병력의 전부였다.

양국의 전력이 현격하게 차이가 나자 엘리자베스 여왕은 타협을 원했다. 그러나 드레이크는 여왕에게 결전을 권하며 외해(外海)에서 '무적함대'를 섬멸하자고 제안했다. 대다수 왕공대신들의 눈에 비친 이 늙은 해적은 제정신이 아닌 것처럼 보였다. 그러나 드레이크는 이를 곧 행동에 옮겨 그들을 놀라게 했다.

1587년, 적이 방심하는 사이 치명타를 입힐 목적으로 드레이크는 함대를 이끌고 스페인의 주요 항구인 무적함대의 제2기지 카딕스(cadix)를 습격했다. 이 습격으로 스페인 보급선 36척이 침몰했고, 드레이크 선단은 다시 카딕스 항구로 돌진해 스페인 선박 33척을 격침했다. 5월 15일, 드레이크 함대는 리스본 부근의 정박지를 다시 한 번 공격했다. 혼란 속에서 수많은 배가 서로 충돌하며 침몰했고, 스페인 해군은 심한 타격을 입었다.

뒤이어 그는 세인트 빈센트(Saint Vincent) 요새를 공격해 지중해의 요충지를 확보했다. 귀국하는 길에 그는 스페인 국왕 펠리페 2세의 개인 보물 운반선을 약탈해 11만 파운드 상당의 황금을 갈취했다. 이렇게 전쟁이 1년가량 지속되면서 영국은 귀중한 시간을 확보했다.

1588년 5월 20일, 10개 부대 130여 척의 함대로 구성된 스페인의

39가지 사건으로 보는 금의 역사

무적함대가 리스본을 출발해 7월 19일 영국해협에 포진했다. 영국이 보유한 병력은 34척의 황실 해군전함과 60척의 개인 함대뿐이었다. 선봉에는 34척의 전함으로 조직한 '드레이크 부대'를 배치했다.

과거 멕시코 만에서 죽은 동료들의 원수를 갚기 위해 사촌형인 해적선장 호킨스도 힘을 모았다. 영국측은 하워드(Howard) 제독이 총지휘를 맡았고, 스페인은 메디나(Medina) 공작이 총사령관을 맡았다.(당시 스페인 전함은 여전히 구식 갤리선이었다. 이 배는 크기가 크고 선원 외에 보병도 가득 탔으며 화력 설비는 주로 중형 카농포였다.) 스페인 해군은 함대가 나란히 전진하다 함수(艦首)가 폭격을 가한 후 적함에 가까이 가 '근접전'[35]을 펼치는 구식 횡대전술을 펼쳤다. 17년 전 스페인 사람들은 이 전술로 레판토 해전(Battle of Lepanto)[36]을 승리로 이끈 경험이 있다. 그러나 이때 영국은 이보다 훨씬 선진화된 전술을 운용했다.

영국 전함은 대부분 선체가 가볍고 민첩한 범선으로 배에는 선원만 있고 보병은 없었다. 이런 함선은 가볍고 민첩해 방향 전환과 돌진이 쉽다는 장점을 갖고 있었다. 영국은 '근접전'이라는 낡은 방식은 생각지도 않았다. 드레이크의 생각은 이러했다. '바다에서의 싸움은 배로 해결해야지 보병과 무슨 상관인가!'

영국은 경량 장거리포를 좌, 우현에 배치하고 선수와 선미를 앞뒤로 연결해 현포로 폭격하는 '종대전술'을 구사했

[35] 배를 완전히 맞대놓고 서로 싸우는 방식.
[36] 1571년에 그리스의 레판토 항구 앞바다에서 에스파냐, 베네치아, 로마 교황의 기독교 연합 함대가 오스만 제국의 함대와 싸워서 크게 이긴 싸움.

다. 드레이크가 발명한 이 전술은 해상 전투의 혁명이라 할 수 있었다(이때부터 보병을 대신해 대포가 해상 전투의 주인공이 되었다). 이렇듯 전쟁이 시작되기도 전에 스페인 함대의 운명은 이미 바람 앞의 등불과도 같았다.

7월 22일 새벽, 영국 함대가 순풍을 타고 '일자' 대형으로 나아가 스페인 함대에 쐐기를 박았다. 선진적인 전술과 민첩한 기동력을 갖춘 영국 함대는 단 한 척의 배도 스페인 함대에 빼앗기지 않았다. 7월 25일, 스페인은 함대의 10분의 1을 잃는 피해를 입었다. 이 무렵 영국은 시모어(Seymore) 경이 이끄는 지원군까지 합세하여 함대가 무려 136척으로 늘어나 있었다.

7월 28일 저녁, 드레이크의 건의로 하워드는 구식 화선전술[37]을 명령했다. 혼란에 빠진 스페인 함대는 대형이 흐트러졌고 이 기회를 틈타 영국 함대는 돌격했다. 29일 오전 9시부터 오후 6시까지 양측 함대는 편대가 허물어진 상황에서 포탄이 다할 때까지 삼삼오오 무리지어 싸웠다. 결국 스페인 함선은 절반가량 소실되었고 1400명의 사상자가 생겼다. 반면에 영국측은 단 한 척의 함선도 침몰하지 않았고, 사상자도 백 명이 채 되지 않았다. 이것이 바로 약체 영국이 무적함대 스페인을 이긴 역사적으로 유명한 '칼레 해전'이다.

칼레 해전 후 스페인은 재기 불능 상태에 빠졌다. 신대륙을 발견한 이베리아 시대가 종말을 고하고 해는 서북유럽으로 기울었다. 그 후 영국은 '영국－네덜란드 전쟁'과 '7년 전쟁'

---

[37] 불붙은 화선(火船)을 적의 함대로 띄워 교란시키는 전술.

에서 최강의 적수 네덜란드와 프랑스를 물리치고 양국의 거대한 식민지를 차지함으로써 해상 패권을 쟁취하고 '해가 지지 않는 나라'라는 칭호를 얻었다. 그러나 20세기 중반, 특히 제2차 세계대전이 끝난 후 전 세계적으로 민족주의 운동이 일어나면서 영국의 국력은 점차 쇠락했고 과거 '해가 지지 않는 나라'는 비로소 해가 지기 시작했다.

금과 은의 대이동 :
소비 대국 스페인

    영국의 막강한 국력과 광활한 영토를 묘사할 때 사람들은 '해가 지지 않는 나라'라고 표현했다. 이 표현은 스페인 국왕 카를로스 1세(신성 로마 제국 황제 카를 5세)가 "짐의 제국에서는 영원히 태양이 지지 않을 것이다"라고 말한 것에서 비롯되었다.

    당시 스페인은 세계 각 대륙에 족적을 남겼다. 유럽에서는 천주교 국가의 절반을 통치했고, 아시아에서는 필리핀을 정복했으며, 브라질을 제외한 아메리카를 모두 스페인이 소유하고 있었다. 스페인이 이룬 성과는 가히 신화라 할 만했다. 16세기 스페인은 하루아침에 세계의 패주가 되어 방대한 무적함대를 거느렸다. 화물선이 본토와 식민지를 안전하게 오갈 수 있도록 스페인은 약탈한 재물로 세계에서 가장 큰 함대를 조직해 다른 나라들이 기회를 엿보지 못하도록 위협했다.

1521년부터 1544년 사이, 스페인은 라틴 아메리카에서 연평균 2900킬로그램의 황금과 3만 700킬로그램의 은을 운반해 갔다. 1545년부터 1560년 사이, 수량이 급증해 연평균 황금은 5500킬로그램, 은은 24만 6000킬로그램을 가져갔다. 16세기 말이 되자 세계 금, 은 생산량 중 83%를 스페인이 점유했다. 이것은 엄청난 재물이 하늘에서 떨어진 것과 다를 바 없어 16세기 중반 스페인은 단연 유럽에서 최고 부유한 나라였다. 그런데 실상은 오히려 정반대였다. 스페인은 정복과 약탈 등으로 얻은 재물을 잘 보전하지 못해 국민은 의식주조차 제대로 보장받지 못했다. 황금은 아메리카 식민지에서 스페인으로 계속 유입됐지만, 이는 다시 다른 유럽 국가나 심지어는 극동 지역으로 쉴새없이 흘러나갔다.

스페인 사람들은 어떻게 그렇게 많은 재물을 물 쓰듯이 마구 써 버린 것일까? 왜 스페인 사람들이 어렵게 구한 금이 다른 사람들의 수중으로 들어가게 된 것일까? 그에 대한 답은 16세기 스페인의 고유한 민족 특성과 당시 불안하고 무질서한 시대적 상황에서 찾아 볼수 있다. 서유럽이나 북유럽과 달리 체제가 굳건했던 스페인에서는 별다른 변혁운동이 일어나지 않았다. 하지만 변혁을 모르는 국가는 아무리 부유해도 역사의 흐름에서 도태되기 마련이다.

스페인을 여행한 사람이라면 스페인 광장에 있는 세르반테스(Cervantes) 기념비를 보았을 것이다. 세르반테스는 스페인 문학의 자부심이자 르네상스 시기 가장 위대한 작가로서 전 세계인의 사랑을 받았다. 세르반테스 동상 앞에는 야윈 말을 탄 돈키호테와 그 뒤를 따르는 하인 산초의 동상이 있다. 세르반테스는 생전에 많은 책을 출간했고, 그의 희곡 작품은 당시에도 상당한 인기를 누렸기 때문에 수입이 적지 않았을 것이다. 그러나 그의 노년은 가난하기 그지없었다. 알고 지내던 유명 인사들도 도움의 손길을 주지 않아 그는 죽음을 맞이하는 순간까지도 매우 가난했다. 세르반테스의 일생은 자신이 만들어 낸 돈키호테처럼 전형적인 스페인 사람이 갖고 있는 특유의 모험정신으로 가득했다. 그의 생애는 스페인의 영예와 치욕, 흥망성쇠를 고스란히 반영하고 있다.

사람도 돈을 펑펑 쓰는 사람이 있는가 하면 국가도 마찬가지로 낭비를 일삼는 국가가 있다. 스페인으로 흘러들어온 황금과 은은 스페인 사람들의 소비심리를 자극했고, 한편으로 적극적인 생산 활동을 가로막는 역할을 했다. 더욱이 스페인 사람들은 소비할 줄만 알았지 부를 축적할 줄은 몰랐다.

약탈로 졸부가 된 스페인 사람들은 그렇게 부자가 될 수 있는 것이 자신들의 운명이라고 믿었다. 스페인은 이런 재물을 이용해 자본주의의 '원시 축적'을 완성하고 더 많은 부를 창조했어야 세계 패권의 지위를 오래 유지할 수 있었을 것이다. 그러나 그들은 그렇게 하지 않았다. 어쩌면 생각조차 못했는지도 모른다. 통계를 보면, 16세기 스페인에서 식민지로 수송된 물품 중 스페인이 생산한 것은 단지 6분의 1에 불과했다.

16세기, 스페인 의회는 이렇게 호소했다. '황금은 점점 많이 유입되고 있는데 스페인 국왕에게 오는 양은 점점 적어진다……. 우리나라가 세계에서 가장 부유한 국가이겠지만…… 현실적으로는 가장 가난한 나라다. 우리는 단지 금과 은이 아메리카에서 다른 나라로 가는 교량 역할을 하고 있을 뿐이다. 그 외에는 아무것도 없다.'

당시 스페인의 상황을 지켜본 어느 전문가는 1608년에 이렇게 썼다. '이렇게 많은 금과 은…… 공공도시에 이는 분명 치명적인 독이다. 사람들은 금과 은이 그들에게 안락하고 쾌적한 생활을 보장한다고 생각하지만 실상은 그렇지 않다. 농업, 목축, 어업의 생산량이 증가해야 실질적인 부가 늘어나는데 현재의 상황은 경제의 이런 가장 기본적인 전제를 무시한 것이다.'

그는 객관적이고 심도 있게 스페인을 묘사했다. 스페인은 금과 은을 생산 자본을 확대하는 데 이용한 것이 아니라 주로 다른 나라의 상품을 소비하는 데 이용했다. 이러한 행위는 오늘날의 미국과 매우 흡사하다. 미국은 매년 무역적자를 기록하면서 중국과 다른 나라에서 생산한 완제품을 대량으로 수입해 소비한다. 그러나 당시 스페인의 소비는 오늘날 미국의 소비와는 본질적으로 차이가 있다. 스페인은 진짜 금과 은으로 소비했지만, 재정 적자에 허덕이는 미국은 각종 금융파생상품에 힘입어 조폐기에서 마구 찍어내는 달러로 구매력을 늘리고 있는 것이다.

금과 은은 아무것도 없는 상태에서 저절로 생기거나 지폐처럼 끊임없이 만들어 낼 수 있는 것이 아니다. 만일 스페인이 아메리카와 다른 식민지에서 무한대로 금과 은을 조달할 수 있었다면 스페인의 이런 소비는 영원히 지속되어 그들에게 무한한 행복을 선사했을 것이다. 그러나 현실은 달랐다. 황금의 원천이 고갈됨에 따라 스페인의 구매력은 줄어들고 부채는 눈덩이처럼 불어났다. 1500년대 유럽에서는 이런 말이 유행했다. '스페인은 철부지 어린아이처럼 생존에 관련된 기본 물품도 스스로 해결하지 못한다. 그저 금과 은으로 생필품과 고급 사치품을 맞바꾼다.'

심각한 생산력 부족과 장기의 무역적자는 스페인의 부를 유출시키는 원인 중 하나였다. 만일 스페인이 돈을 물 쓰듯 쓰면 향후 어떤 위험에 직면할지를 분명히 인식했다면 무역에서의 열세를 개선할 수 있었을 것이다. 그러나 이보다 더 중요한 사실이 한 가지 있다. 스페인은 대량의 황금과 은을 손에 넣기 전에 큰 실수를 하나 저질렀다. 이 결정으로 스페인은 기독교 세계에서 더 큰 명망과 영예를 얻을 수 있었지만 그 대신 값비싼 대가를 치렀다.

스페인은 콜럼버스가 출항하던 해인 1492년 유대인과 이슬람교도를 추방했다. 소수의 유대인만이 기독교로 개종하여 추방을 면했다. 이로써 수백 년 동안 스페인에 지대한 공헌을 하며 활기를 불어넣은 지식군단이 순식간에 자취를 감추고 말았다. 당시 기독교를 신봉하는 스페인 사람들은 대부분이 가난한 농민이거나 탐험이나 전쟁에 나서는 사병들이었기 때문에 절대다수가 문맹이었다. 귀족들은 편안히 놀고 즐기며 돈키호테처럼 꿈과 환상에 젖어 시간을 보냈다.

그러나 대부분이 우수한 교육을 받은 유대인과 이슬람교도들은 달랐다. 르네상스 이전 이슬람교도들은 유럽인보다 과학 분야에서 뛰어난 성과를 이루었고, 유대인들은 천성적으로 상인의 기질을 갖추고 있었다. 따라서 이 두 '소수민족'은 정부 관리, 회계사, 사업가 등으로 활동하며 스페인 사회의 엘리트 계층을 구성했다. 그런데 이들이 모두 떠났으니 스페인은 과학 혁신의 리더를 잃은 것이나 다름없었다. 유대인

돈키호테가 풍차와 싸우는 장면을 그린 만화

상인이 대거 떠나면서 상업이 흔들렸고 경제무역 발전이 심각한 타격을 입었다. 대신 스페인의 상업중심지에는 외국인이 넘쳐났다. 제노바 상인과 은행가, 독일의 채권자, 네덜란드의 제조업자와 유럽 전역에서 모인 각종 상품, 서비스, 금융가들이 스페인의 경제를 독점했다. 16세기, 스페인의 거액 채무에 대한 채권은 대부분 외국인이 쥐고 있었다. 이로 인해 스페인 사람들의 경제는 더욱 어려운 상황으로 치달았다. 그래서 스페인은 황금과 은이 풍부했음에도 그러한 풍요로움이 경제 발전과는 전혀 관계가 없었다. 황금이 대량으로 유입되어 가격이 상승했지만 화폐제도에는 아무런 변혁도 일어나지 않았다. 결국 16세기 스페인의 화폐와 상업은 분명하게 각자의 길을 가고 있었다.

이보다 더 큰 비극은 넘쳐나는 황금 탓에 스페인 군주가 무절제한 소비와 헛된 몽상에 빠졌다는 것이다. 군주들은 자신들이 아메리카 식민지라는 방대한 황금 공급원을 갖고 있어 전 세계가 자신의 힘에 굴복할 것이라는 큰 착각에 빠져 있었다. 더욱이 그들은 천주교와 개신교의 분쟁에 열중하면서 적극적으로 전쟁에 뛰어들었다. 스페인이 영국과 해상전투를 치른 것은 영국 해적을 더 이상 참고 볼 수 없었던 이유도 있었지만 영국 청교도[38]를 옥죄기 위한 목적이 더 컸다. 네덜란드인의 '네덜란드 혁명'은 세계 최초의 부르주아 혁명이라기보다는 스페인의 속지인 네덜란드의 청교도들이 스페인의 식민행위에 대항한 봉기라 할 수 있다. 영국이나 네덜란드와의 전쟁은 빙산의 일각에 불과했다. 스페인이 유럽대륙에서 개입한 전쟁은 그 규모가 훨씬 더 컸다. 이를 두고 한 역사학자는 이렇게 말했다. "16세기 중반 스페인 부의 절반은 국왕의 전쟁 준비에 쓰였다. 스페인은 많은 양의 금과 은을 전쟁무기를 사는 데 소비했다."

16세기 말, 천문학적인 양의 금과 은, 막강한 국력을 자랑하던 스페인은 세계 무대에서 서서히 스러져 가고 있었다. 물밀듯이 밀려오던 황금은 썰물처럼 빠져나갔다. 결국 스페인에는 아무런 산업도 남아 있지 않았고, 국민은 기본적인 의식주도 보장받지 못했다. 오직 사치스러운 사회 풍조만이 스페인에 남아 있었다. 근대사에서 최초의 대국으로 부상한 스페인은 그 말로는 비참했지만 황금 '중계역(中繼驛)'으로서 서방사회의 발전에 지대한 영향

[38] 16세기 후반, 영국 국교회에 반항하여 생긴 개신교의 한 교파.

39가지 사건으로 보는 금의 역사

을 미친 것이 사실이다. 스페인이 아메리카 대륙에서 가져온 막대한 양의 황금은 순식간에 유럽 전역으로 확산되었고, 이로 인해 시작된 경제 변혁은 거스를 수 없는 대세가 되었다.

황금이
가격혁명을 불러오다

16세기, 유럽인들이 생각지도 못 한 일이 벌어졌다. 스페인 사람들이 잉카 제국과 아스텍 제국에서 약탈한 황금이 본토로 들어와 유통되었을 때 시장 물가가 눈에 띄게 상승하기 시작한 것이다. 16세기 말, 유럽의 물가 파동과 화폐 수요의 증가는 과거 수준을 초월했기에 후대 경제학자들은 이를 '가격혁명'이라 불렀다. 아메리카의 황금이 가장 먼저 스페인에 상륙하며 스페인은 가격혁명의 발원지가 되었다. 1세기도 채 되지 않은 짧은 기간에, 스페인의 밀 가격은 3배가 올랐고 화폐 구매력은 80퍼센트나 하락했다. 스페인의 금화가 대이동을 하면서 황금이 유입되는 국가와 지역도 영향을 받아 정도만 다를 뿐 모두 물가가 상승 일로를 걸었다.

물론 이 시기 이전에 물가 상승 현상이 없었던 것은 아니다. 물가는 귀금속이 추진체가 되어야만 상승하는 것이 아니라 전염병, 기후, 전쟁, 인구 증가, 사치풍조 등도 물가 상승에 어느 정도 영향을 미치기 때문이다.

인플레이션을 경험한 사람이라면 물가 상승으로 인한 불안감을 이해할 것이다. 왜냐하면 손에 화폐를 쥐고 있어도 구매력이 떨어지고 미래에 대한 불확실성이 커지기 때문이다. 과거에는 흉작이 원인이 되어 종종 인플레이션이 일어났다. 그러나 16세기에 지속된 인플레이션은 유럽인들에게 새로운 충격이었다. 당시에는 인플레이션을 극복한 사례도 없었고, 이를 설명할 경제 이론도 없었다. 더욱이 인플레이션에 대처하는 행동규칙이나 공공정책도 존재하지 않았다. 1929년에서 1933년의 경제위기가 인류 역사상 가장 심각한 대공황이었다면 16세기의 물가 상승은 인류 역사상 가장 오랜 시간 지속된 인플레이션이었다. 이 '가격혁명'은 100여 년을 지속한 후에야 비로소 점차 수그러들었다.

1566년 말레스트루아는 《화폐가치 절하와 물가 상승을 논하다》에서 이 상황에 대해 논했다. 그의 생각은 이러했다. '물가 상승은 그저 표면적인 현상에 불과하고 근본적인 원인은 국왕들이 화폐를 조종한 것과 밀접한 관계가 있다.' 2년 후, 헌정학의 창시자이자 화폐 수량이론[39]의 아버지인 장 보댕(Jean Bodin)은 그의 의견에 반기를 들며 유명한 경제연구를 시작했다. 보댕은 고대 역사까지 거슬러 올라가 금, 은의 수량

[39] 화폐공급량의 증감이 물가수준의 등락을 정비례적으로 변화시킨다고 하는 경제이론.

급증이 물가 상승과 어떤 관련이 있는지를 설명했다. 그는 '아메리카에서 스페인으로 유입된 귀금속의 양이 막대해서, 스페인의 물가도 프랑스나 이탈리아보다 높다. 스페인은 부유하고 오만하고 게으르다……. 넘쳐난 금과 은이 물가 상승을 부추긴 주범이다'고 지적했다.

'화폐주의'[40]의 정신적 교주로 추앙받은 장 보댕의 연구 성과는 경제이론의 한 분파가 되어 오늘날까지 이어지고 있다. 노벨 경제학상을 수상한 밀턴 프리드먼(Milton friedman)도 이에 관해 이렇게 단언했다. "인플레이션은 시간과 공간에 관계없이 화폐로 인해 일어나는 현상이다. 물가가 상승하면 소비자는 과거와 같은 양의 물건이나 서비스를 구매하기 위해 더 많은 화폐를 지불해야 한다. 그런데 어떤 방식으로든 화폐가 공급되지 않으면 인플레이션은 지속되기 어렵다. 만일 구매자가 늘어난 소비수준을 유지할 수 있는 더 많은 화폐를 얻지 못하면 그들은 지출과 구매를 줄일 것이다. 이렇게 되면 판매자들이 가격을 올리는 데 제동이 걸린다."

따라서 화폐주의자들은 만일 아메리카 대륙에서 금과 은이 지속적으로 공급되지 않았다면 유럽에 그렇게 많은 화폐가 공급되지 않았을 것이고, 16세기의 '가격혁명'도 그렇게 오랜 기간 지속되지 않았을 것이라고 주장했다.

[40] 머니터리즘(monetarism)이라고도 함. 통화량의 변화가 거시경제의 총수요 결정에 중요한 역할을 한다고 보는 입장.

그러나 유럽으로 들어간 금, 은이 모두 화폐로 전환된 것은 아니다. 금이나 은이 모두 유통되지 않고 저장되는 현상은 늘 있었다. 장신구를 만들고 건축물을 짓는 데도 황금이 대량으로 소비되었고, 인도나 중국으로 유입되어 물건과 교환된 뒤 다시 유통되지 않은 금과 은도 있다.

또한 물가 상승과 황금 유입이 일정한 정비례 관계를 유지한 것도 아니다. 예를 들어 1600년에서 1650년 사이, 영국에서는 물가가 거의 두 배가량 올랐지만 같은 기간 금과 은의 수입량은 급감했다. 이 현상에 대해 반화폐주의자들은 금, 은이 물가 상승을 조장한 것인지 아니면 가격 인상이 금, 은의 수요량을 증가시킨 것인지 의문을 제기한다. 그들은 16세기의 가격혁명은 귀금속 공급이 증가하여 야기된 것이 아니라, 물가 상승으로 화폐 수요가 늘어나 스페인이 아메리카 대륙에서 금, 은을 더 많이 수탈해 왔다고 설명한다. 이런 관점에서 보면 화폐공급량의 증가는 인플레이션의 원인이 아니라 결과가 된다.

화폐주의자들과 그들의 반대파는 '닭이 먼저냐 달걀이 먼저냐?'를 놓고 지금까지도 논쟁 중이다. 그러나 금, 은 화폐의 유입이 물가 상승 기간을 연장시켰다는 데에는 의견을 같이한다. 오랜 기간 동안의 가격 변동은 인류 역사상 처음으로 진정한 의미의 경제혁명을 일으켰다. 이 혁명의 정치적 의의는 현대국가의 형성, 중앙집권의 실현, 상업금융자본주의의 탄생으로 서서히 드러났다.

이 과정에서 농지를 빌려주고 이윤을 취하는 귀족 지주들은 물가 대비 임대료가 오르지 않은 까닭에 경제력이 떨어져 그들의 사회, 정치적 지위가 하락했다. 물가 상승으로 농민은 갈수록 궁핍해지고 불만이 쌓여 갔다. 반면, 수공업 제품 가격이 상승해 장인들의 소득이 증가하고 경제상황이 개선돼 돈이 있는 장인이 중산층으로 진입했다. 또한 상품 가격이 상승해 상인들의 이윤이 증가했으며 투자도 확대되어 자본주의가 더욱 발전했다. 마르크스가 《자본론》에서 지적했듯이 '가격혁명'으로 지주와 노동자, 즉 봉건 지주와 농민의 지위는 하락했고 자본가의 지위는 상대적으로 상승했다.

가격혁명은 봉건사회가 장기간 유지해 온 안정된 사회 질서를 뒤흔들었고, 봉건 지주의 경제 지위는 갈수록 하락했으며, 파산한 농민들이 도시로 몰려와 전체인구에서 도시인구가 차지하는 비중이 점차 높아졌다. 따라서 도시의 수요는 한층 더 농촌의 생산에 의지하게 되었고, 이로 인해 농업생산구조는 점차 상업화, 전문화되었다. 과거 지방 내에서만 이루어지던 무역구조는 점차 지역 간 혹은 전국적인 네트워크로 대체되었다. 따라서 시장을 상대로 생산에 전념하는 농민과 전문적인 농업이 생겨났고, 농민들은 과거처럼 먹고 남은 것을 내다파는 것이 아니라 산출량의 대부분을 내다팔고 그 이윤으로 자신이 생산하지 않는 상품을 구매했다. 이렇게 해서 과거의 생존형 농업은 전문화된 상업성 농업으로 변화했다.

특히 영국의 동남부와 남부 지역에서 이런 현상이 두드러지게 나타났다. 토지의 집중화는 생산의 전문화를 뒷받침했다. 토지 소유자들은 주변의 토지를 매입해 농장 규모를 확대했다. 그러자 중간 규모의 가정농장은 크게 감소했고, 땅이 없는 농민들이 몇 배나 증가했다. 토지의 재분배는 상업성 농업을 빠르게 발전시켰고, 이는 도시 네트워크의 확대와 함께 시장과 무역의 발전을 이끌었다. 토지를 잃은 농민은 상품이 되어 버린 농산물에 의지해 생활했고, 이는 식량무역 발전을 촉진했다. 즉, 농업생산구조의 변화를 기반으로 한 무역의 변화는 시장의 거래방식을 발전시켰다.

경제사학자들이 연구한 결과를 보면, 가격혁명 기간 물가는 총 6배 이상 상승했지만 시장의 확대와 무역 발전에 따른 가격과 거래량, 이 두 요소의 변량을 모두 계산에 넣으면 13배 이상 증가한 것으로 나타났다. 따라서 시장의 화폐 수요를 만족시키기 위해서는 화폐량과 유동성을 증가시킬 필요가 있었다. 결국 가격혁명 과정에서 금값도 다른 상품과 마찬가지로 상승했다. 영국의 상황을 보면, 금값은 1492년부터 1547년까지 1온스에 40실링에서 60실링으로 상승했고 상승폭은 50%에 달했다. 1611년에는 74실링까지 올랐다.

천부적인 통찰력을 지닌 애덤 스미스는 이런 현상에 대해 이렇게 말했다. "모든 국가의 상품은 시장에서 감당할 수 있는 수요량에 따라 조절된다. 하지만 황금보다 '더 쉽게 혹은 더 정확하게' 조절되는 상품은 없다." 이처럼 황금은 장신구나 부속품, 개인 사치품 이외에 상품 교환의 보조도구이자 화폐 유통의 매개체로서 경제 발전의 바로미터가 되어 정치 도구 및 국력의 상징이 되었다.

제재소에서 시작된
금광 열풍

찰리 채플린의 〈골드러시〉를 보면 영화 끝 부분에 금광을 발견한 채플린이 동료와 가죽 코트를 입고 의기양양하게 거리를 활보하는 장면이 나온다. 그런데 한 행인이 반쯤 태운 담배꽁초를 바닥으로 던지자 채플린은 반사적으로 과거 가난했던 시절의 행동이 튀어나와 얼른 꽁초를 줍는다. 그러자 동료가 반짝거리는 시가 케이스를 내보이며 그를 일깨운다. "우린 이미 백만장자가 되었다고!" 이 영화의 시대적 배경은 알래스카 주에서 골드러시가 한참 붐이던 19세기 말이다. 채플린의 연기는 당시 미국인들의 '황금 숭배' 심리를 생생하게 표현하고 있다.

16세기에서 19세기까지의 황금의 역사를 언급할 때 스페인을 빼놓을 수 없다. 스페인이 신대륙에서 발견한 황금이 세계 귀금속 보유

39가지 사건으로 보는 금의 역사

량을 증가시킨 것은 분명한 사실이다. 17세기 황금 생산량은 연평균 7톤에 달했고, 1700년 세계 귀금속 저장량은 1492년의 5배였다. 그러나 그 후 1세기 동안 황금생산량은 더 이상 증가하지 않다가 브라질과 러시아의 금광이 개발되면서 다소 증가했다.

황금은 경제학자나 금융학자들의 상상 속에 존재하는 허상이 아니라 대지의 산물이다. 1848년부터 지금에 이르기까지 전 세계적으로 대대적인 황금채굴운동(상당 부분은 '골드러시'라고 해야 옳다)이 일어났다. 북아메리카의 캘리포니아에서 발견된 천연금은 스페인이 남미에서 발견한 금광과는 비교도 되지 않았다. 그 후 오스트레일리아, 알래스카, 시베리아에서도 황금이 발견되어 세상 사람들은 또다시 금 때문에 흥분했고 전대미문의 골드러시가 불어닥쳤다. 캘리포니아에서 금광을 발견한 후 15년 동안 400만 명의 외국인이 60여 년의 짧은 역사를 가진 미국으로 왔다. 그들은 부귀영화를 꿈꾸며 자신이 바로 하늘이 내린 행운아이기를 바랐다.

1848년, 캘리포니아에서 황금이 발견되었다는 소식은 부근 지역으로 빠르게 퍼져 나갔다. 당시에는 라디오나 TV, 인터넷 등 통신 매체가 발달하지 않았기 때문에 국내의 다른 지역으로 전파되기까지 시간이 걸렸다. 캘리포니아에서 채굴한 금이 처음 미국 조폐공장에 도착한 것은 1848년 12월 8일이었다. 1849년, 미국 제임스 포크(James Polk) 대통령이 국회에 제출한 연방의회 보고서를 통해 황금을 발견한 사실이 알려지자 곧바로 골드러시 열풍이 불었고, 그 누구도 이 기세를 잠재울 수 없었다. 미국 영화에서 골드러시 인파를 '포티 에이터스(forty eighters)'라 하지 않고 '포티 나이너스(forty niners)'[41] 라고 부르는 이유는 바로 이 때문이다. 통계자료에 따르면, 1849년에 서 1853년까지 4년간 10만여 명이 캘리포니아로 몰려들었고 그중 2만 5000명은 프랑스인, 2만 명은 중국인이었다. 처음에는 금 생산량이 연간 80킬로그램에 불과했지만, 1853년에 이르러서는 무려 95톤(9만 5000킬로그램)에 달했다.

포크송을 좋아하는 사람이라면 〈셔터즈밀(Sutter's Mill)〉이라는 노래를 한 번쯤 들어봤을 것이다. 셔터의 제재소라는 뜻이다. 사실 이 노래의 가사에는 역사적 배경이 담겨 있다. 지금 캘리포니아에는 '셔터'가 들어간 지명이 여러 곳 있다. 그렇다면 셔터는 누구일까? 왜 그와 그의 제재소가 이렇게 유명해지게 된 것일까? 캘리포니아의 골드러시에 관한 역사를 살펴보면 셔터의 제재소가 사건의 발단과 어떤 관련이 있는지를 알 수 있다.

존 셔터(John Sutter)는 스위스인으로, 1834년 빚 독촉에 쫓겨 감옥행을 피하려고 미국으로 도망쳤다. 이곳저곳을 떠돌다 마침내 캘리포니아 새크라멘토(Sacramento)강 부근에 정착했다. 근면하고 유능한 셔터는 자신의 영지를 작은 왕국처럼 잘 관리했다. 그는 군대처럼 일꾼들에게 작업과 휴식시간을 정해주고 매일 새벽 기상을 알리는 종을 울렸다. 항상 솔선수범하는 그를 보며 노동자들도 열심히 일했다. 1846년, 셔터의 영지에는 이미 건물이 무려 60개가 넘게 자리잡고 있었다. 빵

[41] 1849년 금광을 찾아 캘리포니아로 간 사람들을 가리키는 말.

39가지 사건으로 보는 금의 역사

셔터 제재소
복원도

공장, 피혁 제작소, 카펫 제조 공장 등 다양한 제조 공장이 있었다. 또한 소, 양, 말 등 가축도 수만 마리나 있었다. 셔터는 자신이 태평양 연안에서 가장 부유한 사람 중 하나가 될 것이라고 굳게 믿었다. "나에게 가장 행복했던 시간은 바로 황금을 발견하기 이전이었습니다." 그는 훗날 이렇게 회고했다.

　1848년 존 셔터는 대형 제재소를 만들기로 결정하고 나서 강가에는 목재가 많지 않아 산에서 적당한 곳을 물색했다. 마침내 아메리칸강의 콜로마(Coloma)로 결정을 하고 제재소를 만드는 일은 제임스 마셜(James Marshall)에게 일임했다. 제재소는 수력 터빈을 이용해야 했고, 이를 위해 강물을 제재소까지 끌어올 수 있는 수로가 필요했다. 1월 24일 새벽, 마셜이 수로를 따라 걷던 중 물속에서 금색 점이 반짝이는 것을 보았다. 그가 칼로 반짝이는 물체를 파내자 동시에 황금색 돌 몇 개가 물에 쓸려 나왔다. 그는 그것을 손수건에 고이 싸서 가져왔다. 이후 말을 타고 빗속을 달려 64킬로미터 떨어진 셔터의 사무실로 갔다. 마셜은 손수건에 싼 물건을 꺼내어 셔터에게 보였다. "이것은 분명 황금입니다. 그런데 제재소 사람들은 모두 제가 미쳤다며 저를 비웃었습니다." 둘은 낡은 백과사전을 꺼내 황금에 관련된 항목을 찾아 보았다. 그러고 나서 책에 쓰인 대로 '왕수(aqua regia)[42] 감별법'으로 돌을 감별한 결과 돌에 황금이 함유돼 있음을 알게 되었다.

마셜은 미친 듯이 기뻐했으나 셔터는 긴장했다. 마셜은 금광으로 자신의 처지가 바뀔 것이라 기대했지만 셔터는 그렇게 생각하지 않았다. 그의 생각은 이러했다. '2만 4000달러를 투자해 어렵사리 제재소를 지었고, 60마리 소가 끄는 우차가 아메리카 대륙을 가로질러 보일러와 스팀 엔진도 실어 왔다. 만일 황금이 발견된 소식이 퍼져 나가면 금을 캐려고 몰려드는 인파로 나의 투자는 물거품이 되고 말 것이다.' 그래서 그는 황금을 발견한 사실을 비밀에 부치기를 희망했다.

"그날 저녁 문득 이런 생각이 들었습니다. 황금 때문에 재난이 닥칠지도 모른다……. 처음부터 앞날이 걱정되어 다음 날 무거운 마음을 안고 산에 올랐습니다." 제재소에 도착한 셔터는 인부들에게 제재소가 완공될 때까지 이 사실을 비밀로 해달라고 부탁했다. "그러나 현실적으로 불가능했죠. 여자와 위스키 때문

[42] 산에 잘 녹지 않는 금과 백금 따위를 녹이는 강한 산화제.

에 이 사실이 온 세상에 알려지고 말았습니다." 훗날 셔터가 인터뷰를 하러 온 역사학자에게 한 말이다.

셔터의 걱정은 곧 현실이 되었다. 그의 일꾼 중 한 명이 샌프란시스코를 지날 때 자랑하고픈 마음에 금 몇 조각을 보여주었다. 사소한 행동이었지만 과거 광산에서 일했던 인부들의 관심을 끌기에는 충분했다. 돌을 살펴본 광부는 이렇게 말했다. "사금을 골라내기만 하면 매일 몇 온스의 황금을 얻을 수 있겠는걸." 이로써 상황은 그야말로 완전히 바뀌었다. 몇 주 만에 캘리포니아 사람들 전체가 거의 제정신이 아니었다. 새로 개교한 학교도 문을 닫았다. 배움보다 황금이 더 유용하다고 여긴 교사와 학생은 모두 학교를 등지고 금을 찾아 나섰다.

금을 향한 광란의 행렬은 끝없이 이어졌다. 세계 각지에서 골드러시 인파가 계속 몰려들었다. 이는 소설 속 이야기가 아닌 현실 속에서 벌어진 실제 이야기다. 단지 사금을 골라내기만 하면 하루에 수십 달러를 벌 수 있다는 희망의 불길이 사람들 눈앞에 활활 타오르고 있었다. 꿈이 현실이 되는 이 소식은 급속도로 퍼져 나갔고, 소문에 소문이 더해져 골드러시를 더욱 부추겼다. 골드러시는 곧 광풍으로 변했다.

그들은 대부분 샌프란시스코에 정착했다. 몇 달 전 프란체스코 수도회 선교사들이 작은 천막을 지어 시작한 조그마한 어촌은 19세기 말 35만여 명을 수용하기에 이르렀다. 1년 사이에 승객을 가득 실은 600여 척의 배가 명실상부한 '골든 게이트(Golden Gate)'에 승객을

캘리포니아의 골드러시를 보여주는 포스터

⁴³ 아프리카와 남아메리카 지역에서 주로 유행하는 모기에 의해 전파되는 질병.

쉴새없이 쏟아냈다. 또 황금을 갈구하는 많은 이들이 쿠바와 아이티 해안을 거쳐 파나마 해협을 건넜고 거친 황야를 지나 속속 모여들었다. 그들은 인디언과 싸우고 모기나 황열병⁴³과 사투를 벌이며 천신만고 끝에 도착했다. 얼마 후, 각고의 노력으로 서부철도가 개통되어 거리를 훨씬 단축했다. 이 철도를 건설하는 과정에서 중국의 많은 젊은 노동자들이 목숨을 희생당하고 말았다.

당시 상황은 수치를 통해서도 충분히 짐작할 수 있다. 2년이라는 짧은 시간 동안 생산한 금은 미국이 멕시코로부터 캘리포니아, 뉴멕시코, 애리조나, 네바다, 유타주를 산 총액의 3배에 달하는 4500만 달러였다. 그러나 막상 셔터와 마셜은 보물을 발견했다는 명예 이외에 아무런 소득도 얻지 못했다.

셔터는 골드러시 인파에 점령당

39가지 사건으로 보는 금의 역사

한 땅을 되찾고자 법원에 소송을 수차례 제기했다. 여러 해 동안 워싱턴 특구의 법원에 자신의 권리를 주장했지만 아무런 소득도 얻지 못했다. 그는 펜실베이니아의 작은 마을에서 은거했다.

1880년 셔터는 워싱턴으로 가서 권리를 인정해 달라는 청구서를 열여섯 번째로 제출했지만 국회는 지지부진하며 아무런 행동도 취하지 않았다. 얼마 후, 그는 불운한 삶을 마감했다. 셔터는 더 나은 삶을 위해 성실하게 일했지만 자신의 땅에서 황금이 발견되어 파산에 이른 비운의 인물이었다. 그의 영지는 짓밟혔고 약탈당했으며 골드러시 인파의 구둣발에 몸서리를 쳤다.

포크송 〈셔터의 제재소〉에는 이런 가사가 나온다.

> 이야기는 1848년 봄에 시작되었네.
>
> 늙은 존 셔터는 제재소 근처에서
>
> 빛나는 금 조각을 발견하였네.
>
> ……
>
> 존 셔터가 세상을 떠났을 때
>
> 그는 무일푼이었다네.
>
> ……
>
> 누구는 실패하고,
>
> 누구는 성공하고,
>
> 누구는 죽고,
>
> 누구는 살해당했네.

누구는 그들에게서 벗어난 것을 신께 감사하고,

누구는 존 셔터의 제재소를 증오했다네.

어떤 이들의 갈망은 결코 채워지지 않았다네⋯⋯

알래스카와 오스트레일리아의
골드러시

   캘리포니아의 '골드러시'와 일확천금의 성공 스토리가 세계로 퍼져 나가면서 다른 지역의 금광 개발에 불이 붙었다. 그러나 실패, 파산, 심지어 목숨을 잃은 소식에는 아무도 귀를 기울이지 않았다. 사람들은 황금을 찾는 일이라면 물불을 가리지 않았고, 일확천금을 얻는 데 성공한 방법을 들으면 감탄을 금치 못했다. 그리고 꿈에 그리던 황금이 자신이 지나다니는 발밑에도 숨겨져 있을지 모른다고 생각하며 흥분했다.

   어디에 있을지 모르는 황금을 캐기 위해 너도나도 골드러시 대열에 들어섰다. 황금에 대한 사람들의 갈망은 식을 줄을 몰랐다. 캘리포니아 금광의 열기가 채 가시기도 전에 다른 지역에서 화산이 폭발하듯 골드러시가 이어졌다. 말 그대로 꼬리에 꼬리를 무는 형국이었다.

금, 알래스카에
현대문명을 일으키다

: 알래스카는 미국 본토와 멀리 떨어진 곳에 있는 미국에서 가장 큰 주(州)다. 오랜 시간 두꺼운 빙설로 덮여 있던 알래스카는 원래 러시아의 영토였다. 하지만 크림 전쟁에서 패배한 후 재정 적자에 허덕이던 러시아는 1867년 아무런 수익도 없는 알래스카를 720만 달러라는 헐값에 미국에 팔아넘겼다. 이 거래는 세계 토지거래 사상 가장 큰 면적의 거래였고, 평균 단가는 1에이커에 2센트에 불과했다.

당시 토지 구매를 담당했던 미국 국무장관 윌리엄 수어드(William Seward)는 비싼 금액을 주고 불모지를 샀다는 비난을 받았다. 당시 미국인들은 이를 두고 '수어드의 어리석은 짓(Seward's folly)' 혹은 '수어드의 아이스박스(Seward's icebox)'라고 비아냥거렸다. 그러나 수어드는 전혀 개의치 않았다. 그는 "지금 산 이 땅 덕분에 몇 년 후에 우리 후손들이 분명히 이득을 볼 것이다"라고 말했다.

윌리엄 수어드, 제24대 미국 국무장관

수어드의 예언은 적중했다. 31년 후인 1898년, 스칸디나비아인 세 명이 배를 타고 베링 해협의 수어드(Seward) 반도를 떠나 놈(Nome) 근처의 스네이크 강에서 바다로 향하고 있었다. 연어를 찾아 나선 그들은 뜻밖에도 강물에서 황금을 건져 올렸다. 이 소식이 전해지자 사람들이 앞다투어 몰려들었다. 혼란 속에서 뒤늦게 도착한 사람들이 이들이 발견한 광상(鑛床)⁴⁴을 점령했다. 한차례 소송이 벌어지고 권리침해 행위가 거의 합법화될 뻔했다. 그러나 3년간의 상소와 조사를 통해 세 사람은 간신히 그들의 수확을 되찾을 수 있었다.

캘리포니아의 골드러시 열풍이 채 가시지도 않은 상황에서 알래스카에서 또 황금이 발견된 것을 보면 19세기는 골드러시의 세기임이 분명하다. 놈 지역은 순식간에 사람들의 동경의 대상이 되었다. 알래스카의 사금은 횡재를 바라는 자들에게 일확천금의 꿈을 이룰 수 있는 기회였다. 원시적이고 불안정하며 험난한 생활도 그들의 꿈을 꺾을 수는 없었다. 새로운 보물의 땅을 쟁취하기 위해 그들은 황당한 거래도 서슴지 않았고, 얼음과 추위를 무릅쓰고 해변에서 금을 채취했다.

강물의 사금과 금 함량은 낮지만 광범위하게 분포되어 있는 광맥 덕분에 19세기 말 알래스카의 금 생산량은 샌프란시스코를 추월해 미국에서 1위를 차지했다. 통계에 따르면, 미국에서 10만 명 정도가 알래스카로 갔고, 그중 절반 정도가 혹한과 빙설을 참아내고 금 산지에 도착했다. 이들

⁴⁴ 경제적 가치가 있는 광물자원이 암석 속에 자연 상태로 묻혀 있는 것.

중 약 4000명은 황금을 발견했고, 그중 4백 명 정도는 큰 부자가 되었다.

수십 년간 이어진 골드러시는 알래스카의 운명을 바꿔 놓았다. 분포 면적이 넓고 생산량이 많은 금광은 알래스카에 생기를 불어넣었다. 도시는 하루아침에 발전했고 골드러시는 알래스카에 현대문명을 일으킨 불씨가 되었다.

죄수 유배지인
오스트레일리아의 운명이 바뀌다

： 우리는 신대륙 발견이라고 하면 흔히 아메리카 대륙을 떠올리지만 오스트레일리아도 신대륙이다. 지리적으로 보면 오스트레일리아는 아시아와 매우 가깝기 때문에 중국인이나 인도인이 이 대륙을 발견할 가능성이 높았다. 하지만 오스트레일리아를 발견한 사람은 중국인도, 인도인도 아니다. 1770년, 영국 항해가 제임스 쿡(James Cook) 선장은 오스트레일리아 동해안을 발견하고 '뉴사우스웨일스(New South Wales)'라고 이름 붙인 뒤 이 땅을 영국의 속지라고 선포했다. 이때부터 또 하나의 대륙이 세계 판도에 진입했고 함께 '인류의 역사'를 쓰기 시작했다.

처음에는 별 흥미를 느끼지 못한 영국인들은 이곳을 죄수를 보내는 용도로 썼다. 1788년 필립 선장이 1530명을 태운 배 여섯 척을 이끌고 오스트레일리아 보터니(Botany) 만에 도착했다. 그중 736명이 죄수였다. 그들은 오스트레일리아 포트 잭슨(Port Jackson)에 첫 영국 식민지를 만들었다. 그 후 이곳은 오늘날의 시드니로 발전했다. 18세기 한 세기 동안 오스트레일리아는 목축업이 크게 발달하여 독일 함부르크를 대신하는 세계 최대의 양모 집산지가 되었다. 그렇지만 오스트레일리아는 분산된 연방 형태로 대영제국에 종속되어 있었다. 1850년대 뉴사우스웨일스와 빅토리아에서 금광이 발견되면서 이 상황은 서서히 바뀌기 시작했다.

미국 캘리포니아의 금광이 온 세계를 뒤흔들었을 때 많은 오스트레일리아 사람들이 태평양을 건너 골드러시 대열에 합류했다. 그들 중 에드워드 하그레이브스(Edward Hargreaves)라는 사람이 있었다. 그는 영국에서 태어나 시드니 서부에서 273킬로미터 떨어진 뉴사우스웨일스의 웰링턴에서 가난하게 살고 있었다. 그는 운명을 바꾸고자 황금을 찾아 캘리포니아로 떠났다. 그러나 성공한 사람이 많지 않았고 그 역시 대다수 사람들처럼 황금을 얻지 못했다.

캘리포니아에 온 지 2년이 지나 갖고 갔던 여비도 떨어져 버리자 그는 일을 하며 돈을 마련해 오스트레일리아로 다시 돌아왔다. 내심 희망을 버리지 않았던 하그레이브스는 사금 채취 도구를 가지고 돌아왔다. 그는 존 셔터의 제재소처럼 오스트레일리아에서 황금을 발견할지도 모른다는 막연한 기대에 부풀어 있었다.

1851년 2월 12일, 하그레이브스는 동료와 매커리(Macquarie)강을 건널다가 캘리포니아에서의 경험으로 이곳에 황금이 있을 것이라고 직감했다. 그는 다급히 말에서 내려 동료의 도움을 받아 다섯 개의 사금 채취판을 강에 설치했다. 그런데 정말로 기적이 일어났다. 사금 채취판을 건져 올리자 네 개의 채취판에 황금이 걸러졌다. 하그레이브스는 흥분을 감추지 못하고 동료에게 큰 소리로 외쳤다. "오늘은 뉴사우스웨일스 역사상 길이 남을 날이다. 나는 남작에 봉해지고 자네는 기사에 봉해지고 우리와 함께 이 기적을 목격한 말도 박제가 되어 대영제국 박물관에 전시될 것이다!" 물론 그의 외침이 모두 실현된 것은 아니었지만 그날이 기념할 가치가 있는 날임은 틀림없다.

이 소식이 전해지자 죄수 유배지였던 오스트레일리아의 암울한 분위기는 일순간 사라졌다. 한 역사학자는 당시의 상황을 이렇게 묘사했다. "시드니 부근의 사람들이 수문을 개방한 것처럼 금이 발견된 지역으로 마구 몰려들었다." 〈시드니 모닝 헤럴드〉는 이렇게 보도했다. "오스트레일리아 사람들은 모두 광란의 상태에 있다." 수천수만 명에 이르는 골드러시 행렬이 이어졌고, 불과 6개월 사이 5만 명이 이 대열에 참여했다. 1851년 11월, 처음 런던으로 운반된 황금은 253온스였지만, 6개월 뒤에는 0.5톤으로 늘어났다. 곧 황금 덕에 거칠고 남루한 광부들이 멋진 신사로 변모했다. 그들은 "사람을 평가하는 기준은 과거가 아니라 현재여야 한다. 우리는 지금 귀족이고 귀족이 바로 우리다"라고 외쳤다. 하그레이브스의 공헌을 포상하기 위해 영국 여왕은 그에게 1만 파운드의 상금을 내리고 그를 남작에 봉했다.

39가지 사건으로 보는 금의 역사

채금장에서는 매일 금 덩어리가 채취된다는 소식이 전해졌다. 이 소식은 입에서 입으로, 신문으로, 전보로 멀리 멀리 다른 식민지와 국가에까지 퍼져 나갔다. 그러자 세계 각지의 사람들이 몰려들었다. 그동안 사람들의 관심 밖이던 이곳이 하그레이브스 덕분에 진정으로 주목을 받게 되었다. 이와 더불어 1851년 9월에 히스콕(Hiscock)이라는 사람이 빅토리아의 발라라트(Ballarat)에서 금을 발견한 후 대대적인 채굴작업이 시작되었고, 외부로부터 더 많은 인파가 몰려들었다.

이로써 '골드러시 열풍'은 새로운 국면으로 접어들었다. 각종 신문과 잡지가 이를 대서특필했고 소식은 신속하게 전 세계로 퍼져 나갔다. 노다지를 꿈꾸며 노르웨이, 중국, 아메리카, 유럽 등지에서 서로 다른 언어를 구사하는 이민자들이 오스트레일리아로 속속 몰려들었다. 배서스트(Bathurst), 발라라트 등의 금광지역은 당시 다양한 인종이 가장 많이 혼재되어 있는 곳이었다. 중국인만도 무려 4만 명에 이르렀다. 당시 중국은 먹고살기 어려웠기 때문에 연해지역에는 오스트레일리아나 샌프란시스코로 이주한 사람이 많았다.

새로운 이주민들이 유입되면서 죄수 유배지였던 오스트레일리아는 번영을 누리며 다원화 국가로 변모했다. 한 역사학자는 이런 변화를 다음과 같이 평가했다. "황금과 민주가 한데 어울려 오스트레일리아를 바꿔 놓았다. 암울하던 죄수 유배지가 발전을 구가하는 나라로 변모했다."

해리슨의 금광 발견과
시안화 처리의 탄생

∶   아프리카 대륙 전체를 '신대륙'이라고 할 수는 없지만 사하라 사막이 있는 북아프리카 지역을 제외한 나머지 지역은 16세기 이전의 유럽인들에게는 낯설고 접근하기 어려운 신비의 땅이었다. 특히 아프리카 대륙의 최남단은 대항해 시대가 되어서야 디아스가 처음으로 이 미지의 영역에 발을 들여놓았다. 그러므로 역사나 지리학적 관점으로 보면 남아프리카는 '신대륙'이라고 하는 것이 더 적합하다. 남아프리카 공화국 하면 사람들은 네 개의 단어를 떠올린다. 세계적으로 유명한 킴벌리 다이아몬드, 넬슨 만델라, 해운 요충지인 희망봉 그리고 인간의 이성을 흐리는 황금이다. 세계 최대의 금 생산국(중국에 추월당할 것이라고 함)으로서 남아프리카 공화국과 황금의 인연은 오랜 역사를 지니고 있다.

남아프리카 공화국은 세계에서 유일하게 수도가 세 개인 국가다. '삼권분립'의 방식에 따라 입법, 사법, 행정수도를 각각 케이프타운, 블룸폰테인, 프리토리아로 정했다. 그러나 남아프리카 공화국에서 가장 큰 도시는 요하네스버그다. 요하네스버그 도심에서 서쪽으로 5킬로미터 정도 가면 조지 해리슨 공원이 나온다. 경비원도 없는 공원 정문의 양쪽에는 철로 만든 해, 달, 별, 구름, 천둥, 번개, 무지개가 색색으로 장식되어 있다. 문에 들어서면 바로 비탈길이 나오고 주변은 모두 황무지다. 왼쪽에는 뾰족한 지붕의 처마 아래에 칠흑

39가지 사건으로 보는 금의 역사

요하네스버그 교외의 금광 유적

처럼 검은 색의 낡은 도광기(stamp mill)[45]가 있고, 앞쪽 철제 난간 밑에는 암층이 드러난 광갱과 폐기된 사갱[46]이 있다. 광갱 옆과 사갱 입구에는 누렇게 시든 들풀이 바람에 흐늘거리고 있다. 이곳이 지금은 이처럼 폐허나 다를 바 없지만 수 세기 전 이곳에서 일어난 사건 덕분에 마천루가 즐비한 요하네스버그가 탄생했고 남아프리카 공화국은 세계에서 손꼽히는 '황금 국가'가 되었다. 이 사건의 주인공을 기념하기 위해 남아프리카 공화국 정부는 1988년 요하네스버그 동부 24호 도로 옆에 조각상 하나를 세웠다. 왼손에 곡괭이를 들고 오른손에 광석을 높이 치켜든 남루한 옷차림의 사내가 기쁨이 가득한 표정으로 마치 '와! 이것이 황금이다!'라고 외치는 듯한 모습을 하고 있다. 이 조각상은 바로 해리슨을 기념하기 위해서 세운 것이다.

캘리포니아의 금광과 오스트레일리아의 금광처럼 남아프리카 공화국의 금

[45] 광석을 부수는 기계.
[46] 광산이나 탄광에서 땅속으로 비탈지게 파 놓은 갱도.

광도 평범한 인물에 의해 발견되었다. 요하네스버그 금광을 발견한 조지 해리슨은 오스트레일리아 출생으로 본토에서도 미친 듯이 황금의 꿈을 좇았고, 그 후 미국 서부로 건너가 행운을 만나기도 했다. 그 후 다시 금을 찾아 아프리카 대륙 최남단을 정처 없이 떠돌아다녔다.

해리슨도 처음에는 다른 사람들처럼 황금과 비슷한 철광석에 몇 번이나 속았다. '멍청이 황금'이라 불리는 광석에 몇 번씩 속자 해리슨은 무척 실망했다. 그래서 해리슨은 1886년 친구 조지 워커(George Walker)와 함께 바버턴(Barberton)으로 행운을 찾아 떠났다. 여비를 마련하기 위해 그들은 위트워터스랜드 분지에 있는 농장의 과부가 집 짓는 것을 도와주었다. 어느 일요일 아침, 해리슨은 농장의 작은 산 정상에서 서둘러 내려오다 풀숲에 가려진 작은 돌에 걸려 넘어졌다. 해리슨은 투덜거리며 일어나 그 돌을 발로 콱 밟았다. 그래도 분이 풀리지 않자 그는 돌을 차서 멀리 날려 버리려고 했다. 그러나 발이 허공에서 갑자기 멈추었다. 부서진 돌 조각 사이로 금빛이 반짝거리고 있었기 때문이다. 해리슨은 광석을 주워 햇빛에 이리저리 비춰 보았다. 보면 볼수록 그는 점점 흥분을 감출 수가 없었다. 그는 곧 "오! 하느님, 황금입니다!"라고 외쳤다.

그는 풀을 헤집어 가며 다른 광석을 찾았다. 그러고는 두 손으로 광석을 고이 모셔 들고 산을 내려왔다. "빨리 와서 이것을 봐!" 그는 흥분된 목소리로 워커를 불렀다. 광석을 여러 각도에서 살펴본 워커의 입에서 기쁨과 희열의 탄성이 새어 나왔다. "이렇게 좋은 금광석은 한 번도 본 적이 없어. 자네 이걸 어디서 발견했나? 정말 황금인지 알아봐야 하네!" 워커는 즉시 해리슨과 함께 곡괭이를 들고 작은 산을 향해 달려갔다. 이미 모습을 드러낸 금광맥을 곡괭이로 찍어 돌을 방으로 가져왔다. 우선 막자로 돌을 부수어 체로 걸렀다. 부순 금사를 자루가 달린 납작한 냄비에 넣고 깨끗한 물로 일구었다. 그들은 호흡을 멈추고 이물질과 흙탕물을 따라 냈다. 그러자 냄비 바닥에는 금 알갱이가 반짝반짝 빛을 발하고 있었다. 둘은 환호성을 질렀다. 기쁨을 만끽한 해리슨은 관례대로 프리토리아의 정부 관리부처에 이 사실을 알렸다. 그리고 면세 특혜에 해당하는 '황금 발견자 소유권 증서'를 발급받았다.

그러나 아이러니한 점은 황금을 찾아 헤매던 해리슨이 금광맥을 발견하고도 부자가 되지 못했다는 사실이다. '소유권 증서'를 보유했기 때문에 일단 말뚝은 쳐 놓았지만 그는 금광 개발에 필요한 자금이 한 푼도 없었다. 충적층 채금지와는 달리 금 함량이 높은 금광맥은 선진적인 공업기술을 이용해 대규모의 채굴 작업을 장기적으로 진행해야 했다. 그는 어쩔 수 없이 10파운드를 받고 소유권을 다른 사람에게 양도했다. 그 후 그가 다시 바버턴을 향해 정처 없이 떠돈다는 소문만 무성할 뿐 그의 행방을 아는 사람은 아무도 없었다.

역사상 가장 큰 규모의 골드러시가 해리슨의 발견으로 시작되었다. 사람들은 금광 발견지로 물밀듯이 밀려들었다. 순식간에 강판과 나무를 이용한 움집, 시멘트로 만든 작은 집, 알록달록한 천막 등이 이 지역을 뒤덮었다. 금을 채굴한 사람들은 자신의 영역에 철조망과 나무기둥으로 울타리를 둘러치고 밤새도록 지켰다. 캘리포니아나 오스트레일리아와 달리 남아프리카 공화국은 황금이 모두 지하 깊은 곳에 박혀 있었다. 하지만 문제는 깊이가 아니었다. 광석은 금 함량이 낮았기 때문에 제련하기가 쉽지 않았다.

집채만 한 광산에서 얻을 수 있는 황금은 소량에 불과했기 때문에 채굴자들은 이윤이 별로 남질 않았다. 시간이 흐르면서 금을 캐러 온 사람들의 기대는 서서히 물거품으로 변했다. 심지어 불모지를 샀다며 원망하는 사람들도 있었다. 흥분에 휩싸였던 분위기는 점차 비관적으로 변해 갔다. 채굴회사의 주식은 폭락해 시장 가격이 처음의 95%에 불과할 정도였다. "1년 내에 새로 개발된 광산에는 초목만이 무성할 것이다"라고 예측하는 사람도 있었다. 그러나 그의 말이 끝나기가 무섭게 상황은 급 반전되었다. 과학기술이 직면한 문제를 해결함으로써 새로운 길이 열린 것이다.

1890년은 제임스 앨런(James Allen)이 남아프리카 공화국에 나타난 해이다. 그는 '아프리카 연금회사'의 상무(商務) 대표였다. 그는 금속 제련 신기술인 '시안화법'을 판매할 목적으로 남아프리카 공화국에 왔다. '시안화법'을 시연하기 위해 1890년 5월 시범공장을 세웠다. 시안화물 용액에 광석을 넣어 황금이 침전하는 것을 본 사람들은 공장이 떠나가라 환호성을 질렀다. 이 방법은 남아프리카 공화국의 매장 광물이 직면한 문제를 완전히 해결해 주었다.

신기술 덕분에 황금 제련은 보다 손쉬워졌다. 뿐만 아니라 황금을 채취하는 과정에서 생겨난 대량의 광재(鑛滓)[47]를 처리하면 황동(黃

銅)을 얻을 수 있었다. 얼마 후, 남아프리카 공화국의 채광회사들은 제임스와 계약을 체결했다. 아프리카 연금회사는 시안화법으로 얻는 황금에 대해 1온스당 1달러 36센트의 특허비를 받기로 했다. 당시 금 가격이 1온스에 21달러였기 때문에 채광회사 입장에서는 충분히 수익이 보장되는 계약이었다.

영국인 맥아더(MacArthu)와 포리스트(Forrest)가 고안한 시안화법으로 남아프리카 공화국의 황금은 '세상의 빛'을 보게 됐다. 이에 대해 영국 식민주의자 세실 로데스(Cecil Rhodes)는 이렇게 말했다. "세기가 바뀌려는 시점에 시안화법이 나와 남아프리카 공화국 황금 생산량은 앞으로 세계 수위를 달리게 될 것이다." 그의 말은 현실이 되었다. 남아프리카 공화국의 황금생산량은 1890년 44만 온스에서 1899년 3638만 온스로 급증했다. 만일 1889년의 시세로 계산해 보면 3638만 온스는 1600만 파운드에 해당한다. 이 액수는 당시로서는 엄청난 금액이었다.

그러나 인간의 욕심은 끝이 없기에 이를 둘러싸고 많은 분쟁이 일어났다. 채광회사가 처음 4년 동안은 특허비를 잘 내다가 특허비가 너무 비싸다는 이유를 들어 재협상을 요구했다. 그러나 맥아더와 포리스트가 한 치도 양보하지 않아 협상은 결렬되고 채광회사는 이를 고등법원에 상소했다. 그들의 주장은 이러했다. "맥아더가 고안한 시안화법은 새로 개발한 것이 아니라 남아프리카 공화국 사람들이 사용하던 기술이다."

⁴⁷ 광석을 제련한 후에 남은 찌꺼기.

동료와 함께 힘들게 고안해 낸 방법이 특허 시효성 문제를 의심 받자 맥아더는 심한 모멸감을 느꼈다. 누명을 벗기 위해 그는 물불을 가리지 않고 소송에 뛰어들었다. 이리하여 지루하고 막대한 비용이 들어가는 소송이 시작됐다. 세계 각지의 화학자들과 런던의 왕립학회(Royal Society) 회장이 법정 증인이 되거나 간단한 서면 방식으로 소송에 참여해 진술했다. 1896년, 드디어 판결이 내려졌다. 70페이지에 달하는 판결문은 복잡하고 전문적인 문구로 가득했으나 판결 결과는 매우 명확했다. '상술한 시안화법은 새로 발명된 것이 아니다…… 이를 감안해 볼 때 법정은 이 특허의 무효를 인정하는 바이다……'

맥아더는 이 결과로 심각한 타격과 정신적 충격을 받았다. 막강한 재력을 가진 채광기업이 법관에게 뇌물을 주었을 것이라는 심증은 있었지만 이미 상당한 출혈로 기력이 다한 맥아더와 포리스트는 더 이상 대항할 여력이 없었다. 위대한 과학 발명도 인간의 탐욕 앞에서는 그 빛을 잃고는 한다. 1920년, 우울과 빈곤 속에서 맥아더는 죽음을 맞이했다. 그리고 캘리포니아의 셔터처럼 금세 세상 사람들에게서 잊혀졌다.

하지만 시안화법의 발명은 해리슨의 발견에 버금갈 만큼 큰 의미가 있다. 해리슨이 거대한 금광을 발견했다면 시안화법은 금광을 인류의 부로 탈바꿈시키는 역할을 했기 때문이다. 만일 두 사람의 공로가 없었다면 아마도 남아프리카 공화국은 아프리카 대륙에서 유일한 선진국이 될 수 없었을 것이다.

보어전쟁(Boer War) :
금광을 둘러싼 영국과 보어인의 충돌

　⋮　　　　　　　오늘날 전 세계에서는 자원을 둘러싼 전쟁이 심심치 않게 일어난다. 인도주의적 위기를 낳은 다르푸르(Darfur) 분쟁은 북방의 이슬람 세력과 남방의 기독교 세력이 수초자원을 놓고 일으킨 분쟁이고, 제4차 중동전쟁은 석유자원과 관련이 있다. 러시아와 미국을 필두로 한 나토 세력 간에도 러시아와 중앙아시아의 천연가스자원과 북극권 해저 천연오일가스자원을 둘러싸고 마찰이 끊이질 않고 있다……

이런 상황을 종합해 보면 자원의 시대가 도래했다 해도 과언이 아니다. 자원을 둘러싼 충돌은 세계 안보와 평화를 위협한다. 다른 자원과 달리 황금은 먹을 수 있는 식량자원도 아니고 석유나 천연가스처럼 에너지를 공급하는 자원도 아니다. 그러나 뜻밖에도 근대 역사상 최초의 자원전쟁은 바로 금광을 둘러싸고 벌어졌다. 이것이 역사상 유명한 '보어전쟁'이다.

남아메리카에서 격돌한 코르테스와 아스텍인의 전쟁이나 해상에서 맞붙은 영국과 스페인의 전쟁은 모두 황금이 도화선이 되어 일어났다. 그러나 이와 달리 19세기 이래로 지구촌 곳곳을 휩쓸었던 '골드러시'는 대규모 전쟁을 유발하지는 않았다. 골드러시가 일어났던 캘리포니아와 오스트레일리아의 사례를 통해 우리는 조화로운 역사의 한 장면을 볼 수 있다. 세계 각지의 사람들이 채굴 과정에서 황금을 얻기 위해 도둑질을 하거나 살인을 저질렀지만 전쟁을 벌이지는 않았던 것이다.

19세기 프랑스의 유명한 계몽주의 사상가 볼테르(Voltaire)는 이런 말을 했다. "한 지역에 종교가 두 가지만 있다면 한쪽 신도들은 상대방 신도의 목줄을 끊어 놓을 것이다. 그런데 이 지역에 종교가 여럿 있다면 오히려 조화롭게 공존할 수 있다." 남아프리카 공화국이 이런 경우에 해당했다. 남아프리카 공화국의 '골드러시'는 캘리포니아와는 운명적으로 달랐다. 캘리포니아에서는 황금에 광분한 여러 민족이 함께 채굴에 달려들었지만 전쟁으로 번질 만큼 심각하지는 않았다. 그러나 남아프리카 공화국의 상황은 달랐다. 한쪽은 세계 최고 강국을 자처하는 영국인이었고, 다른 한쪽은 이곳에서 오랫동안 터를 잡고 살아온 보어인(Boer)이었다. 그러므로 '금권(金權)'을 둘러싼 전쟁이 일어나는 것은 시간문제였다. 볼테르의 말에서 종교를 민족으로 바꾼다면 아마도 이런 의미가 될 것이다. '여러 민족이 함께 있으면 충돌이 적지만 두 민족이 함께 생활하면 대규모 충돌이 쉽게 발생한다.'

네덜란드어의 'Boer(농민)'라는 말에서 유래한 보어인은 남아프리카 공화국에 살고 있는 네덜란드, 프랑스, 독일 등 백인민족의 후손으로 형성된 혼합 민족을 지칭한다. 1652년 네덜란드인이 처음 남아프리카 공화국 케이프에 정착해 식민지를 세웠다. 100여 년이 지나면서 보어인은 현지의 주요 민족이 되었다.

그러나 보어인은 남아프리카 공화국에서 패권적 지위를 추구하지는 않았다. 1795년 영국 함대가 남아프리카 공화국 케이프에 상륙하면서 남아프리카 공화국에서는 100년에 걸친 쟁탈전이 시작되었다. 수차례 충돌에서 영국의 막강한 실력에 밀린 보어인은 북쪽으로 강제 이주하여 1852년과 1854년에 각각 트랜스발과 오렌지 공화국을 세웠다. 1867년, 오렌지강 지역에서 다이아몬드 광산이 발견됐다. 오렌지 정부는 즉각 성명을 발표하고 이 지역을 자신의 관할로 귀속시켰다. 그러나 영국 식민주의자들은 이를 인정하지 않고 두 보어인 공화국을 병탄하고자 음모를 세웠다. 1877년, 영국인이 트랜스발 공화국을 무력으로 점거하자 이에 자극을 받은 보어인은 조직적으로 무력 항거를 시작했다. 1881년 2월, 마주바(Majuba) 고원 부근에서 보어군은 1000여 명의 영국군을 격파했다. 그리고 3월 23일 영국은 일부 권력만 보유한다는 조건하에 트랜스발의 독립을 인정하고 평화조약을 체결했다. 이 사건을 역사에서는 '제1차 보어전쟁'이라 한다.

1886년 조지 해리슨이 10파운드에 '소유권'을 팔 때만 해도 요하네스버그를 중심으로 동남과 서남쪽으로 길이 약 500킬로미터에 달하는 '활 모양의 지대'에 세계 황금 매장량의 4분의 1에 해당하는 양의 금이 매장되어 있을 줄은 아무도 상상하지 못했다. 이 금광에는 수천수만 명의 유럽 식민주의자가 몰려들어 4년 동안 141개 광업회사를 세웠고, 채굴한 금과 다이아몬드로 천문학적인 이윤을 얻었다. 거액의 이윤은 영국인과 보어인 간의 갈등을 더욱 부추겼다.

1895년, 영국 정부는 케이프 식민지 총독 세실 로데스에게 트랜스발을 합병하라는 밀령을 내렸다. 로데스는 우수한 장비를 보유한 군

세실 로데스. 19세기 영국의 유명한 식민주의자.

사 800명을 파견하여 트랜스발 정부 소재지를 습격하고 안으로는 영국 교민이 폭동을 일으켜 함께 작전을 펼 계획을 세웠다. 그러나 이 기밀이 영국과 세계 패권을 다투던 독일 정부에게 들어갔다. 독일 정부는 즉각 트랜스발 정부에 이 사실을 귀띔해 주었다. 1896년 1월 2일, 2000여 명의 보어군은 클레르크스도르프(Klerksdorp) 성 외곽에서 매복하고 있다가 영국군을 습격해 134명을 죽이고 영국군 총기를 전리품으로 챙겼다.

이번 참패로 로데스는 케이프의 총독직에서 사퇴했다. 한편 승리한 보어인은 자신감이 하늘을 찔렀다. 승리에 도취한 보어인은 남아프리카 공화국 전역을 연합함으로써 100여 년 동안 영국에게 빼앗긴 토지를 되찾는 '보어 아프리카' 계획을 세웠다. 그들은 또 독일과 연합하여 함께 영국에 대항했다. 이런 행동은 영국인을 자극하기에 충분했다. 이는 아프리카 남부의 케이프(Cape)와 아프리카 북부의 카이로(Cairo)를 통합하여 아프리카 남북을 관통하는 식민대제국을 건설하려는 영국의 '2C계획'에 위배되었기 때문이다. 따라서 영국 정부는 외교적인 압력을 행사하며 독일과 보어인의 군사동맹을 와해시키려 했고, 병력을 케이프로 수송해 압박을 가했다. 이때의 상황은 그야말로 일촉즉발의 상황이었다.

보어전쟁이 발발하기 전, 영국 신문은 남아프리카 공화국의 유럽 이민자들이 보어인들에게 멸시와 착취를 당한다는 반(反) 보어인 선전을 대대적으로 진행했다. 또 영국인의 민족 정서를 고취시키기 위해 앵글로색슨족의 우월성을 대대적으로 선전했다.

유명한 시인 키플링(Kipling)은 이런 시를 썼다.

'백인의 부담을 짊어지고
당신들 속의 가장 뛰어난 사람이 파견된다,
당신의 아들, 딸들이 조국을 뒤로한 채
당신들의 정복의 필요를 위해 멀리 떠난다.'

또 일부 신문에는 다음과 같은 말도 안 되는 기사가 실리기도 했다. "보어인을 겨냥해 실시한 영국의 작전은 군사행동이 아닌 한차례의 '유쾌한 여행'이다."

1899년 8월, 영국 식민지장관 조지프 체임벌린(Joseph Chamberlain)은 보어군에게 무장해제를 요구했다. 그러나 두 차례나 영국군을 격파한 보어 당국은 영국의 요구를 받아들이지 않았다. 자신들의 우위를 자만하고 있는 영국군이 아직 재정비하지 못한 사이 다시 공격할 계획이었다. 10월 9일, 보어인 통치자는 영국군에게 다음 날 오후 5시까지 철수하라는 최후통첩을 보냈다. 체임벌린은 상대가 먼저 공격을 하면 이것을 이용해 국제적인 동정을 얻을 계획이었고, 보어인은 그의 계략에 그대로 걸려들고 말았다. 1899년 10월 11일, 보어인은 영국군을 선제공격했고, 영국은 정식으로 선전포고를 했다. 제2차 보어전쟁이 시작된 것이다.

처음에는 영국군이 수세에 몰렸다. 1900년 2월, 영국군은 대규모 반격을 시도해 4개월 만에 트랜스발 정부 소재지 프리토리아를 함락했다. 1900년 9월 10일, 영국 정부는 트랜스발 공화국을 합병했다. 오렌지 공화국도 전쟁이 개시되자 트랜스발 측과 연합했다. 그러나 영국은 2월에 주력부대를 격파하고 5월에 오렌지 공화국을 병합했다. 전쟁은 이것으로 끝이 아니었다. 보어인은 곳곳에서 게릴라전을 펼쳤고, 영국군은 야만적이고 잔혹한 작전으로 반격에 나섰다. 전쟁은 참혹하기 그지없었고 양측 모두 막대한 사망자를 냈다.

보어측의 경우, 전국의 거의 모든 성인 남자가 전쟁에 동원되어 농사는 흉년이 들고 가축은 거의 전멸했다. 영국은 사령관을 세 번씩이나 교체했고 총 45만 병력을 투입해 10만 명 정도가 사망했다. 군비지출도 2억 2300만 파운드에 달했다. 이로 인해 영국에서는 전쟁에 반대하는 정서가 팽배했고, 세계 여론도 영국을 강력하게 비난했다. 연로한 빅토리아 여왕은 오랜 전쟁으로 하루하루를 근심과 걱정으로 보낸 데다 국내 정치 투쟁에 남편과의 사별까지 겹쳐 1901년 1월 세상을 떠나고 만다.

1902년 5월 31일, 강화를 결정한 영국은 보어 정부와 '베리니힝

(vereeniging) 평화조약'을 체결했다. 영국은 보어인에 대한 합법적인 주권국이지만 보어인의 자유와 재산을 인정하고 보어인이 국가를 재건하고 자치정부를 수립할 수 있도록 지원한다고 명시했다. 그러나 부유한 황금의 땅은 이미 영국의 수중에 완전히 들어가 있었다. 이로써 영국은 남아프리카를 정복했다.

보어전쟁 후 영국은 남부 아프리카의 식민지를 하나로 연결하고 아프리카 내륙의 호수지역으로 통하는 길목을 통제했다. 광활한 남 아프리카 내륙을 뒤로한 희망봉은 이때부터 영국의 해외 제국 중 가 장 중요한 전초기지가 되었다. 영국은 세계에서 가장 큰 금광인 랜드(Rand) 금광까지 관할하게 됨으로써 전 세계 경제의 숨골을 쥐게 되었다. 남아프리카 공화국의 황금으로 런던은 세계 금융업과 황금 거래의 중심지로 빠르게 부상했다.

하지만 보어전쟁으로 영국 내부에도 큰 변화가 일었다. 방대한 군 비지출로 식민체계 유지를 위한 예산은 바닥이 났다. 제국의 식민 사업에 열중하던 체임벌린도 '이것이 부담'이라며 한탄할 정도였다. 1902년부터 영국 정부는 관세특혜로 제국 내부의 단결을 유지하고 자 관세개혁을 시작했다. 이런 관세개혁은 제국 식민지의 경제적 지 위를 높여주는 역할을 했다. 동시에 보어전쟁이 시작되었을 때 오스 트레일리아가 군사수뇌회의를 열어 남아프리카 공화국에 지원군을 파견하기로 결정함으로써 영토 밖에서 군사행동이 가능해졌다. 이 결정은 캐나다, 뉴질랜드, 인도 등 다른 식민지의 호응을 얻어 모두 남아프리카로 지원군을 파견했다. 이로 인해 식민지국가는 더 많은 군사자주권을 얻게 되었다.

1901년과 1907년 오스트레일리아와 뉴질랜드는 자치령이 되었다. 뒤이어 영국의 많은 식민지들이 자치령을 선포했다. 제1차 세계대전 후 영국의 쇠락은 이미 기정사실화되었다. 1931년, 영국은 영국과 각 자치령의 지위는 평등하며 내정과 외교업무 등 각 분야에서 서로 종속되지 않는다는 내용의 '웨스트민스터 법안'을 반포했다. 이때부터 대영 제국의 식민지제국은 흔들리기 시작했다.

제2차 세계대전 후 영국의 경제력이 크게 쇠퇴함에 따라 영국은 더 이상 '세계의 패권국'이 아니었다. 1947년 파키스탄과 인도가 잇달아 독립하면서 1960년대까지 영국의 식민지제국은 철저히 와해되었다.

금본위제하의
황금을 둘러싼 각축전

제3장

기원전 6세기, 리디아 국왕 크로이소스(Kroisos)는 세계에서 처음으로 금화를 만들었다. 그 후 고대 페르시아부터 마케도니아 제국에 이르기까지, 또 로마 제국에서 비잔틴 제국에 이르기까지 모두 금화를 사용했다. 인류의 역사를 살펴보면 금으로 주화를 만들어 사용한 나라는 많았지만 일반 대중에게까지 보급된 경우는 흔치 않았다. 그러나 17세기 중반, 영국에 의해 상황이 바뀌었다. 영국은 가장 먼저 금융체계에서 금의 지위를 강화했고, 19세기에서 20세기까지 상당 기간 세계경제를 주도하며 오늘날의 세계경제 구도를 형성케 했다. '금본위'가 생겨난 역사를 돌이켜 보면 인류의 생존 및 발전과 관계된 화폐체계는 인류가 힘들여 만든 것이 아니라 역사의 흐름 속에서 독창적으로 생겨난 것임을 알 수 있다.

복본위제[48] :
악화가 양화를 몰아내다

전통적인 견해에 따르면 화폐는 교환의 수단으로서 무역 거래의 효율을 향상시킨다. 또한 화폐는 가격을 계산하는 단위이기 때문에 값을 책정하고 계산하는 데 유용하다. 화폐는 저장 기능을 갖고 있어 무역이 국가 간 또는 지역 간에 장기적으로 지속되게 한다. 이런 다양한 기능을 최대화하기 위해서 화폐는 일정한 조건을 갖추어야 한다. 가치가 있어야 하며, 지불 가능해야 하고, 내구성이 있어야 하며, 태환과 휴대가 가능하고 믿을 만해야 한다. 이런 요구를 만족시키기 위해 금, 은, 동 등 양질의 금속이 화폐 재료로 쓰였다.

'금본위제(Gold standard)'[49]가 무엇인지 정확히 이해하기 위해서는 우선 금

[48] 두 가지 이상의 금속을 본위 화폐로 하는 화폐제도.
[49] 통화의 가치를 금의 가치에 연계시키는 화폐제도.

본위제 이전의 화폐제도를 이해할 필요가 있다. 금본위제를 시행하기 이전 대부분의 국가에서는 '복본위제(Bimetallism)'와 '은본위제'를 시행했다. 두 가지 금속을 본위화폐(Standard money)[50]로 삼은 복본위제는 국가가 정한 법정비율에 따라 두 금속화폐를 동시에 유통시키는 것을 말한다. 예를 들면, 스웨덴은 1772년 이전까지 은동본위제를 채택했고 러시아도 1793년까지 은동본위제를 시행했다. 당시 스웨덴과 러시아는 금이 부족해 은과 동을 본위화폐로 삼았지만, 만일 은이나 동보다 더 값진 황금이 대량으로 유입되었다면 상황은 분명 달랐을 것이다. 스웨덴이나 러시아와 달리 금이 풍족했던 영국과 프랑스는 금과 은을 복본위의 본위화폐로 삼았다. 이것이 복본위제의 가장 일반적인 형식이다. 따라서 사람들이 주로 언급하는 복본위제는 바로 '금은본위제'를 말한다.

복본위제는 많은 장점을 갖고 있다. 재료는 금과 은을 모두 사용하기 때문에 재료가 풍부하고, 거래 대금이 크면 금을 사용하고 거래 대금이 적으면 은을 사용하는 등 융통성 있게 운용할 수 있다. 또한 다른 화폐와의 환율도 안정적으로 유지할 수 있고, 필요에 따라 선진국과는 금화로 거래하고 식민지 국가와는 은화로 거래할 수 있다. 자본주의 초기 단계에 복본위제가 시행되면서 기존의 분산되고 혼란스러웠던 화폐 유통 영역은 정비되었고, 상품 생산과 유통이 확대되면서 늘어난 수요도 만족시킬 수 있었다. 16세기에서 18세기까지 신흥 자본주의 국가는 대체로 복본위제를 채택하여 초

[50] 한 나라의 화폐제도의 기초를 이루는 화폐.

기 자본주의 발전을 이끌었다. 그러나 복본위제에도 치명적인 결함이 있었다. 금화와 은화 간의 비율은 정부가 법률로 정해 놓았기 때문에 안정적이었지만, 시장에서 거래되는 금과 은의 가격은 수시로 등락을 거듭했다. 그러다 보니 금의 실질가치가 상승하면 사람들은 금화를 녹여 금으로 만들어 이를 다시 은화로 바꾸어 사용했다.

예를 들면 다음과 같다. 법률로 규정한 금화와 은화의 비율이 1:10이다. 그런데 시장에서 같은 질량의 금과 은의 가격 비율이 1:20이면 금화 한 개를 녹여 금으로 만들었을 때 원가의 두 배에 달하는 은화 20개를 손에 넣을 수 있다. 이 과정을 한 번만 거쳐도 금화를 직접 은화로 태환하는 것보다 더 많은 은화를 얻을 수 있는데 이를 여러 차례 반복한다면 어떤 결과를 얻게 될까? 즉, 다시 20개의 은화를 법정 비율에 따라 두 개의 금화로 바꾸고 상술한 과정을 반복하면 40개의 은화를 얻을 수 있다. 반대로 금의 공급은 충분하고 은의 가치가 상승하면 반대의 상황이 된다. 만약 이런 과정이 계속 반복되면 화폐 체계는 마비되고 만다. 이렇게 복본위제는 금속가격이 요동을 치면 사람들의 이익을 좇고 위험을 회피하려는 심리 때문에 정부의 법정 비율을 무용지물로 만드는 결함이 있었다.

복본위제에서는 금화와 은화가 모두 법정 본위화폐이지만 실제 유통 과정에서 중요한 역할을 하는 것은 항상 한 가지 화폐였다. 은의 가치가 하락하면 시장에 은이 넘쳐나고, 금의 가치가 하락하면 시장에 금이 넘쳐났다. 영국의 금융업자이자 무역가인 토머스 그레셤(Thomas Gresham)은 이 현상에 주목했다. 그는 시장 상황을 면밀히 관찰하고 분석하여 '악화가 양화를 몰아내는 기이한 현상'을 발견했다. 이것이 바로 그 유명한 '그레셤의 법칙(Gresham's law)'이다.

그는 금과 은 두 가지 화폐가 서로 배척하는 현상 이외에도 한 가지 금속화폐의 유통이 오랜 기간 지속되면 완전화폐(full-bodied money)와 불완전화폐가 등가(等價)로 사용되는 것을 발견했다. 이렇게 되면 사람들은 순도나 품질이 좋은 '양화(良貨)'를 저장하고 질이 떨어지는 불완전화폐인 '악화'만 내놓아 시장에는 갈수록 질이나 함량이 떨어지는 '악화(惡貨)'만 넘쳐나게 된다. 이때 '악화'의 실제 가치는 분명 그가 대표하는 명목가치(Nominal value, 액면가)보다 낮다.

결국 복본위제와 금속주화 체계는 모두 '그레셤의 법칙'이 작용했다. 그러나 '그레셤의 법칙'은 많은 경우 '화폐의 왕'인 금에게는 긍정적으로 작용했다. 그래서 사람들은 금화를 소장하거나 녹여서 더 많은 '악화'로 바꾸었고, 아니면 대외무역에 사용하여 더 많은 구매력을 확보했다. 이렇게 되자 화폐발행국은 막대한 재산상의 손실을 입었고 시장에서 유통되는 '악화'는 주화의 신용을 크게 실추시켰다.

결론적으로, 금은복본위제는 탄생하면서부터 '악화'가 '양화'를 몰아내는 기이한 현상에 빠졌다. 무역이 빠르게 발전하여 화폐 수요가 늘어나고 대규모 금은 광산이 발견되면서 이런 화폐제도는 점점 적합하지 않았다. 결국 영국이 가장 먼저 이 제도를 포기하기에 이르렀는데 그 과정이 그리 순탄치만은 않았다…….

윌리엄 로운즈와 존 로크의
화폐논쟁

최초로 금화를 주조한 사람은 리디아인이다. 리디아인의 화폐에 대한 이념과 주조 기술은 세계 각지로 전파되었고, 화폐는 문명사회를 상징하는 일부가 되었다. 엘리자베스 1세 이전까지 세계의 금속화폐는 모두 사람의 손으로 제조되었다. 기원전 6세기에서 18세기까지 2400년 동안 유럽과 아시아 대륙에서는 수백만 가지의 금속화폐가 주조되었다. 놀라운 사실은 이렇게 긴 세월 동안 아무도 더 빠르게 주조할 수 있는 방식을 발명하지 않았다는 점이다. 금속화폐는 처음부터 사람이 손으로 두드려서 만들었고, 화폐의 가장자리를 평평하고 매끄럽게 하기 위해 주화의 가장자리를 줄로 갈았다. 탐욕스러운 사람들은 이때 생긴 금속 부스러기를 모아 다시 녹여 이를 조폐공장에 팔았다. 이 과정에서 상당한 이윤이 생겼기 때문에 많은 이들이 이 일에 종사했다.

이런 부도덕하고 사회 공공질서를 해치는 행위를 근절하기 위해 화폐 발행 당국은 엄격한 조치를 발표하고 이를 위반할 경우 엄벌에 처했다. 13세기, 유럽 각지의 유대인들은 이러한 죄명으로 고소를 당하는 경우가 많았다. 1270년 영국에서는 화폐 부스러기를 훔친 유대인 284명을 일벌백계 차원에서 효수(梟首)[51]했다는 역사 기록이 있다. 하지만 부스러기를 훔치는 일은 배우기에 어려운 일도 아닌 데다 이를 통해 큰 수익을 올릴 수 있었기에 엄한 처벌이 이어져도 쉽사리 사라지지 않았다.

이런 문제를 개선하기 위해 한 장인 기술자가 주화기계를 발명했다. 말을 동력으로 이용한 이 기계로는 규격이 일정한 화폐를 찍어낼 수 있었다. 그러자 화폐 부스러기를 훔치기가 어려워졌다. 기술이 조금 더 발전하여 주화기계로 화폐의 가장자리에 무늬나 글씨를 새겨 넣을 수 있게 되면서 금속 부스러기를 훔치는 사람은 발각되면 양에 관계없이 법의 심판을 받았다. 그러나 선진기술도 때로는 현실에 바로 적용할 수 없을 때가 있다. 기술의 변혁이 기존의 관습을 파괴하고 기득권자들의 이익을 침해하는 경우가 그렇다. 과거의 방식대로 생계를 이어가던 조폐공장의 노동자와 관리들은 주화 생산 과정의 변혁을 강력하게 반대했다.

1660년 찰스 2세는 영국 왕위에 오른 뒤 구세력의 반대로 주화기계의 보급이 난관에 부닥쳤다는 사실을 알고 1661년

[51] 죄인을 참형(斬刑) 등에 처한 후 그 머리를 장대에 매달아 거리에 전시하는 형벌의 하나.

39가지 사건으로 보는 금의 역사

'모든 화폐는 반드시 기계로 주조하고 가장자리는 무늬나 문자로 장식해야 한다'는 조치를 발표했다. 이 밖에도 1663년 크리스마스이브에 그는 또 한 가지 조치를 발표했다. '새로 생산되는 금화는 반드시 기계로 만든다. 금화의 원료가 서아프리카의 기니(Guinea)만에서 왔으므로 기니 금화라고 부른다. 기니는 실제 가치를 온전히 담고 있는 금화로 무게는 8그램 혹은 0.25온스다. 신화폐의 액면가는 1파운드이고 은화 20실링에 해당한다.' 기니 금화가 출현하고 나서 새롭게 발행되는 '실링'은 점차 이 방법으로 제조되었다.

아름답고 깔끔하며 정교한 신폐(新幣)는 구폐(舊幣)와 선명한 대비를 이루었다. 구폐는 이미 상당히 낡았고 게다가 부스러기를 모아 제작하는 것이 반복되다 보니 실제 가치는 액면가보다 적었다. 그러나 사람들은 여전히 구폐를 계속 사용했다. 만일 구폐를 가지고 조폐공장에 가면 화폐의 중량에 따라 구폐의 액면가보다 높은 신폐로 바꿔 주었기 때문이다. 그래서 사람들은 신폐를 소장하거나 이를 녹여서 더 많은 구폐로 바꾸었다. 상황이 이렇다 보니 신폐는 제대로 유통될 리가 없었다.

이 밖에도 사람들은 기니 금화로 투기를 했다. 기니 금화는 은화 20실링에 해당하는데 은화의 가치가 떨어지면 기니 금화의 가치가 급등했다. 1694년 3월, 기니 금화는 22실링으로 환전이 가능했다. 1년 후 다시 25실링으로 올랐고 얼마 후 또 30실링까지 올랐다. 그러자 사람들은 금을 조폐공장으로 보내 기니 금화로 만들었고 금값은 80실링에서 심지어 109실링까지 치솟았다. 금값이 계속 상승하자 금화를 만드는 원가가 계속 올라 더 이상 금화를 만들기가 어려웠다. 기니 금화에 대한 투기 열풍으로 영국 정부는 더 이상 조폐개혁을 미룰 수 없다고 판단했다. 심지어 조폐공장으로 보낼 구폐조차 없는 상황이었다. 당시 유명한 경제학자 더들리 노스(Dudley North)는 화폐에 관한 딜레마를 날카롭게 지적했다. "만일 부스러기로 만든 구폐를 조폐공장으로 보내는 사람이 사라진다면 공급할 화폐가 없는 무서운 상황이 곧 발생할 것이다."

이번 화폐개혁은 피할 수 없는 일이었지만 이로 인해 격렬한 논쟁이 일어났다. 논쟁의 쟁점은 구폐를 신폐로 교환하는 과정에서 손해를 보게 되는 사람에게 어떻게 보상할 것인가 하는 문제였다. 이 손실은 대략 200만 파운드로 추산되며 이는 평화 시기 정부의 1년 총지출과 맞먹는 액수였다. 이 금액은 전쟁으로 인해 재정적으로 큰 곤란을 겪고 있던 정부에게는 큰 부담이 아닐 수 없었다.

당시 영국 재무부 서기 윌리엄 로운즈(William Lowndes)는 모든 은화의 액면가를 25% 인상하고, 구폐인 크로나(5실링)와 중량과 순도가 동일한 새 동전을 '통일화폐'라 부르고 가치를 6실링 3페니로 규정하자고 건의했다. 즉, 화폐를 공식적으로 평가절하 하자는 내용이었다. 또한 구 실링의 이름은 그냥 유지하나 신 실링의 실제 함량은 구 실링의 80%로 하고, 아울러 완전하지 못한 구폐는 액면가에 따라 완전화폐와 등가로 유통하자는 내용도 제안에 포함했다. 로운즈는 헨리 2세, 에드워드 1세, 엘리자베스 시대의 화폐개혁을 연구하여 은화개혁에 관한 보고서에 포함시켰고, 프랑스의 경험을 배우자고 주장했다. 그는 당시 영국은 프랑스와 전쟁 중이었기 때문에 방대한 군대를 유지하고 우방국인 네덜란드를 도울 필요가 있다고 생각했다. 만일 자신의 건의가 받아들여진다면 전쟁이 끝난 후 통화긴축을 보다 쉽게 통제할 수 있을 거라 여겼다. 로운즈는 화폐개혁은 전쟁이 끝날 때까지 기다릴 필요가 없다고 강조했다. 그는 "시간을 끄는 것은 상처를 치유할 시기만 늦추는 것일 뿐 상처를 제때 치료하지 않으면 우리가 파멸할 것"이라고 역설했다.

그러나 로운즈의 건의는 그의 직속상관인 재무대신 찰스 몬태규(Charles Montagu)의 반대에 부닥쳤다. 몬태규는 당시 가장 저명한 철학자 존 로크(John Locke)의 강력한 지지를 받는 인물이었다. 존 로크는 세계에서 처음으로 헌정민주정치를 주장한 철학자이며 초기 금속화폐론자이기도 하다. 그는 하늘이 내린 자유는 인간이 태어나면서부터 갖고 있는 것으로 포기할 수 없으며, 자연이 인간에게 준 권리라고 했다. 그는 사회가 구성되기 이전의 자연상태에서 구성원들의 권리와 이익을 보장하기 위해서 사회를 구성하게 되고, 이렇게 만들어진 사회는 개인의 권리와 이익을 보장하는 수단으로서만 역할을 해야 한다

존 로크. 17세기 영국 사상가. 그의 헌정민주정치와 자연권리 사상은 후대에 지대한 영향을 미쳤다.

는 사회계약설(theory of social contract)을 주장했다. 이런 사상을 갖고 있던 존 로크는 진정한 화폐는 반드시 금과 은으로 만들어야 한다고 주장했다. 1실링은 은의 특정한 중량을 대표하고 영원히 이 중량을 대표해야 한다고 여겼다. 만일 구폐 1실링을 신폐 1실링으로 바꾸지 못한다면 이는 정부가 개인의 재산을 갈취하는 것과 같다고 지적했다.

사실 로운즈와 로크의 논쟁은 화폐를 다시 주조하는 방식의 문제이며, 주된 쟁점은 바로 화폐단위가 계산명칭인지 아니면 금속의 중량인지의 차이였다. 로운즈는 다시 주조하는 은화는 더 가볍게 만들고 사전에 정한 프리미엄 가격으로 거래하기 때문에 금세 유통될 수 있다고 주장했다. 반면, 로크는 과거처럼 원래의 기준에 따라 화폐를 만들어 유통 중인 구폐를 대체해야 한다고 주장했다. 그러나 두 가지 방식이 각각 물가에 미치는 영향은 그 차이가 매우 크다. 은 함량이 낮아졌는데도 액면가로 유통하자는 로운즈의 건의는 채무자가 더 적은 양의 은으로 기존의 채무를 갚는 데 유리하다. 전쟁 기간 정부는 화폐 평가절하를 통해 '시뇨리지[52](아마도 인플레이션세일 것이다)'를 징수하면 적은 양의 은으로도 누적된 대량의 전쟁차관과 정부의 적자를 상환할 수 있다. 사실 이는 재정 적자를 '화폐화'하는 방식의 하나로 정부가 합법적으로 빚을 떼먹고 약탈을 합리화하는 행위다.

그러나 정부의 이익을 대변하는 윌리엄 로운즈의 건의는 실현되지 않았다.

---

[52] 화폐 주조세라고도 함. 중앙은행이 화폐를 발행함으로써 얻는 이익, 다시 말해 화폐의 액면가에서 제조비용을 뺀 이익.

39가지 사건으로 보는 금의 역사

화폐위원회에서의 변론에서 로크는 그의 명석한 두뇌와 웅변 실력에 힘입어 로운즈를 상대로 승리를 거두었다. 결국 구 실링은 과거 액면가대로 신 실링으로 태환하고 그 차액은 국고, 즉 많은 납세자가 부담하는 것으로 결론이 났다.

로크의 건의가 채택됨에 따라 국가는 전보다 더 많은 부담을 져야 했고 손실도 매우 컸다. 후대의 화폐 사학자들은 이에 대해 완곡하게 비평했다. 그러나 이후로 화폐대개혁의 항해는 논쟁의 소용돌이에서 벗어나 대양으로 접어들기 시작했다. 방향키를 잡은 조타수는 자연과학 분야의 개척자이자 후세 과학에 지대한 영향을 미친 그 유명한 아이작 뉴턴(Isaac Newton)이었다.

대과학자 아이작 뉴턴의
특별한 공헌

 2003년 10월 16일은 중국 국민 전체가 기쁨에 들뜬 날이었다. 유인 우주선 '선저우(神州) 5호'가 무사히 지구에 귀환했기 때문이다. 이로써 중국은 드넓은 우주에 중국인의 발자취를 남기게 되었다. 인류 항공우주산업의 발자취를 따라가 보면 우주산업에 크게 공헌한 인물을 발견할 수 있다. 가장 간단한 비행기 모형도 본 적이 없는 그였지만 그의 '만유인력의 법칙'과 '3대 역학 법칙'이 있었기에 우주선이 성공적으로 발사될 수 있었다. 꿈과 현실을 이어주고 신화와 거사를 연결한 인물, 그는 다름 아닌 아이작 뉴턴이다.

 아이작 뉴턴은 인류 역사상 가장 위대한 과학자로 수학, 물리학, 천문학 분야에서 지대한 공헌을 한 인물이다. 엥겔스는 뉴턴을 이렇게 극찬했다. "만유인력의 법칙을 발견한 뉴턴은 천문학을 수립했

39가지 사건으로 보는 금의 역사

고, 빛의 분해로 광학을 수립했으며, 이항정리와 무한급수로 수학을 창시했다. 그리고 힘의 원리를 이해해 역학을 만들었다." 이처럼 뉴턴은 자연과학사에서 그 누구도 대신할 수 없는 위대한 업적을 남겼다. 그리하여 그는 후대인들의 영원한 존경과 흠모의 대상이 되었다.

그런데 의외의 사실이 있다. 뉴턴이 실제로 과학 연구에 종사한 기간은 30년에 불과했다는 것이다. 학문을 포기하고 정치에 입문한 세월도 30년이나 된다. 그가 학문을 접고 정치를 하게 된 원인을 놓고 뉴턴을 연구한 학자들은 이렇게 주장한다. "천주교를 믿는 새 국왕 제임스 2세가 케임브리지에 압박을 가하고 학장을 교체하라고 요구하자 반가톨릭 정서를 가진 뉴턴의 반감이 더욱 심해져 학문을 접었다. 그리하여《자연철학의 수학적 원리(Philosophiae naturalis principia mathematica)》[53]의 출간으로 큰 명예를 얻었음에도 그는 학술을 멀리하고 천주교에 반하는 생활에 뛰어들었다." 또 다른 견해도 있다. 케임브리지 대학의 교수였던 뉴턴은 연구 성과는 매우 훌륭했지만 학생들에게 좋은 교수는 아니었다. 그의 강의는 수준이 너무 높아 학생들은 수업을 이해하는 데 애를 먹었다. 또한 뉴턴은 같은 자연과학 분야의 로버트 훅(Robert Hooke), 라이프니츠(Leibniz)와 논쟁을 벌였고, 학술적인 논쟁도 마다하지 않았다. 이런 이유로 후대에 그의 전기를 쓴 작가들은 뉴턴의 인품에 문제가 있다고 여겼다.

정확한 이유는 알 수 없지만 뉴턴은 결국 자신의 학문적 터전이었던 케임브

[53] 만유인력의 원리를 처음으로 세상에 널리 알린 것으로 유명하다.

인류 역사상 가장 뛰어난 과학자 중의
한 명인 아이작 뉴턴

리지 대학을 떠났다. 그 후 그는 대중에 가까이 다가가기 위해 국회의원 선거에 출마해 순조롭게 당선되었다. 이때 뉴턴은 절친한 친구인 찰스 몬태규의 초빙을 받는다. 당시 몬태규는 재무대신으로 얼마 전 로크와 함께 로운즈의 화폐개혁안을 부결하고 자신들의 방안을 추진하기 위해 준비 중이었다. 몬태규는 뉴턴이 수학의 귀재라는 사실을 잘 알고 있었기에 그를 영국 황실 조폐국의 감독관으로 추천했다. 몬태규는 뉴턴에게 보내는 편지에 이렇게 썼다. "드디어 자네에 대한 나의 우정을 증명하고 국왕이 자네의 공로를 인정하게 되어 기쁘네. 국왕은 내가 자네를 조폐국의 감독관으로 임명하는 것을 허락했네. 이 자리는 자네에게 꼭 어울리는 자리네. 연봉은 500~600파운드 정도이고 일은 많지 않고 생활비도 많이 들지 않으니……."

4일 후, 뉴턴은 연구와 실험으로 대부분의 시간을 보낸 케임브리지에서의 생활을 마감하고 가산을 정리하여 런던으로 향했다. 1696년 5월 2일, 뉴턴은 조폐국이 있는 런던타워에서 일을 시작했다. 이날은 그가 그간의 과학자 신분을 벗어던지고 정책 집행자로 변신한 날이었다. 뉴턴이 편안하게 월급만 받을 것이라고 생각했던 몬태규의 예

런던 타워–
과거 영국의
조폐국

상은 완전히 빗나갔다. 뉴턴은 과학 연구에 전념했던 것처럼 전심전
력을 다해 감독관의 임무를 책임감 있게 수행했다. 그는 숫자와 논리
에 뛰어난 자신의 천부적 자질을 충분히 살려 회계제도를 빠르게 익
혔고, 직접 장부를 정리하고 업무 색인을 만들었다. 그 결과 3개월도
안 돼 조폐국의 업무는 질서정연하고 조직적으로 정리되었다.

　뉴턴은 큰일은 물론 세세한 일에까지 신경을 썼다. 조폐국의 교대
순번을 연구하고 용광로의 원가와 사용 횟수 등 모든 생산 비용을
기록했다. 그는 이렇게 말했다. "실험을 통해 1트로이(troy)[54] 반 크라
운(half crown)[55]의 경화를 주조할 때 주
석으로 도금하는 과정에서 주석 3.5그
램이 낭비되는 것을 발견했습니다." 이
밖에도 뉴턴은 화폐는 정확한 중량과

[54] 영국과 미국에서 쓰는 금, 은,
보석의 중량 단위.
[55] 영국의 구 화폐 단위.

순도로 주조되어야 한다며 주조의 정확도를 강조했다. 아마도 과학자였던 뉴턴은 정확성을 엄격하게 추구하는 것에 대해 자부심을 느꼈을 것이다. 그래서 그는 이렇게 말했다. "이렇게 정확한 사람은 아무도 없었으며 나는 정부에 수천 파운드를 절약해 주었다." 이러한 사실을 통해 1710년 배심원단이 그가 주조한 금화가 표준 함량에 미달한다고 오판했을 때 그가 왜 그렇게 분노했는지 그 이유를 충분히 짐작할 수 있다. 이런 치밀함을 추구하는 성향 때문에 뉴턴은 위조화폐를 만드는 사람에게는 조금의 온정도 베풀지 않았고, 때로는 직접 형장에 가서 처형을 지켜보기도 했다.

1699년 말, 뉴턴의 상관이자 조폐국의 국장이 세상을 떠났다. 몬태규는 뉴턴을 신임 국장으로 임명했다. 국장이 된 뉴턴은 월급이 올라 연봉이 2000파운드나 되었다. 당시 그리니치 천문대를 세우는 데 500파운드가 조금 넘게 들었으니 뉴턴의 연봉은 상당한 액수에 해당했다. 뉴턴은 조폐국에서 일한 지 3년 만에 최고의 자리에 올랐다. 그는 자신의 재능을 한껏 발휘할 기회를 얻게 된 것이다.

화폐와 관련된 일은 과학보다 결코 간단하지 않았다. 뉴턴은 사과가 떨어지는 것을 보고 '만유인력'이라는 법칙을 추론해 낸 뛰어난 과학자이지만, 그런 그도 화폐 유통에 관한 규칙을 정확하게 파악하는 데는 한계가 있었다. 은이 대량으로 유입되어 기니 금화의 가격이 계속 상승했다. 정부는 치솟는 가격을 억제하기 위해 기니 금화의 가격이 22실링을 넘어서는 안 되고 만약 넘으면 기니 금화로 내는 세금은 수납을 거부한다고 규정했다. 그러나 22실링이 상한선이어도 투기꾼들은 여전히 수익을 거둘 수 있었다. 투기꾼들은 황금을 수입해 기니 금화를 만든 후 은화로 바꾸고 다시 은화를 녹여 은괴로 만든 다음 동양으로 수출해 이익을 챙겼다. 당시 영국은 복본위제를 시행하고 있었는데 일상에서 주로 통용되는 화폐인 기준통화(Base currency)는 은이고 파운드의 가격도 은으로 산정했다. 만일 투기꾼들이 이런 행동을 무한대로 반복한다면 영국의 화폐체계는 붕괴될 수밖에 없었다.

황금은 절하될 것이 분명했지만, 당시 세계는 보편적으로 은을 화폐의 주요 재료로 삼았기 때문에 황금이나 다른 금속은 대부분의 경우 상품으로 여겼다. 1699년, 영국 재무부는 투기꾼들의 차익실현을 억제하기 위해 기니 금화를 21실링 6페니로 낮추었다. 기니 금화의 평가절하는 일시적으로 효과를 발휘해 황금 수입이 줄어들기 시작했다.

2년 후인 1701년, 황금 수입량은 역사기록을 깼고, 은은 계속해서 아시아로 흘러들어갔다. 국장으로 부임한 지 얼마 안 되어 이런 민감한 문제에 직면하자 뉴턴은 유럽, 중국, 일본, 동인도의 금은가격을 조사한 뒤 의회의 재세(財稅)위원회에 보고서를 제출했다. 그는 보고서를 통해 금이 유럽의 무역과 태환에서 그래야 하듯이 영국에서도 은화에 대해 같은 비율을 갖도록 하기 위해 기니 금화의 가치를 10~12페니 정도 낮추는 것이 시급하다고 건의했다. 뉴턴의 건의를 기초로 1717년 12월 22일 영국 재무부는 21실링이 아닌 다른 가격으로 기니 금화를 구매하는 것을 금지한다고 발표했다.

뉴턴의 보고서가 영국이 막대한 영향력을 발휘한 금본위제를 수립하도록 하는 결과를 불러올 줄은 아무도 예상하지 못했다. 물체의 운동 규칙을 발견한 천재 과학자 뉴턴은 정확한 계산과 치밀한 추리로 정확한 화폐정책을 세울 수 있을 거라 생각했다. 그러나 경제학은 역학보다 변수가 훨씬 많고 이해하기가 쉽지 않다. 천 년에 한 명 나올까 말까 한 천재 과학자 뉴턴도 예외는 아니었다. 이후의 상황은 뉴턴이 틀렸음을 증명했다. 금값은 그의 예상과 달리 '저절로 하락'하지 않았다. 엄밀히 말하면 금값은 미동도 하지 않았고 금화는 21실링 수준을 굳건하게 지켰지만 은화가 액면가를 초과하기 시작했다. 은값에 비해 금값이 떨어진 셈이었다. 그러나 이는 은값이 상승했기 때문이지 실질적으로 금값이 하락한 것은 아니었다. 하지만 금값이 상대적으로 하락하면서 화폐유통시장에는 이미 은 대신 황금이 파운드의 기준이 되는 구도가 형성되었다.

뉴턴 자신도 모르는 사이에 황금가격이 1온스(순도 0.9)에 3파운드 17실링 10과 2분의 1페니로 정해졌다. 그 후 200여 년 동안 영국의 금값은 줄곧 이 수준을 유지했다.

1816년 6월 22일, 영국 의회는 소브린 금화(gold sovereign)[56]는 22K(11온스 혹은 순도 91.67%) 표준금(standard gold)으로 주조하고 중량은 123.27447그레인(Grain), 순금함량 113.0016그레인으로 규정한다는 법안을 통과시켰다. 이 때문에 많은 학자들은 1816년을 영국이 금본위제를 실시한 공식 원년이라고 주장한다.

39가지 사건으로 보는 금의 역사

이 법안으로 화폐체계에서 금과 은의 지위가 뒤바뀌었다. 또한 법정 은화는 2파운드로 정하고 은화를 주조할 때 의도적으로 중량을 적게 해서 만들기 시작했다. 비록 금과 은의 태환이 불안정한 문제는 여전히 존재했지만 뉴턴은 적어도 파운드와 황금 간에 적당한 비율을 수립했고 금본위제의 형성에 기초를 다졌다.

금본위제를 형성하는 데 미친 뉴턴의 공헌은 우연일 가능성이 크다. 하지만 이는 그가 자연과학에서 이뤘던 성과와 함께 후대인들에게 영원히 기억될 것이다.

잉글랜드 은행 :
최초의 개인 중앙은행

우리는 인류가 전쟁을 일으키는 목적은 자신의 사리사욕을 채우기 위해서라고 생각한다. 전쟁은 흉악하고 파괴적이며 모든 것을 파멸로 이르게 하며, 생명을 앗아가고 인간성을 말살하는 악의 근원이다. 그러나 많은 역사학자는 전쟁의 영향력을 이렇게 평가한다. "전쟁은 과거의 것을 파괴하는 동시에 새로운 것의 탄생을 촉진한다." 전쟁은 한편으로 인간의 잠재력에 불을 붙이는 추진력이 된다. 전쟁에서 부닥치는 문제를 해결하기 위해 인간은 백방으로 출구를 모색했으며 돌파구를 마련해 상대방을 무너뜨리고 각종 발명품을 만들어 냈다. 레이더, 페니실린, 강력 접착제, 특급우편, 전자레인지, 통조림 등은 모두 전쟁의 산물이다. 레이더는 적의 비행기를 정찰하기 위해, 페니실린은 부상자를 치료하기 위해 만들어졌으며 통조림은 오랜 행군으로 부족한 식량문제를 해결하기 위해 개발되었다. 그러나 겉으로는 전쟁과 직접적인 관련이 없어 보이지만 전쟁의 승패를 결정짓는 핵심 요소가 있다. 그것은 바로 전쟁에 자금을 제공하는 '은행'이다.

고대 그리스 철학자 헤라클레이토스(Heraclitus)의 "전쟁은 만물의 아버지다"라는 말처럼 전쟁은 은행의 아버지임이 분명하다. 전쟁은 자원을 낭비하고 인구를 감소시키며 최종적으로는 자금 부족을 초래한다. 전쟁 당사자는 군비 부족 문제를 해결하기 위해 '스스로에게 돈을 빌리는' 방법을 고안해 냈다. 현대 중앙은행의 모태는 바로 이러한 목적에서 탄생했다.

1870년 이전의 이탈리아는 사분오열의 상태였지만 이것이 상업이나 무역 발전을 저해하지는 않았다. 피사(Pisa), 피렌체, 베네치아 등의 도시는 태생적으로 금융의 씨앗을 품고 태어난 비옥한 금융의 대지였다. 셰익스피어의 희곡《베니스의 상인》에 보면 돈과 관련된 이야기가 많이 나오며 등장인물인 샤일록(Shylock)은 탐욕스럽고 냉혹하고 무정한 고리대금업자의 대명사가 되었다. 더욱 인상적인 것은 피렌체의 메디치(Medici) 가문이나《군주론》을 쓴 마키아벨리(Machiavelli) 등 권위 있는 정치 이론가들이 자신들의 역사를 썼다는 사실이다. 가문을 일으킨 천재적인 금융가 코시모 데 메디치는 세계 최초로 은행을 설립했다. 권력과 금전의 밀접한 관계를 보여주듯 메디치 가문도 예외 없이 권력 투쟁의 소용돌이에 휘말렸고 1748년 까지 350년간 지속되다가 끝내 역사 속으로 사라졌다. 이탈리아는 은행이 탄생할 조건은 갖추었지만 은행을 장기적으로 발전하게 할 힘은 없었다.

그러나 이탈리아의 은행체계는 북서유럽 국가들 은행의 표준이 되었다. 이들 국가 중 특히 네덜란드는 17세기에 급부상하여 전 세계의 경제적 모델이 되었고, 상업 분야에서 거대한 성공을 일구었다. 스페인의 식민 통치에서 벗어난 네덜란드는 자본주의 상공업을 크게 발전시켰다. 상업, 해운업, 금융업이 발달한 네덜란드는 세계강국으로 빠르게 발돋움해 '해상의 마부'라는 영예를 얻었다.

해협 건너편의 영국에서는 크롬웰(Oliver Cromwell)이 일으킨 부르주아 혁명으로 막대한 재정자금이 소모되었다. 명예혁명이 일어난 1688년 윌리엄 3세가 영국에 입성했을 당시(네덜란드 오렌지 총독 윌리엄이 영국 제임스 2세의 딸 메리를 아내로 얻어 영국의 왕위를 계승), 영국의 재정은 거의 붕괴 직전이었다. 또한 바로 옆의 프랑스가 영국을 호시탐탐 노리고 있었다. 프랑스 국왕 루이 14세는 고대 로마시대부터 나폴레옹시대에 이르기까지 유럽 대륙에서 가장 호전적인 군주였다. 영국과 프랑스의 대립은 마침내 1689년 발발했고, 프랑스를 무찌르기 위해 영국은 프랑스와의 전쟁에 혼신의 힘을 기울였다. 그래서 영국의 재정 상황은 엎친 데 덮친 격으로 최악으로 치달았다.

전쟁 경비를 마련하기 위해 윌리엄 3세는 사방으로 자금을 구하러 다녔다. 1694년 윌리엄 3세는 전쟁자금으로 간신히 200만 파운드를 조달했다. 그는 수입원을 늘리기 위해 세수와 개인 융자, 복권 등 다

39가지 사건으로 보는 금의 역사

양한 방법을 동원했지만 결과적으로 영국의 재정 상황을 개선시키지는 못했다.

이런 상황에서 윌리엄 패터슨(William Paterson)을 필두로 한 은행가들이 국왕에게 네덜란드의 새로운 문물을 받아들이자고 건의했다. 그 내용은 개인 중앙은행인 잉글랜드 은행('The Bank'라고 했는데 bank는 베네치아에서 유래했고 최초의 은행은 강가의 사무실이다)을 만들어 국왕의 방대한 전쟁경비를 융자받는 것이었다. 사실 이는 영국 정부와 잉글랜드 은행 간에 체결한 합의였다. 이 개인 은행은 정부에 120만 파운드의 현금을 융자해 주었는데, 이것은 정부의 '영원한 채무'였다. 연이율 8%에 매년 관리비 4000파운드만 내면 정부는 1년에 10만 파운드로 120만 파운드의 현금을 즉각 조달할 수 있었고 원금은 영원히 갚지 않을 수 있었다. 그 대가로 정부는 은행 영역에서 개인 기업이 주식회사나 합자회사처럼 업무 영역을 확대할 수 있도록 허가

잉글랜드 은행. 1694년에 설립되었다. 영국의 중앙은행으로 영국인들은 '스레드니들 가(Thread needle Street, 런던의 은행가)의 노마님'이라고 부른다.

해 주었다.

이것이 세계 최초 개인 중앙은행의 탄생 배경이다. 잉글랜드 은행의 탄생은 영국은 물론 세계 역사에서도 매우 중요한 의미를 갖는다. 잉글랜드 은행은 오랜 기간 은행체계, 국민경제, 금 보유고(Gold stock), 영국과 세계 다른 국가의 금융 관계 등 세계의 금융 분야에 지대한 영향을 미치면서 그 권위가 갈수록 높아졌다. 잉글랜드 은행은 영국 정부가 적자를 해소하도록 도움을 주었으며, 영국 상공업의 발전과 군대의 해외 파견이나 주둔을 위한 튼튼한 재정적인 기초가 되었다. 나아가 해가 지지 않는 대영 제국을 만드는 데 결정적인 역할을 했다.

그러나 이러한 위대한 혁신적인 기구도 "국민의 부를 갈취한다"는 비난을 받았다. 잉글랜드 은행의 형성 과정을 살펴보면 왜 그러한 비난을 받는지를 이해할 수 있다. 과거 금장 은행가(Goldsmith Banker)[57]에게 가장 이익이 되는 것은 바로 은행권(Bank note)[58]을 발행하는 것이었다. 이 은행권은 예금자가 금장(金匠)[59]에 금화를 예금하고 받는 영수증을 말한다. 많은 양의 금화는 휴대가 불편해서 사람들은 금화를 예금한 영수증을 들고 금장에 가서 그에 상응하는 금화로 바꾸는 형식으로 거래했다.

시간이 흐르면서 사람들은 번번이 금장에 가서 금화를 예금하고 인출할 필

[57] 17세기경 금장어음을 발행하던 금 세공인을 일컬음.
[58] 일정한 화폐액을 표기한 지권으로 원래는 신용화폐의 한 형태.
[59] 처음에는 금 세공사로 환전상을 겸하였으나 귀금속 보관업으로 전환하여 근대적 은행업의 효시가 됨.

39가지 사건으로 보는 금의 역사

요가 없다고 생각했고 나중에는 이 영수증이 유통화폐로 변했다. 금장 은행가들은 금화를 찾으러 오는 사람의 수가 조금씩 줄어들고 있다는 것을 눈치채고는 몰래 영수증을 더 발행하여 돈이 필요한 사람에게 이자를 받고 대출을 해 주었다. 대출을 받은 사람이 원금과 이자를 상환하면 금장 은행가는 차용증서를 수거하여 몰래 소각했다.

외부에서는 이런 과정을 전혀 알 수 없었지만, 은행가들의 주머니에는 이자가 차곡차곡 쌓였다. 금장 은행가가 발행한 영수증이 널리 유통되고 액수가 클수록 이윤도 그만큼 컸다. 잉글랜드 은행이 발행한 은행권의 유통 범위와 액수는 이런 소규모 금장 은행과는 비교도 되지 않을 만큼 대규모였다. 사실상 영국 정부의 재정 적자는 잉글랜드 은행을 통해 이미 '화폐화'된 것이나 다름없었다.

이처럼 영국의 금융개혁은 세계의 생산 방식을 바꿔 놓은 산업혁명보다 먼저 이루어졌고, 이때 탄생한 잉글랜드 은행에 힘입어 영국은 일약 세계 최대 강국으로 발돋움했다. 다른 국가들도 잇달아 영국에서 금융 노하우를 전수받았다. 비록 문화나 발전 수준은 나라마다 달랐지만 당시 세계에서 내로라하는 경제체들이 영국을 따라 독립적인 중앙은행을 설립하기 시작했다. 프랑스 은행이 1800년에 세워졌고, 라이히스방크(Reichsbank)[60]가 1875년에, 일본 은행과 스위스 중앙은행이 각각 1882년과 1907년에 세워졌다. 지금은 거의 모든 국가에 중앙은행이 있으며 국영이든 민영이든 중앙은행은 모두 국가 최고의 통화금융 관리기구로서 각국 금융체계에서 주도

---

[60] 독일 중앙은행.

적인 역할을 하고 있다.

주목할 만한 점은 개인은행인 잉글랜드 은행의 핵심 이념은 바로 국왕과 왕실의 개인 채무를 국가의 영구 채무로 전환시키고, 국민의 세금을 담보로 국가화폐를 발행하는 것이다. 이를 통해 국왕은 전쟁을 하고 즐길 수 있는 돈이 생겼고 정부는 하고 싶은 일을 진행할 수 있는 자금이 생겼다. 그리고 은행가는 돈을 빌려 주고 상당한 이자소득을 올렸다. 그런데 문제는 국민은 이런 과정에서 아무런 이득도 얻을 수 없었고 오히려 정부가 은행에서 돈을 빌릴 때 국민의 세금을 담보로 했을 뿐이라는 점이다. 이는 국가화폐의 발행과 영구 채무를 하나로 묶은 설계였다.

이러한 핵심 이념은 현 세계의 금융구도에 시사하는 바가 크다. 약 2세기 이전 애덤 스미스는 이렇게 경고했다. "은행 업무에서 금과 은은 지폐로 대체될 것이다······ 좀 더 과격하게 표현하자면 공중누각이 세워질 것이다." 오늘날 미 연방준비제도이사회(Federal Reserve Board, FRB: 12개 연방준비은행을 통괄하는 중앙기관)가 발행하는 지폐는 단지 신용이라는 지면 위에 붕 떠 있는 공중누각과도 같다. 그러나 달러가 중요 국제통화라는 조건 때문에 다른 국가들은 다량의 달러를 보유하고 있으며, 특히 2조 달러 이상의 외환보유고를 갖고 있는 중국은 미국의 최대 채권국이 되었다.

미국이 지나친 화폐완화정책을 실시하고 재무부가 발행하는 국채를 중앙은행이 직접 구매하는 행위는 분명 전 세계 달러 유동성 범람을 더욱 심각하게 만들 것이다. 나아가 이로 인해 달러의 실제 구매력은 더욱 하락할 것이다. 만일 달러의 약세가 장기적으로 지속된다면 중국이 보유한 대량의 미국 국채와 달러 외환보유자산 등 달러로 표기된 자산은 위축되는 결과를 맞게 될 것이다.

존 로 :
지폐와 버블의 제조자

　매년 수천만 명에 달하는 여행객이 찾는 화려한 바로크풍의 베네치아 산 모이세(San Moise) 성당 뒤에는 비문 하나가 있는데 거기에 이런 말이 쓰여 있다. '존경하는 에든버러 출신이며 프랑스의 가장 유명한 금융가 존 로(John Law)를 추억하며'

　그러나 역사에서 존 로에 대한 평가는 의견이 엇갈리는 것이 사실이다. 19세기 경제사학자들은 대개 그를 칭찬 반 비난 반의 어조로 평가한다. 칼 마르크스는 이렇게 말했다. "존 로는 상대를 유쾌하게 만드는 힘을 지녔다. 그러나 그는 사기꾼과 선지자적인 면을 동시에 갖고 있다." 또 알프레드 마셜(Alfred Marshall)은 이렇게 말했다. "존 로는 신경착란을 보이기도 했고, 뒷일을 걱정하지 않는 사람이었다. 동시에 가장 매혹적인 천재이기도 하다."

39가지 사건으로 보는 금의 역사

20세기 경제학자들의 경우 근대의 경제 현상이 과거보다 더 복잡해졌기 때문에 존 로의 이론을 매우 존중했는지도 모르겠다. 조지프 슘페터(Joseph Schumpeter)는 자신의 저서 《경제 분석의 역사(History of Economic Analysis)》에 이렇게 썼다. "나는 항상 존 로를 유일무이한 존재로 여겼다. 그는 탁월한 재능과 심오한 지식체계로 경제학을 이해했고, 이는 그를 일류 화폐이론가로 만들었다."

유명한 미시시피 금융버블의 장본인 존 로

그럼 이처럼 상반된 평가를 받는 존 로는 실제로 금융사에 어떤 족적을 남겼을까? 후세의 걸출한 경제학자들이 그를 주목하는 이유는 무엇일까? 1671년 스코틀랜드 수도 에든버러에서 부유한 금장의 아들로 태어난 존 로는 포스(Forth)만 부근의 라우리스턴(Lauriston)성의 후계자였다. 1692년, 런던에 간 존 로는 상속 받은 유산을 각종 투기에 마구 쏟아부었고 도박에도 빠졌다. 2년 후 존 로는 이웃과 한 여인을 두고 결투를 벌이다 상대를 죽여 결국 사형 선고를 받았다. 하지만 그는 감옥에서 탈출하여 네덜란드 암스테르담으로 망명했다.

존 로는 네덜란드의 발달한 금융 산업을 보고 마치 신의 계시를 받은 듯한 기분에 사로잡혔다. 그는 동인도 연합회사, 외환은행, 주식 등의 복잡한 금융 체계에 매혹되었다. 또 도박을 좋아하는 그는 암스테르담의 증권거래소에 매료되었다. 과장되고 익살스러운 몸짓으로 루머를 퍼뜨려 네덜란드 동인도회사의 주가를 떨어뜨리려는 거래소의 거래자들과 주식투기 거래에 참여했으나 정작 이런 주식을 보유하고 있지는 않은 주식매매 전문가들을 지켜보며 존 로는 놀라움과 감탄을 금치 못했다. 자세히 관찰할수록 이곳은 돈과 관련된 신천지였다. 두뇌 회전이 빠른 그는 깊은 생각에 빠졌다. '국가의 신용만 튼튼하다면 금이나 은과 연동하지 않은 새로운 화폐인 지폐를 유통시킬 수 있을 것이다. 그런데 그런 나라가 어디에 있을까?'

활활 타오르는 야망은 존 로를 부추겼다. 그는 우선 자신의 고향인 스코틀랜드를 떠올렸다. 1705년 존 로는 스코틀랜드 의회에 새로운 은행 설립을 위한 신청서를 제출하고, 이것을 '화폐와 무역-국가에 화폐 공급을 건의한다'라는 제목을 붙여 출판했다. 그의 기본 사상은 은행을 설립하고 어음을 발행하여 금은화폐 유통을 대신하자는 것이었다. 자신의 방안이 우수하다는 것을 설명하기 위해서 그는 윌리엄 하비(William Harvey)의 '혈액순환론'을 인용하여 이렇게 서술했다. "혈액이 전신을 순환하지 못하면 우리 몸은 활력을 잃게 된다. 마찬가지로 화폐가 제대로 순환하지 못하면 같은 문제가 발생한다. 그것이 바로 경제체의 생기 부족 현상이다." 그러나 스코틀랜드 의회는 이 안을 부결했다.

1715년 프랑스의 '태양왕' 루이 14세가 세상을 떠났다. 연이은 정복전쟁으로 루이 14세는 엄청난 규모의 부채만을 잔뜩 남겨 놓았다.

당시 24억 리브르(livre)[61]의 국채 중 3분의 1은 이미 기한이 만료된 상태였다. 그해 국가의 재정순수입은 6900만 리브르에 불과했고 재정지출은 무려 1억 4470만 리브르에 달했다. 이듬해 국가의 재정적자는 근 1억 리브르에 달했다. 이를 해결하기 위한 방안으로 정부는 투기와 고리대금업 소탕을 명목으로 벌금을 걸었으나 수중에 들어온 돈은 고작 1000여만 리브르에 불과했다.

존 로는 프랑스 정부의 막대한 적자가 자신의 계획을 실현시킬 수 있는 절호의 기회라고 생각했다. 1715년 10월, 존 로는 프랑스 황실 위원회에 은행의 어음 발행 신청안을 제출했다. 그 안에는 은행이 반드시 황실의 수금원 역할을 해야 하며 각종 세금을 징수해야 한다는 내용도 포함되었다. 그러나 노아유(Noailles) 공작이 이 대담한 건의를 반대함에 따라 존 로의 제안은 받아들여지지 않았다. 존 로는 자신의 제안이 통과되도록 하기 위해 사람들을 설득하며 항해에 대한 자금 지원을 요청하던 콜럼버스와 자신의 상황이 다르지 않다고 생각했다. 그래서 수차례 거절을 당했음에도 희망을 버리지 않았다. 마침내 섭정왕 오를레앙(Orleans) 공작이 존 로의 재정개혁을 받아들였고, 존 로는 즉시 업무에 착수했다. 그의 감독하에 1716년 소시에테 제네랄(Société Générale: 프랑스 역사상 최초의 진정한 은행)을 정식으로 설립하고 은행권을 발행하기 시작했다. 그는 소시에테 제네랄의 은행권으로 모든 세금을 납부할 수 있다고 규정했다. 이 은행권은 처음에는 일부 지방에서 거부되기도 했지만 정부

[61] 프랑스의 옛 화폐 단위.

의 간여로 결국 전체 지역에서 유효했다.

　존 로는 네덜란드식의 공유은행을 수립해 프랑스 경제에 다시 활력을 불어넣을 생각이었다. 다른 점이 있다면 프랑스의 공유은행은 지폐를 발행하는 것이었다. 그의 생각은 이러했다. '화폐가 모두 은행으로 투입되면 정부의 거액 채무는 통제될 것이다. 동시에 화폐 유동성의 증가는 마치 기계 속의 윤활유처럼 프랑스 무역을 활성화할 것이며, 나아가 프랑스의 경제에 다시 생기를 불어넣을 것이다.' 이 방법을 통해 거의 사망에 이른 프랑스 재정을 다시 살려내자 존 로의 포부는 더욱 커졌다. 그는 "은행보다 더 원대한 계획이 있습니다. 그것은 인도를 발견한 것보다 훨씬 큰 파급력을 가져올 것입니다"라고 섭정왕 오를레앙 공작에게 말했다.

　그가 말한 계획은 바로 미시시피 계획이었다. 네덜란드에 머물렀을 때 네덜란드 동인도 연합회사는 그에게 깊은 인상을 주었다. 그는 프랑스가 해외 영지를 개척하는 데 노력이 부족하다고 말하며 루이지애나와의 무역을 접수해야 한다고 제의했다(당시 루이지애나는 남단의 미시시피강 삼각주에서 북쪽으로 북미 중서부 지역까지를 말하는데 면적이 지금의 미국 본토 면적의 4분의 1에 해당했다).

　1717년, 새로 설립한 '서방 회사(Compagnie d'Occident)'는 루이지애나의 상업독점권을 획득했다. 기한은 25년이고 회사 자금은 1억 리브르로 제한되었다. 이 회사는 프랑스 국민과 외국인에게 국채를 이용해 주식을 구매하도록 장려했다. 존 로는 이 회사의 이사장으로 이름이 올랐다. 이 회사는 프랑스 소속 미주 식민지를 상대로 무역

　　　　　　　　　　　　39가지 사건으로 보는 금의 역사

을 하며 많은 이권을 누렸다. 이것은 프랑스에 투기 열풍을 일으켰고, 이를 통해 많은 벼락부자가 탄생했다.

존 로의 이런 체제에 처음으로 반기를 든 생시몽(St. Simon) 공작은 매우 신랄하게 비평했다. "이런 체제는 좋은 뜻에서 수립되었을지 모르나 공화국 혹은 영국과 같은 입헌군주국에 적합할 뿐이다. 이들 국가에서는 재정을 통제하는 사람이 곧 재정을 공급하는 사람이고, 아울러 개인의 의지에 따라 공급량이 결정된다. 프랑스처럼 탐욕스럽고 허약하며 이리저리 흔들리는 전제국가는 불안정하기 때문에 국왕이 은행을 철폐할 가능성이 크다. 이런 은행은 매우 거대하고 조작하기도 매우 쉽다."

그러나 이런 견해는 벼락부자들의 성토에 파묻혔고 '서방 회사'는 아무런 제한도 받지 않았을 뿐만 아니라 오히려 갈수록 규모가 커졌다. 1718년부터 프랑스 정부는 더 많은 투자자를 끌어들이기 위해 서방 회사에 더 많은 권한을 주었다. 8월에 서방 회사는 담배 거래세 징수권을 얻었고, 12월에는 세네갈에서의 우선 경영권을 획득했다. 존 로의 지위를 더욱 공고히 할 목적으로 소시에테 제네랄은 황실의 심사비준권

존 로, 영예와 비방, 지혜와 무지의 혼합체.

을 획득하여 '프랑스 은행'으로 개편되어 사실상 프랑스 최초의 중앙은행이 되었다. 이 개각으로 시장의 투자를 더욱 강하게 끌어들일 수 있었다. 그 이유는 존 로가 화폐 발행권을 완전히 장악했고, 프랑스는 금, 은화 시대에서 지폐시대로 완전히 진입했기 때문이다.

1719년 회사의 주가는 500리브르에서 1만 5000리브르까지 치솟았으며 많은 사람이 수익을 올렸다. 수많은 주식 투자자는 은행가들의 사무실이 밀집되어 있던 켕캉프와(Quincampoix) 거리로 몰려들어 백만장자가 되길 희망했다('백만장자'라는 단어는 이 시대 프랑스에서 생겨난 말이다). 대중의 환호는 곧 광기로 변했다. 이 사태를 지켜보던 당시의 많은 지식인은 한탄을 금치 못했다. 계몽사상가 볼테르는 편지에 이렇게 썼다. '이는 예측 불가능한 혼란이다.' 런던에서 《로빈슨 크루소》로 유명세를 떨친 다니엘 디포(Daniel Defoe)는 멸시에 찬 어조로 이렇게 말했다. "프랑스 사람은 단지 아름다움으로 장식한 공기를 쫓을 뿐이다."

지식인들의 말은 적중했지만 존 로는 프랑스에 '복지'를 가져다준 인물로 유명해졌다. 관직을 얻기 위해 존 로는 천주교로 개종했고 결국 재무대신으로 승직했다. 존 로는 프랑스 중앙은행과 프랑스 재정, 방대한 규모의 서방 회사를 장악함으로써 막강한 권력을 거머쥐었다.

그러나 존 로가 지폐를 발행하기 시작하면서부터 그가 말하던 경제적 기초를 쌓는 일은 전혀 이루어지지 않았다. 더 이상 새로운 투기자들이 진입하지 않고, 기존의 투기자들이 이윤을 현금화해 떠나자 상황은 악화일로로 치달았고 붕괴를 피할 수 없었다. 1720년 말, 존 로 은행이 발행한 은행권은 30억 리브르에 달했고 은행 저축은 고작 7억 리브르에 불과했다. 이 소식이 전해지자 금, 은으로 태환하려는 인파가 몰려들었고, 분노한 군중은 화폐가 부족한 은행 문전에 모여 계란을 투척하고 유리를 부수었다. 한 영국 평론가는 이렇게 썼다. "이 나라 국민들은 전대미문의 손실을 보았고 은행업도 심각한 타격을 받았다. 이 위기가 몰고 온 경악스러움과 절망은 말로 표현할 수 없을 지경이다."

'서방 회사'의 미시시피 금융버블은 철저하게 붕괴했고 1721년 주가는 다시 500리브르까지 하락함으로써 파산하는 사람이 줄을 이었다. 이로 인해 프랑스의 화폐체계가 흔들렸다. 몇년 전만 해도 프랑스는 유럽에서 가장 부유하고 자신감이 넘치는 국가였다. 그러나 몇년 후 이 모든 것이 물거품으로 변해 버렸다. 국왕에서 평민까지 프랑스 전역은 서방 회사의 주식으로 거대한 손실을 입었다. 결국 존 로는 베네치아로 도망쳤다. 그는 무일푼으로 도망가 곤궁한 말년을 보냈다고 전해진다.

오늘날 프랑스 사람들은 아직까지도 주식 투자에 냉담한 반응을 보인다. 심지어 자신들의 저축기관에 '은행'이라는 단어 대신 '크레디 뮤추얼'이나 '크레디 리요네(Credit Lyonnais)' 혹은 '그룹 캐스 데파르뉴(Groupe Caisse d'Epargne)' 등의 명칭을 붙인다.

베어링 은행 구하기 :
금본위제하의 협력

1995년 2월 26일 세계 금융시장을 뒤흔들 만한 엄청난 소식이 전해졌다. 세계 1000개 대형은행 중 자본금 489위의 영국 베어링 은행(Barings Bank)이 싱가포르 선물거래에 실패하여 9억 1,600만 파운드에 달하는 거액의 손실을 입었다는 소식이었다. 일주일 전 영국 중앙은행인 잉글랜드 은행이 구제에 실패한 후 베어링 은행은 파산을 선고했다. 10일 후, 233년의 역사를 자랑하던 베어링 은행은 1파운드라는 상징적인 가격에 네덜란드 국제그룹에 인수되었다. 이는 베어링 은행의 철저한 파산을 의미했다.

100여 년 전 베어링 은행은 아르헨티나에서의 실패로 도산의 위기를 경험했다. 그러나 당시는 금본위가 한창 유지되던 시기였기 때문에 유럽의 거의 모든 금융계 거물들이 원조의 손길을 내밀었다. 당시

의 위기는 금본위시대 가장 주목을 끄
는 전형적인 위기였지만, 세계의 위기
처리능력은 높이 평가할 만했다. 걸출
한 금융사 전문가 찰스 킨들버거(Charles
P. Kindleberger)는 베어링 은행의 구제
과정을 보며 "이는 런던 금융체계의 취
약점을 보여준 것이라기보다는 금융체
계의 건실함이 무엇인지 보여준 것"이
라고 높이 평가했다. 그는 또 위기 발
발 25년 후 한 역사학자의 평가를 인용
해 "잉글랜드 은행은 유사 이래 금융

베어링 은행 싱가포르 지점의 선물 딜러 닉 리
슨(Nick Leeson)은 주식 선물거래 투자로 몇백
년 역사의 베어링 은행을 파산에 이르게 했다.

분야에서의 세계의 역량을 최대한 이끌어 낸 지도자다"라고 말했다.

1880년대 남아메리카는 풍부한 광산과 자연자원(브라질의 커피와
고무, 칠레의 인광과 동광, 아르헨티나의 철광)을 기반으로 경제가 고속
발전했다. 그중에서도 아르헨티나가 가장 두각을 나타내며 독주했
다 해도 과언이 아니다. 아르헨티나는 영국 자본이 특히 선호하는
국가였다. 19세기 말의 금융사에 깊은 식견을 가지고 있는 미국 시
사평론가 헨리 노이스(Henry Noyes)는 이렇게 말했다. "영국 자본은
무모하면서도 열정적으로 아르헨티나로 몰려들었다. 다른 곳에는
전혀 관심이 없었다." 그러나 그는 동시에 아르헨티나의 기후 변화
가 농산물 생산에 많은 영향을 미치고 이 나라의 화폐는 쉽게 절하
되며 정부는 신뢰할 만하지 못하다고 지적했다.

노이스의 논평은 정확했다. 그러나 1870년에서 1890년까지 사람들이 아르헨티나에 열광했던 것은 수많은 증거가 보여주는 사실이다. 당시 아르헨티나의 경제는 급성장했고 많은 이민자가 몰려들면서 인구가 두 배 이상 증가했다. 과거 북아메리카로 갔던 '청교도'들과는 달리 아르헨티나의 이민자들은 대부분 영국의 상류층이었다. 이들은 충분한 자금을 갖고 목축과 농경에 적합한 광활한 토지를 구매하고 개발했다. 이를 통해 철도, 물 공급 시스템, 공업기업에 대한 거대한 수요가 생겨났다. 1882년부터 1889년까지 짧은 몇 년 동안 모인 해외의 투자자금이 무려 10억 달러 이상이었다.

그러나 1880년대 말 신용대출 급증으로 아르헨티나의 외채 규모는 그들의 상환 능력을 초과했다. 이 과정에서 정치인들은 큰돈을 벌었고, 인플레이션이 고개를 들기 시작했다. 불과 1년 사이 화폐유통량이 2억 7000만 달러나 증가했다. 한편 유럽에서는 상업이 빠르게 발전했다. 특히 영국 정부가 철갑함(鐵甲艦)[62]을 만들기로 결정하면서 1100만 파운드를 차입했다. 그리고 잇달아 프랑스, 러시아, 독일도 영국의 뒤를 이었다. 유럽의 증권시장은 활황이었고, 이로 인해 투기 버블이 형성되었다. 1884년에서 1889년 월스트리트의 주식가격은 50% 상승했고, 동시에 많은 자본이 칠레의 새로 발견된 질산칼륨광과 남아프리카의 황금, 다이아몬드 광산으로 흘러들어갔다.

1889년, 유동성 범람으로 시장에 투

---

[62] 19세기 후반 영국이나 미국에서 발달한 함선의 한 형태다. 증기기관으로 추진되고 철이나 강철로 된 장갑으로 보호되며 대포가 탑재되어 있음.

중국에서 발생한 국채선물 풍파로 중국 최초의 금융선물상품은 실패했다.

기가 횡행하자 이를 걱정한 잉글랜드 은행과 도이치 방크는 신속하게 투기 거품을 터뜨려 버렸다. 효력은 즉시 발생해 시장의 열기가 빠르게 냉각되기 시작했다. 이는 주식가격의 하락과 함께 고수익에 현혹되어 주식을 마구 사들인 투자자가 큰 손실을 입게 되는 것을 의미했다. 게다가 '번영과 발전'의 대명사였던 아르헨티나에 불운이 겹치기 시작했다. 밀 생산량이 급감했고, 뒤이어 1890년 여름에는 피비린내 나는 정치혁명의 소용돌이로 빠져들었다. 이러한 일련의 사건들로 인해 야기된 금융공황은 부에노스아이레스를 빠르게 휩쓸었다. 이 사건은 즉각 런던 주요 은행들에 영향을 미쳤고 가장 큰 타격을 받은 곳이 바로 베어링 은행이었다.

영국에서 가장 오랜 역사와 명성을 자랑하는 베어링 은행은 줄곧 안정적인 발전과 우수한 신용으로 정평이 난 상인은행그룹이었다. 고객도 대부분이 귀족계층으로 영국 여왕 엘리자베스 2세도 베어링 은행의 고객이었다. 1762년에 설립된 베어링 은행의 창립자 프란시스 베어링(Francis Baring)은 5개의 귀족 혈통을 세습했고 중세기 이래 그 어떤 가문보다 세습한 귀족 혈통의 수가 많다고 늘 자랑을 늘어놓았다. 세계 금융역사에서 특수한 지위를 누린 베어링 은행은 금융시장의 금자탑으로 불리고 있었다. 아르헨티나에서 금융공황이 일어났을 당시 베어링 은행은 아르헨티나 채권을 가장 많이 보유하고 있었다. 통계에 따르면, 1880년대 베어링 은행은 총 2800만 파운드의 거액 채권을 구매했으나 대부분 매각하지 못했다. 베어링 가문의 격언이자 은행의 좌우명인 '강인한 의지'는 마치 베어링 은행 자신을 풍자하는 듯했다.

베어링 은행은 영국에서 가장 영향력 있는 은행이었기 때문에 이번 충격으로 거액의 자산 손실을 입은 것은 물론 나아가 전체 영국 은행의 신용도도 큰 타격을 입었다. 과거 자산 기반이 튼튼했던 베어링 은행은 영국에 많은 기여를 했었다. 프랑스 대혁명과 나폴레옹 전쟁 당시 베어링 가문은 흔쾌히 지갑을 열어 전쟁 자금을 융자해 주었다. 1803년, 베어링 가문은 미국이 북미에 있는 프랑스 식민지 루이지애나를 매입할 때에도 앞장서서 돈을 빌려주었다. 그들은 또 남북전쟁이 발발할 때까지 영국 은행가들을 인솔하여 미국의 대외무역 발전을 위해 미국 정부에 융자를 해 주었다. 심지어 베어링의 파트너 관리자인 알렉산더 베어링은 1840년대 주미 영국 대사 시절 미국과 캐나다의 국경분쟁 해결에 참여한 바 있다. 이런 영광의 역사를 지닌 베어링 은행은 이미 은행의 지위를 넘어선, 영국을 위해 큰 공적을 세운 공신이라 할 수 있다.

　이러한 역사를 지닌 베어링 은행을 구제하기 위해 잉글랜드 은행은 즉각 행동에 나섰다. 다른 대형 은행에 베어링 은행 구제에 동참하라고 호소했다. 그러나 잉글랜드 은행의 금 보유고는 겨우 900만 파운드에 불과했고, 위기가 최고조에 달했을 때에도 1100만 파운드가 되지 않았다. 베어링 은행은 400만 파운드의 융자를 받아야 파산을 면할 수 있었다. 잉글랜드 은행은 스페인 은행과 러시아 은행이 잉글랜드 은행에 맡긴 황금을 찾아갈 것이라고 예상했다. 이에 대해 〈이코노미스트〉는 이렇게 보도했다. "잉글랜드 은행의 금 보유고는 평상시 국내 수요에 대응하는 수준에 불과해 뜻밖의 수요가 발생하면 곤란에 빠질 것이다."

　이러한 상황이었기 때문에 잉글랜드 은행은 베어링 은행의 경쟁자인 로스차일드가(Rothschild Family)에 도움을 청할 수밖에 없었다. 로스차일드가의 '수문장'인 내티 로스차일드는 적극적으로 협력할 의사를 표명했다. "만일 베어링 은행이 파산한다면 런던의 대다수 금융기관이 따라서 붕괴될 것이다. 우리는 재난을 막기 위해 최대한 노력해야 한다." 베어링 위기는 갈수록 심각해졌고 로스차일드 런던 지점은 한 달 사이 두 차례나 파리 지점에서 200만 파운드에 달하는 자금과 100만 파운드의 금을 긴급 조달해 잉글랜드 은행의 부족한 자금을 메워 주었다.

　뒤이어 베어링 은행은 로스차일드가를 보증인으로 세워 프랑스 은행에서 200만 파운드의 금을 차입했다. 프랑스 은행은 3% 이율로 신용대출을 적극 제공했다. 황금은 영국해협을 건너 영국에 도착했다. 영국은 러시아에서도 150만 파운드에 상당하는 독일 금화를 빌렸고, 위기가 사라지기 전까지 베어링 은행에 예금한 거액의 자금을 인출하지 않겠다는 동의도 얻어냈다. 잉글랜드 은행의 비위를 맞추던 국내 은행재단들도 베어링 은행의 채권 위기를 해결하기 위해 자신들의 주머니를 기꺼이 열어 자금을 제공했다. 통계를 보면, 위기발생 기간에 조달된 원조자금 총액은 1000만 파운드에 달했고 이 액수는 후에 1700만 파운드까지 증가했다. 베어링 은행의 목숨이 위태로운 순간 다른 은행들은 힘을 모아 적극적으로 베어링 은행의 구제에 나선 것이다.

만일 당시 로스차일드가가 없었고 프랑스와 러시아가 적극적으로 협력하지 않았다면 베어링 은행은 비참한 종말을 맞이했을 것이다. 지금은 당시와 같은 선의의 협력은 상상하기 어렵지만 그 당시에는 이런 협력의 분위기가 견고하게 정착해 있었다. 베어링 은행 위기에서 보여준 전형적인 상호 원조 사례 이외에도 당시에는 원조 사례가 매우 많았다. 예를 들어 1861년 프랑스 은행이 잉글랜드 은행의 원조를 받았고, 러시아 은행이 암스테르담 은행의 원조를 받은 사례도 있다. 그 밖에도 1882년 스웨덴 은행(Sveriges Riksbank)이 덴마크 국립은행(Danish National Bank)으로부터 차관한 사례가 있고, 1898년 프랑스 은행과 잉글랜드 은행이 함께 도이체방크(Deutsche Bank)를 지원한 것 등 협력 사례는 수없이 많다.

이런 원조가 이루어질 수 있었던 이유는 바로 고정 환율을 바탕으로 금으로 태환이 가능하다는 전제가 깔려 있었기 때문이다. 이는 당시 많은 국가의 경제정책의 초석이었다. 이 정책은 국가 간의 시기나 불화 등 불협화음을 불식했다. 이런 전제가 없었다면 금본위제 국가가 다른 국가에 가혹한 부가조건을 내세우지 않고 그렇게 기꺼이 대출을 제공하지는 못했을 것이다.

그러나 오늘날에는 이런 식의 국가 간의 적극적인 협력은 더 이상 찾아볼 수 없는 것이 사실이다. 이해득실을 따져 친구 또는 적이 되는 경쟁 구도에서 누가 신용과 협력을 굳게 믿을 수 있을까? 한 국가가 서브프라임 위기로 파산의 지경에 이르렀을 때에도 세계 각국의 대규모 은행가들은 '역부족'이라는 답변을 보냈을 뿐이다. 심지어 동남아시아에 위기 징조가 나타났을 때에도 투기꾼들은 대대적으로 공세를 퍼부어 자신들의 지갑만 두둑이 채우고 돌아가 동남아 국가들을 경제위기의 심연으로 몰아넣었다. 오늘날 가혹한 조건이 부가된 협력은 어렵지 않게 볼 수 있다. 그러나 원조를 받는 측에서 국내 정치 환경을 고려해 수치스러운 조건을 차마 수락하지 못하는 경우도 종종 있다.

그러나 협력을 통해 위기를 해결했음에도 당시 은행가들은 베어링 은행의 위기를 통해 뜻깊은 교훈을 하나 얻게 되었다. 그동안 충분하다고 여겼던 금 보유고를 더욱 확대해야 한다는 사실이었다. 물론 금리정책의 위력으로 재난의 발생을 통제하고 그것을 제어한다는 신념에는 결코 변함이 없었다. 하지만 각국의 중앙은행은 더 많은 금 보유를 통해 탄탄한 신용도를 수립해야 할 필요성을 느꼈다.

그렇지만 그들의 염원이 순조롭게 실현될 수 있을지는 장담할 수 없었다. 특히 20세기가 도래하면서 이 문제에 대한 답은 점차 불투명해졌다.

금본위의 붕괴 :
제1차 세계대전과 대공황의 이중 공격

　미국의 서브프라임 위기로 인한 금융위기는 전 세계 경제를 불황의 늪으로 몰아넣었다. 그러나 이 금융위기를 통해 최후의 리스크 회피 투자처는 역시 금이라는 전통적인 관념이 다시 한 번 고개를 들었다. 리먼 브러더스의 파산과 메릴린치 은행의 매각 소식이 전해지자 국제 금값이 폭등해 이틀 사이 온스당 110달러가 넘게 상승했다. 상승폭이 20%를 넘으면서 금은 다시금 영웅으로서의 면모를 여지없이 과시했다.

　"금은 원래 화폐이다"라는 말처럼 금융위기가 발발하면 사람들은 어김없이 금으로 몰리지만 사실 닉슨이 '황금 창구'를 폐쇄한 순간부터 금은 더 이상 화폐가 아니었다. 주목할 만한 사실은 마르크스의 금에 대한 이 말이 오늘날 다시 언론매체에 자주 보도되고 있다는 점이다. 제2차 세계대전 이후에도 금본위제 부활과 관련하여 다양한 토론이 이루어졌지만 지금만큼 사람들의 관심을 끌지는 못했다. 과거의 체제를 다시 부활시키려면 이 체제가 당시 왜 붕괴했고 이런 체제를 부활하는 데 지불해야 할 대가가 무엇인지 살펴볼 필요가 있다.

19세기 세인들은 금본위제하에서 베어링 은행을 구제하기 위해 대국들이 보여준 선의의 협력을 목격했다. 많은 경제학자는 당시의 기억을 새롭게 떠올리며 잉글랜드 은행이 이끌었던 금본위제가 당시 가장 좋은 화폐제도였다고 믿었다. 그들은 금본위제가 성공한 핵심 요인은 바로 신용을 기반으로 한 협력의 강화라고 생각했다. 즉, 회원국들이 자국화폐와 금의 연계를 끊거나 금에 대한 평가를 변화할 가능성을 배제할 수 있었다. 금융사학자 찰스 킨들버거는 막강한 잉글랜드 은행이 환율 조정, 최종 대부자 역할, 국제협력 관리 등을 충분히 주도할 수 있었기 때문에 금본위제가 어떤 상황에서든지 자유자재로 운영될 수 있었다고 생각했다. 훗날 금본위제를 '야만시대의 유물'이라고 비난한 케인스도 금본위제는 '국제금융교향악단의 지휘자'라고 칭송한 바 있다.

전문가들은 금본위제의 운영은 건실한 경제와 건전한 정치 환경이 전제되어야 한다는 데 의견을 같이한다. 비록 금융이 불안정했음에도 남북전쟁 이후부터 제1차 세계대전이 발발하기 전까지 구미는 지속적인 경제 성장을 이루었다. 여기에는 세계 평화도 일조를 했다. 1864년에서 1871년 사이 비스마르크가 독일의 통일을 위해 전쟁을 일으켰고, 미국도 스페인의 해외 잔여 식민지 쟁탈을 위해 전쟁을 일으켰지만 주요 금융대국 간에 대규모 충돌은 발생하지 않았다. 이는 금본위제 운영을 위한 정치적인 기초를 마련했다.

이 시기 구미 대국의 이익 구도에 실질적인 변화가 생기기 시작했다. 독일은 통일 후 빠르게 부상했고 자본주의 후발 주자로서 최대 강국이 되었다. 과거에는 식민지 쟁탈 경쟁에서 능력을 발휘하지 못했던 독일은 이때의 구도에 불만을 느껴 식민지를 다시 나누자고 요구했다. 결국 구 식민주의자들과 갈등을 빚을 수밖에 없는 상황이 전개되었다. 19세기 후반 거의 모든 강국이 절대통치권 쟁탈에 휘말려 곳곳에서 충돌이 발생했다. 영국과 독일은 동아프리카와 서남아프리카에서, 영국과 프랑스는 태국과 나일 강 유역에서, 영국과 러시아는 이란과 아프가니스탄에서, 독일과 프랑스는 모로코와 서아프리카에서 충돌했다. 이러한 식민지 경쟁으로 다시 상호 대립하는 동맹체가 결성되었다. 한 독일 관리는 절망적으로 이렇게 말했다. "이 모든 것이 죽어 마땅한 동맹체 때문이다. 이는 전쟁의 화근이다."

1914년 6월 28일, 프란츠 페르디난트(Franz Ferdinand) 대공과 그의 부인이 병탄한 지 얼마 안 된 보스니아의 수도 사라예보에서 암살되었다. 이 사건이 도화선이 되어 제1차 세계대전이 발발했다. 베어링 은행을 구제할 때의 협력 분위기는 온데간데없이 사라지고 세계는 서로 총칼을 겨누며 전쟁을 개시했다. 전쟁이 발발하자 참전국들은 모두 금을 통제한 뒤 중앙은행으로 최대한 집결시켰다. 자유로운 주조와 태환도 불가능해졌다. 일부 국가는 군비 지출로 인해 늘어난

페르디난트 대공과 그의 부
인이 암살당하기 전의 모습

재정적자를 메우기 위해 대량으로 은행권을 발행했다. 각국은 금 수
출을 제한하거나 혹은 금지하는 조치를 앞다투어 취했다. 따라서 금
본위제의 기초인 금의 자유로운 태환이나 주조, 수출은 크게 위축되
었고 전형적인 금본위제는 파괴되었다.

세계 금융의 중심지이자 패권국인 영국은 이 전쟁에서 약 80만 명
의 군인이 사망하고, 무려 100억 파운드에 달하는 돈을 군비로 지출
했으며, 국민 전체 재산의 3분의 1가량이 손실되었다. 대외 무역에
서도 1918년 무역 총액이 13억 1600만 파운드였고 수출액도 수입액
의 2분의 1에 불과했다. 영국은 거액의 무역적자를 해결하기 위해
해외투자의 4분의 1가량, 즉 10억 파운드어치를 팔아 재원을 마련했
다. 이 전쟁으로 영국은 채권국에서 채무국으로 바뀌었고, 외채를
빌려 재정곤란과 무역적자를 해결했다.

전쟁 전에는 미국이 영국에게 약 30억 달러에 이르는 국채가 있었

39가지 사건으로 보는 금의 역사

지만, 전쟁 후에는 영국이 도리어 미국에 47억 달러의 빚을 지는 상황이 전개되었다. 동시에 영국의 내국채(內國債)는 전쟁으로 인해 수직 상승했다. 전쟁 전 영국 내국채는 6억 4500만 파운드였는데 전후 66억 파운드로 급증했다. 채무가 이렇게 많음에도 정부의 예산적자가 계속 팽창하고 있어 영국에서는 누가 이 부담을 질 것인가에 대한 논쟁이 끊이지 않고 이어졌다. 더 심각한 문제는 영국의 자부심이던 생산 효율이 뛰어난 기계설비가 모두 노후하여 비싼 원가로는 유럽의 다른 나라들이나 미국의 기업들과 경쟁할 수 없다는 것이었다. 이런 배경하에서 '해가 지지 않는 나라'인 영국의 경제는 점점 쇠퇴했으며 파운드의 굳건한 지위도 흔들리기 시작했다.

파운드의 지위와 대영 제국의 명예를 회복하기 위해 영국 국회는 1925년에 금본위제의 완전한 회복을 요구했다. 나폴레옹 전쟁이 끝난 후 영국은 파괴된 금본위제를 회복시키기 위해 약 4년이라는 시간을 투자했다. 그때와 마찬가지로 금본위제를 부활시키는 데 가장 큰 장애는 바로 물가로 인한 인플레이션 압력이었다. 그러나 이번 압력은 더욱 강력했다. 나폴레옹과의 전쟁에서 승리한 지 4년째 되는 해 영국의 물가는 이미 전쟁 이전의 수준으로 돌아갔지만 이번에는 물가가 전쟁 전의 3배까지 치솟았다. 이는 뉴턴 이래의 금본위제로 돌아가려면 더 많은 시간과 노력이 필요함을 의미했다.

이런 중대한 임무를 담당할 수 있는 사람은 단 하나 바로 몬태규 노먼(Montagu Norman)이었다. 몬태규 노먼은 1920년부터 1944년까지 잉글랜드 은행 총재를 역임한 인물로 제1, 2차 세계대전 기간 파란만장했던 금본위제의 역사를 지켜본 산 증인이다. 노먼은 재능이 출중하고 보수적 성향이 짙은 금융인이었다. 앤드류 보일(Andrew Boyle)이 쓴 그의 전기에는 이런 내용이 나온다. '노먼은 런던성 배금교의 수석 목사로 영국의 우월한 지위는 금을 기반으로 세워진 것이라고 굳게 믿었다. 이런 신념은 코페르니쿠스와 갈릴레오 이전 시대에 사람들이 지구가 태양 주위를 도는 것이 아니라 태양이 지구 둘레를 돈다고 믿은 것과 같다. 의심할 여지도 없이…… 그는 황금으로 대영 제국의 쇠퇴를 구원하기 위한 신비한 움직임을 계획했다.'

노먼은 실제로 금본위제의 회복을 위해 동분서주했다. 그 일환으로 뉴욕연방은행 총재이자 절친한 친구인 벤저민 스트롱(Benjamin Strong)을 통해 모건 그룹과 미국 재무부장관 멜론(Andrew Mellon)을 접촉했다. 결국 노먼은 미국과 차관 협정을 체결하여 자신의 사명을 다했다.

영국 재무장관 처칠

1925년 3월 20일, 영국 재무장관이었던 처칠은 금본위제의 회복 결정을 선포했고 영국의회는 이를 즉각 통과시켰다. 5월 14일, 국왕의 서명을 거쳐 〈1925년 금본위법안〉이 탄생했다. 당시 잉글랜드 은행의 금 보유고는 1053만 파운드에 불과했다. 스트롱은 FRB가 영국에 2억 달러의 신용대출을 제공하도록 도왔고, 모건도 1억 달러의 대출을 제공했다. 이때 모건의 파트너도 흔쾌히 지갑을 열었다. 그중 한 명은 이렇게 말했다. "내 옷을 팔아서라도 영국인들이 혼란에서 벗어나도록 도울 것이다……. 영국인과 미국인이 함께 굳건한 화폐체계를 구축하는 것보다 더 고무적인 일이 또 있을까?"

미국의 도움으로 노먼은 사명을 기한 내에 완수했다. 세계는 다시 '적극 협력'하는 시기를 맞이한 듯했다. 그러나 〈1925년 금본위법안〉은 구체제를 전면적으로 회복시키지 못했다. 잉글랜드 은행의 은행권은 여전히 법정 화폐였지만 더 이상 금화로 태환할 수 없었다. 즉, 황금을 은행으로 보내 금화로 주조하는 기존의 권리가 폐지된 것이다. 영국은 사실상 '금괴본위제도(Gold Bullion Standard)'[63]를 시행했다. 은행은 계속 뉴턴이 정한 가격에 따라 온스당 3파운드 17실링 10과 2분의 1페니에 금괴를 팔거나 1700달러에 팔았다(금괴의 중량은 400온스. 즉 33.33파운드).

당시 명철한 두뇌의 소유자 존 케인스는 상황을 간파하고는 이렇게 썼다.

'금은 세계 유통 영역에서 거의 자취를 감추었다. 금은 더 이상 지갑에서 지갑으로 이동하지도 않고 탐욕스러운 사람의 손도 더 이상 금을 만질 수 없다. 가정의 작은 신령은 과거에는 지갑이나 양말 혹은 가죽 케이스에 보관되었지만 지금은 각국의 지하로 숨어들었다. 금은 사라졌다. 그것들은 다시 흙으로 돌아갔다. 그러나 이 작은 신령들이 황색의 갑옷을 걸치고 우리를 유혹하지 않자 우리는 그제서야 그것들을 이성적으로 분석하기 시작했다. 얼마 후 모든 것이 사라졌다.'

이 글에서 케인스의 상당한 통찰력을 엿볼 수 있다. 1929년에서 1933년 세계적인 자본주의 위기가 발발했고, 이 기간 각국은 앞다투어 영국에서 금으로 태환했다. 그러나 이 시기 영국은 더 이상 세계의 패권국이 아니었다. 미국이 이미 영국의 지위를 대신했지만 단지 선두에 나서지 않았을 뿐이었다. 영국의 국제수지는 이미 상당히 악화된 상태였기 때문에 영국은 1931년 9월 21일 마침내 금본위제의 종료를 선고했다. 파운드는 더 이상 금과 연계되지 않았고, 그 후 몇 개월 동안 파운드의 환율은 외환시장에서 수직 하락했다. 세계 각 지역의 중앙은행은 당황하여 달러를 포함한 다른 나라의 화폐 보유를 늘리지 않았다. 그리고 어떤 화폐도 금과 연동된 화폐는 없었다.

혼란 속에서 금본위제를 유지하던 다른 국가들은 영국을 따라 지폐와 금의 자유 태환을 중지했다. 6년 후 지폐나 은행 저축의 금 태환을 허용하는 국가는 모두 사라졌고 금은 유통 영역에서 완전히 자취를 감추었다. 케인스의 예언은 정확했다. 금이 다시 흙으로 되돌아감으로써 금본위제는 이제 역사의 한 자락으로 남게 되었다.

1929년 미국에서 시작된 대공황은 제

[63] 금본위제도의 한 형태. 금지금 본위제도라고도 한다. 금화의 유통이 허용되지 않지만 발권 준비로서의 금괴가 요구되며 일반적으로는 은행권이 금괴와의 태환(兌換)이 가능하다.

1차 세계대전 이후 전쟁의 폐허에서 다시 부흥하려던 유럽의 희망을 철저히 부숴 놓았다. 세계 각국, 특히 유럽 각국 간의 충돌은 제1차 세계대전 이전보다 훨씬 더 치열해졌고, 국내와 국제의 사회적 모순은 더욱 격화되었다. 이는 독일, 일본, 이탈리아가 흥기할 수 있는 환경을 제공했다.

통제를 잃은 게임은 마침내 1939년 제2차 세계대전을 일으켰다.

브레턴우즈 체제하의
달러본위제

제4장

제2차 세계대전은 인류 역사상 가장 큰 인권재난이다. 정확한 통계는 아니지만 당시 희생된 군인과 민간인은 총 9000여 만 명에 이르고 4조 달러 이상이 소요되었다고 한다. 전대미문의 이 전쟁을 두고 아인슈타인은 상징적이고도 정곡을 찌르는 말을 했다. "다음 세계대전은 돌로 전쟁을 치를 것이다."

인류는 석기시대로 되돌아가야 할 정도로 스스로를 철저히 파괴했다. 이런 피비린내 나는 광란의 전쟁으로 참전국들의 산업과 운송 시스템은 완전히 마비되었고 도심 곳곳에는 시체가 즐비했다. 그럼 이 전쟁으로 가장 큰 이득을 본 나라는 어디일까? 답은 아마도 '미국'일 것이다. 제2차 세계대전 이후 점차 부상하기 시작한 미국은 전 세계 금융 질서를 주도하기 시작한다.

브레턴우즈 체제 :
영국과 미국 간의 절충 방안

1950년대부터 오늘에 이르기까지 국제통화기금(IMF), 세계은행(IBRD), 세계무역기구(WTO)는 세계 경제와 무역, 금융 구도를 지탱하는 3대 축이다. 그중 국제통화기금과 세계은행은 브레턴우즈 통화 체제에서 비롯되었다.

브레턴우즈 체제는 전후 달러 중심의 국제통화체계를 말한다. 두 차례 세계대전 사이의 20년 동안 국제통화체계는 서로 경쟁하는 몇 개의 통화그룹으로 분열되었다. 각국은 경쟁적으로 화폐를 평가절하했고, 극심한 불안정 속에서 상대방의 희생을 발판으로 삼아 자신의 국제수지를 개선하고 취업 문제를 해결했다. 제2차 세계대전 이후, 각국의 정치와 경제 역량에 중대한 변화가 일어났다. 패전국인 독일, 이탈리아, 일본의 국민경제는 파탄에 이르렀고, 유럽의 전통

강국이자 전승국인 영국과 프랑스도 전쟁으로 경제에 심한 타격을 입어 국력이 크게 약화되었다.

한편 고속 성장 가도를 달린 미국은 세계에서 가장 큰 채권국이 되었다. 1941년 3월 11일부터 1945년 9월 2일까지 미국은 '무기대여법(Lend-Lease Act)'[64]에 따라 우방국에 500억 달러가 넘는 군수물자를 제공했다. 금은 계속해서 미국으로 유입되었고, 미국의 금 보유고는 1938년의 145억 1000만 달러에서 1945년에는 250억 8000만 달러로 증가해 전 세계 금 보유량의 약 75%를 차지했다. 거액의 금 보유고 덕분에 달러가 국제 금융에서 차지하는 지위도 그 어느 때보다 견고해졌다. 이를 통해 미국은 달러를 버팀목으로 삼아 자국의 대외 경제 확대에 유리한 국제 금융 질서를 수립할 수 있었다.

1944년 7월, 제2차 세계대전의 총성이 채 멎기도 전에 44개 국가에서 온 730여 명의 대표가 미국 뉴햄프셔(New Hampshire)의 브레턴우즈 시에 모였다. 목적은 국제경제 운영을 위한 새로운 체제를 수립하기 위함이었다. 이 체제의 최종 청사진은 대부분 영국 대표인 케인스가 설계했다.

케인스는 세계적인 중앙은행을 설립하자고 주장했다. 이 은행이 만든 준비자산(Reserve assets)[65]으로 각국은 자국화폐의 국제적 가치를 유지할 수 있다. 또 준비자산과 자국화폐 간의 자유로운 태환이 가능하며 국제무역에서 상품이나

[64] 제2차 세계대전 중인 1941년 3월, 미국이 동맹국에 군사상의 원조를 하기 위해 제정한 법률.
[65] 통화 당국이 국제수지적자를 결제하거나 자국통화의 환율을 일정 변동폭 내에서 유지시키기 위한 목적으로 환율조정에 개입하기 위해 사용할 수 있는 자산.

브레턴우즈 회의 진행 모습

서비스를 수입할 때 이를 지불수단으로 이용할 수 있다. 각국은 외국인과 자국화폐 매매를 통해 고정환율을 유지하며, 각국 정부는 필요시에 외환시장에 개입한다. 즉, 환율이 불안정할 때(환율이 장기적이고 근본적인 무역 불균형을 유발할 때)는 정부가 나서서 조절할 수 있다.

이 중앙은행은 국제통화(각국은 우선 이런 국제통화를 지불 수단으로 삼는 데 동의해야 한다)로 융자를 제공하기 때문에 외환시장에 개입해도 금 유동의 불안정성은 발생하지 않는다. 과거에는 금의 유동성이 불안정하면 무역적자국은 이를 안정시키기 위해 금리를 올려야 했고, 이로 인해 국내 경제는 압박을 받았다. 케인스는 세계적인 중앙은행이 생산하는 국제통화를 '방코르(bancor)'라고 이름 붙였다. 그러나 결론부터 말하면 이 이름은 운이 없었다. 미국인들은 이 단어가 '파커 브라더스(Parker Brothers)[66]가 연상된다며 반

[66] 미국의 장난감, 게임 제조회사.

존 메이너드 케인스

대했다. 1960년대 말 국제통화기금이 '방코르'와 비슷한 특별인출권(Special Drawing Rights(SDR))[67]을 만들었을 때 당시의 시사평론가는 이를 '페이퍼 골드'라 불렀다. 그러나 20여 년 전 케인스가 불어로 국제청산동맹(International Clearing Union)의 국제통화를 '은행의 황금'이라 부른 것에 대해서는 아무도 지적하지 않았다.

세계은행과 관련된 케인스의 건의에서 아무도 지적하지 않았던 부분이 있다. 1930년대 초 가장 큰 문제는 국내 수요를 만족시키기 위한 충분한 수입이 이루어지지 못한 것이 아니라 대부분의 국가들이 농업과 생산설비가 멈추어 있어 충분한 수출을 통해 국내 위기를 해결할 수 없었다는 것이다. 화폐가치를 저평가하여 금 외환을 충분히 보유한 국가(1920년대의 프랑스와 1930년대의 미국)는 영국의 눈에 국제 밀림에서 무리에서 홀로 떨어져 있는 흉악한 코끼리로 비쳤다. 케인스의 중앙은행

[67] 가상의 국제 준비통화.

은 방코르를 인출해 무역적자를 해결하려는 채무국으로부터도 이자를 받고 방코르 채권을 축적한 채권국에서도 이자를 받을 계획이었다. 이 설계는 채권국과 채무국에 동등하게 조정압력을 행사해 채무국은 국내 인플레이션을 통제하게 하고, 채권국은 인플레이션 대가를 치르더라도 국내 수요를 늘리게 하는 것이었다.

그러나 미국 재무부는 이 모든 것에 만족하지 못했다. 재무부의 관리들은 케인스가 영국은 한 푼도 쓰지 않게 하고 수렁에 빠진 전후 영국 경제를 구제하려 한다고 여겼다. 케인스 체제는 방코르의 수량 제한에 너무 관대했다. 그는 240억 달러 이상의 방코르를 만들 계획이었는데 이는 당시 가치로 따져 보면 1000억 달러가 넘는 것이었다. 이 체제에서 사람들은 달러를 빌려 쓸 수 있고, FRB는 국내 화폐 공급에 대한 통제권을 상실하게 된다. 전쟁이 끝난 해, 외국은 '은행의 황금'을 발행할 권리가 없었지만 그럼에도 미국의 인플레이션율은 이미 상당히 높았다. 더욱이 미국은 세계의 경제 회복을 위해 공헌을 하면서도 남에게 이자를 지불해야 하는 난감한 상황에 처하게 된다. 이 밖에도 1943년까지 미국은 이미 대량의 금을 보유했는데 이 금이 어떤 운명을 맞이하게 될 것인지는 아무도 몰랐다.

미국의 협상 대표는 재무부 차관보 해리 화이트(Harry White)였다. 하버드 대학 출신인 그는 고집스럽고 거친 행동을 일삼았지만 뛰어난 경제학자였다. 귀족 스타일의 나약해 보이는 케인스와의 논쟁에서 이기는 것은 화이트에게 큰 정신적 즐거움을 안겨 주었다. 그는 케인스를 대영 제국의 상징이자 현존하는 가장 위대한 경제학자 중

한 명으로 여겼기 때문이다. 배후에서 화이트를 지지하는 미국은 세계 황금의 75%를 보유하고 있었고, '황금을 가지고 있는 사람이 협력 룰을 정한다'는 말처럼 이때 황금은 결정적인 역할을 했다.

화이트는 전후 계획과 관련한 재무부 내부 비망록을 통해 처음에는 이렇게 건의했다. '미국의 부흥금융공사(Reconstruction Finance Corp)[68]와 같은 방식으로 세계적인 은행을 설립해 전후의 외국 정부에 기업 융자를 제공하자.' 그러나 케인스와의 협상에서는 그는 이보다 더 구체적 방안을 제시했다. 그는 국제통화기금을 창설해 각국이 주주가 되고 무역적자국은 기금에서 차관을 얻어 무역 균형을 회복하자고 건의했다. 화이트가 제시한 방안은 케인스가 내놓은 방안과 마찬가지로 고정환율제를 시행하는 것이었다. 한 나라의 무역적자가 해소되지 않는 한 해당 국가의 정부는 일정 범위 내의 환율을 보장해야 한다. 그러나 국제연맹(League of Nations)[69]의 회원국들이 출자한 기금은 50억 달러에 불과했다. 각국은 세계 무역에서 자국이 차지하는 지위에 따라 출자금액을 정하고, 출자 쿼터(Quota)[70] 중 일부는 황금으로, 나머지는 자국 화폐로 지불하자고 했다.

화이트가 말하는 국제통화기금은 준비자산은 만들 수 없으며 회원국의 출자 규모에 따라 한도를 규정하는 것만 가능했다. 회원국은 자신의 한도 내에서 외화를 얻고 경상항목의 지불수요를

[68] 1932년 미국 정부가 불황 타개 대책의 하나로 정부가 출자해 설립한 특별금융기관.
[69] 제1차 세계대전 후에 설립된 국제평화기구로서 국제연합의 전신.
[70] 무역이나 외환거래를 할 때 총량 또는 총액을 분할하여 배급하는 것.

만족시킬 수 있다. 예컨대 A 국가가 기금에서 B 국가의 화폐를 빌리면 B 국가는 결제 금액만큼의 초과 한도를 얻을 수 있다. 만일 A 국이 B 국가가 처음 출자한 기금의 자본(즉 '쿼터')을 모두 빌렸다면 기금은 B 국가의 화폐를 더 이상 제공하지 않고, B 국가와 관계된 무역은 과거 양자 간 차관을 했던 형태로 돌아간다.

1943년 봄, 영국과 미국 간에 체결할 협정의 범위가 명확해졌고, 아울러 업무 문서도 양국 국회의 은행과화폐문제위원회에서 모두 통과되었다. 같은 해 가을, 19개 국가의 대표가 워싱턴에서 기술전문위원회를 결성하고 초안 작성을 시작해 이듬해 4월 문서에 서명했다. 이후 미국 국무원은 40여 개 국가의 정부에 초청 서한을 보내 7월 뉴햄프셔 브레턴우즈의 마운트워싱턴 호텔에서 개최하는 회의에 참가할 것을 요청했다. 이 호텔은 전쟁 기간 폐쇄되었다가 이번 회의를 위해 다시 문을 열었는데 회의에 무려 730명이 참석해 심각한 과부하에 시달렸다.

미국이 기금에 절반 정도의 자금(구소련이 물러난 후 영국과 미국의 쿼터가 절반을 넘었다)을 제공했다. 케인스와 화이트가 회의 전체를 주도했고 화이트가 논쟁에서 우위를 보였다. 화이트는 어느 은행도 방코르를 만들 권한은 없고, 무역적자국은 처음 출자한 액수를 초과한 차관을 얻을 수 없으며 쿼터 중 4분의 1은 금으로 지불해야 한다고 했다. 또한 기금이 빌려주는 무역흑자국의 화폐는 해당 국가가 처음 출자한 쿼터를 초과해서는 안 된다고 주장했다. 그러나 화이트가 자신의 주장만 고집한 것은 아니었다. 국제통화기금은 쿼터제한 원칙

이 있어 전쟁으로 파괴된 경제를 회복하기 위한 융자를 받을 수 없지만 케인스의 '방코르'는 이것이 가능했기 때문이다. 그리하여 회의에서 각국은 완전히 독립된 기구, 즉 국제부흥개발은행(International Bank for Reconstruction and Development, IBRD)이라는 세계은행(世界銀行)을 만들어 장기융자를 제공하는 데 동의했다.

새로운 협정을 통해 미국의 달러는 고정 환율에 따라 금과 태환이 가능한 유일한 화폐가 되었다. 금 1온스당 35달러로 고정되었고, 여타 국가의 화폐는 달러와 연계했다. 그러나 전쟁 이전처럼 태환의 권한은 각국의 재무부와 중앙은행에만 있었고, 개인은 1온스당 35달러의 가격으로 금을 살 수 없었다. 다른 국가들은 능력에 따라 개인에게 자국의 화폐를 달러화로 교환해 줄 의무는 있었지만 금으로 교환해 줄 의무는 없었다.

이렇게 된다면 새로운 체제는 과거 모든 국가가 황금의 노예가 되었던 것처럼 달러의 노예가 될 것이었다. 엄격히 말해 브레턴우즈 체제는 '달러본위제'나 마찬가지였다.

트리핀 딜레마 :
금값 동결 후의 패러독스

브레턴우즈 체제가 수립된 후 금 대신 달러가 세계의 기축통화가 되었다. 만일 이런 화폐 구도가 지속된다면 다음과 같은 가설이 실현되어야 한다. '달러는 반드시 황금처럼 천하무적의 지위를 계속 유지해야 하고 지역이나 환경에 관계없이 광범위하게 받아들여져야 한다.' 이에 대해 의문을 제기하는 사람은 많지 않았다.

그러나 이 가설은 근본적으로 성립될 수가 없다. 브레턴우즈 체제가 출범한 주된 목적은 바로 전후 유럽과 일본을 정상궤도로 진입시켜 함께 구소련에 대항하기 위함이었다. 그런데 일단 이 목표가 실현되었을 때 상황은 근본적으로 변했다. 빠르게 발전하는 유럽과 일본의 산업은 미국 산업에 도전장을 내밀었고 동시에 미국의 투자를 끌어들였다. 그 결과 미국의 해외투자가 늘어나 금 보유고 수준이 평균 밑으로 하락했다. 해외 부채가 늘어난 까닭에 미국은 지출을 지속할 수가 없었다.

반면 대외 원조에 흔쾌히 나선 미국 덕분에 유럽과 아시아는 계획대로 경제를 회복할 수 있었다. 미국의 거대한 개인 자본은 고액의 이윤을 좇아 바다를 건너 해외의 많은 기업으로 흘러들어갔고, 동시에 미국은 갈수록 더 많은 해외상품을 수입했다. 미국은 국제경제 원조에 앞장섰고, 국내에서 대규모 사회프로젝트를 시작했으며, 구소련과의 냉전에 자금을 쏟아부었다. 게다가 실패한 전쟁인 한국전쟁과 베트남전쟁에도 참여했다.

이러한 일련의 행동의 결과가 1950년대 말부터 나타나기 시작했다. 미국의 금 보유고는 1957년의 228억 달러에서 1960년에는 178억 달러로 감소했다. 그러나 1960년 미국의 대외 단기 채무 잔고는 172억 6000만 달러로 만약 채권국이 금으로 결제하라고 요구한다면 미국의 금 보유고는 거의 바닥을 드러낼 상황이었다. 게다가 시간이 지나면서 미국의 공산품이 저임금 국가의 저가 제품과의 경쟁에서 밀려 미국은 일자리 감소라는 위기에 직면했다.

경제학자들은 다른 물가는 1934년 대비 두 배가량 인상된 것에 비해 금은 여전히 온스당 35달러라며 금값이 너무 낮다고 평가했다. 그래서 사람들은 금광을 적극적으로 개발하지 않고 효율이 높은 금광에서만 금을 생산했다.

사실 브레턴우즈 체제에서 금 가격을 동결한 것은 이미 '트리핀 딜레마(Triffin Dilemma)'의 출현을 예고하고 있었다. 국제무역이 계속 확대되면서 외환체제는 금의 수량 증가와 가치 상승을 요구했고, 기축통화를 더욱 광범위하게 사용하고 보유할 것을 원했다. 그러나 영연방 국가와 대영제국의 다른 식민지 및 수에즈 운하 동쪽의 여러 토후국과 왕국에서는 파운드가 여전히 최고의 지위를 누리고 있었다. 그 밖에 황금을 추가로 공급하기 어려운 상황에서 세계 보유고를 늘린다는 것은 해외의 달러 보유량 증가를 의미했다. 그런데 금을 충분히 보유하고 있지 않으면 이런 보유량 증가는 허상일 뿐이다. 미국이 해외 정부가 보유한 달러를 언제든지 금으로 태환할 수 있다고 동의한 이상 외국의 비축고에 있는 달러는 곧 미국에 요청할 수 있는 금의 수량을 의미했기 때문이다.

만약 국제 금융 질서에 문제가 생기면 그때마다 각국은 달러를 금으로 태환하려 할 것이고, 그렇게 되면 미국의 금 보유고는 사라지게 된다. 아이젠하워 대통령 임기가 끝날 때까지 미국의 연이은 국제수지 적자로 외국의 통화 당국은 100억이 넘는 달러 보유고를 획득했고, 개인이 보유한 달러도 그에 상당했다. 달러를 소지한 대다수 국가의 통화 당국은 자신들이 요청하기만 하면 미국이 언제든지 과거에 약속한 가격에 따라 달러를 황금으로 태환해 줄 것이라고 굳게 믿었다.

예일대학의 교수 트리핀이 1960년에 출간한 《금과 달러의 위기(Gold and the Dollar Crisis)》는 이 현상을 잘 설명하고 있다. 미국 정부는 전 세계의 유동성 수요와 달러 환율 안정이라는 두 가지를 동시에 만족시키기 어렵다. 세계의 경제 성장으로 인해 늘어나는 세계화폐(전 세계 유동성) 수요를 만족시키려면 미국은 반드시 경상수지 적자를 통해 달러를 계속 수출해야 한다. 그러나 미국의 경상계정 적자가 확대되면 달러의 가치가 하락할 가능성이 커진다. 이렇게 되면 각국의 중앙은행과 투자자들은 미국 중앙은행에 가서 수중의 달러를 금으로 태환할 것이며, 이로 인해 미국의 금 보유고는 계속 줄어들게 된다. 그러므로 금이 달러의 방패막이가 되는 전제가 보장될 때만이 달러 가치를 안정시킬 수 있고, 달러 가치의 안정을 위해 미국은 반드시 장기적인 무역 흑자를 유지해야 한다. 하지만 이 두 가지 요구는 상호 모순되므로 하나의 패러독스라 할 수 있다.

트리핀의 관점은 브레턴우즈 체제하의 달러에 응급상황 통지서를 준 것이나 다름없었다. 케인스가 금을 '야만시대의 유물'이라고 금의 지위를 제한했음에도 종이 화폐가 신뢰를 잃게 되면 많은 국가와 국민은 다시 금으로 눈을 돌릴 것이었다. 당시 헝가리 중앙은행의 총재였던 야노스 페케테(Janos Fekete)는 이 문제의 난점을 이렇게 지적했다. "케인스의 이론을 따르는 전 세계 300여 명의 경제학자가 황금을 배척하고 황금을 '야만시대의 유물'이라고 여긴다. 그러나 불행하게도 30억이 넘는 인류가 황금을 신임한다. 그러므로 우리가 현재 직면한 문제는 우리 300명이 어떻게 30억 명에게 우리의 관점이 옳다고 설득하느냐이다."

이 문제는 미국이 해결할 수 없는 패러독스다. 그러나 이 패러독스 때문에 다른 국가들이 더 골머리를 앓았다. 달러가 국제통화로 역사적인 선택을 받았고 이 현실을 바꿀 수 없다면 달러를 보유하고 사용하는 국가들은 미국과 한배를 탄 것이기 때문에 어쩔 수 없이 달러의 가치를 유지하기 위해 노력하고 전심전력으로 미국의 경제 번영을 지지해야 한다. 만약 보유한 달러가 많다면 지지에 더욱 힘을 실어야 한다. 달러의 특수한 지위 때문에 각국은 달러의 가치 변동에 민감하게 반응하고 절하나 절상이 일정 수준을 넘어가면 긴장하고 심지어 공황상태에 빠지기도 한다. 그러나 적절한 대책이 없어 각국은 하는 수 없이 미국 경제를 지지하는 진영에 합류했다. 심지어 일부 국가는 자국의 화폐를 달러와 연계하여 달러에 따라 절상과 절하를 조절해 자국 화폐 가치의 안정을 꾀했다. 그리고 이를 통해 달러를 안정시키고 미국 경제를 지원해 자국의 경제를 안정시키고자 했다.

예를 들면, 미국의 경상수지 적자가 커지면 달러가 대량으로 유출되고 다른 나라의 외환보유고는 증가한다. 많은 나라에서는 이렇게 늘어난 보유액을 다시 미국으로 투자하여 미국의 경상항목 손실을 메우고 미국 경제가 성장하도록 지원한다. 일반적으로 미국은 상품과 서비스를 대량으로 수입해 경상수지의 적자 상태에 놓여 있고, 이것이 달러 강세를 유발한다. 미국인들은 외국의 값싼 물건(달러 가치 대비) 구매를 선호하고, 외국인들은 달러 가치의 안정과 고환율을 원한다. 이때 외국인들은 보유한 달러를 미국에 투자해도 경제적인 이득을 볼 수 있다. 강세 화폐는 이율이 상대적으로 높아 충분히 투자할 가치가 있기 때문이다. 따라서 달러를 많이 보유한 나라는 달러의 강세를 원할 뿐만 아니라 달러의 강세를 지지한다. 이런 특수한 연관성 때문에 "미국의 대외 적자는 문제도 되지 않는다"라고 말하는 사람도 있다.

그러나 이런 구도가 지속되기 위해서는 미국 경제의 지속적이고 안정적인 발전이 뒷받침되어야 한다. 미국이 상품과 서비스를 더 많이 수입해 적자를 기록하면 결국 국내 경제의 성장은 어려워지고 이는 분명 달러 절하로 이어진다. 그러면 FRB는 금리인하 정책을 취할 것이고, 이로 인해 달러가치는 더욱 떨어지게 될 것이다. 이렇게 되면 해외 투자는 철수하고 미국 경제에 빨간불이 켜진다. 이때 달러 보유량이 많은 국가는 미국에 투자를 원하는 것은 아니지만 달러 절하로 인한 더 큰 경제적 손실이 두려워 어쩔 수 없이 원조의 손길을 내밀어 달러 안정을 지원하게 되는 것이다.

골드 풀 :
달러가 절하의 길로 들어서다

1960년 4월, 미국 재무부 장관 로버트 앤더슨(Robert Anderson)과 법학교수 겸 경제학자 리처드 가드너(Richard Gardner)는 〈디플로머시 (DIPLOMACY)〉지에 미국의 국제수지 문제와 대책에 관한 글을 각각 기고했다. 가드너는 '미국 국제수지의 지속적 적자는 세계 유동성에 필수 불가결하다'는 점을 언급하지 않았다며 앤더슨을 비난했다. 그러나 두 사람 모두 세계 금융 부문에서 발생하는 문제에 관해서는 곤혹스러움을 표시했다. 앤더슨은 국제수지 적자가 사라지길 희망했고, 가드너는 국제수지 적자를 대폭 줄여야 하지만 외국정부와 중앙은행이 정치적 이유로 미국의 지속적인 국제수지 적자를 용인하고 있다고 지적했다.

앤더슨은 이렇게 말했다. "개인들은 금리가 낮은 달러를 소지해 우리의 경제를 지지하는 것에 홍미가 없을 것이다. 금 태환을 요구하고 '달러를 청구'하는 주체인 외국정부와 중앙은행은 더 중요한 경제와 정치적 요인을 고려해 행동해야 한다. 그들은 '매년 달러 보유가 소폭 증가하는'이 방법을 받아들일 충분한 이유가 있다.”

앤더슨의 말은 '트리핀의 딜레마'가 미국에 어느 정도 도움이 된다는 점을 표명한 듯싶다. 하지만 달러의 가치가 지속적으로 하락하고 대중의 달러에 대한 신뢰도가 떨어지면 상황은 완전히 달라진다. 미국 뉴욕 연방준비은행의 금괴 저장소인 포트 녹스(Fort Knox)에 있는 금괴는 계속해서 외국의 금 저장고로 빠져나갔다. 그것이 프랑스였다면 프랑스은행(The Bank of France)으로 운반되었을 것이다. 유럽인은 금을 손에 넣었지만 그렇다고 해서 미국으로부터의 수입을 확대하지는 않았으므로 미국에서 유럽으로 간 금은 다시 미국으로 돌아오지 않았다. 과거 아시아인들처럼 이때의 유럽인들은 “어느 국가든 유효수요[71]를 초과할 정도로 금은이 유입되면 그것이 다시 밖으로 흘러나가는 것을 저지할 정부는 없다”라는 애덤 스미스의 예언을 뒤엎었다. 1960년대 '유효수요'는 마치 끝이 없는 것처럼 보였다.

위기 때는 황금만이 안전한 피난처라고 굳게 믿는 사람들에게 이는 하나의 절호의 기회였다. 그들은 행동을 개시했다. '골드 버그(Gold bug)'라고 불리는 투기꾼들은 1950년대 말부터 런던시장에서 금을 사모으기 시작했다. 이 금융세력은 자신들이 계속해서 금을 매입하면 금값은

[71] 재화(財貨)와 용역(用役)을 구입하기 위한 금전적 지출을 수반한 수요.

정부가 정한 온스당 35달러를 넘어 예측할 수 없는 수준까지 뛸 거라 여겼다. 1960년 10월, 런던 금값은 투기꾼들의 작전으로 한때 온스당 40.60달러까지 치솟았다. 그러자 서방 국가들이 달러로 금을 대량으로 구매했고, 그 결과 달러위기가 일어났다. 미국의 금 보유고는 178억 달러까지 급감했고 신용도도 크게 하락했다.

'골드버그'가 화폐체계를 전복시키는 것을 저지하기 위해 미국은 즉시 잉글랜드 은행이 런던 금 시장에서 금을 대량 매각하는 것을 지지했고, 그로 인해 금의 공식가격은 잠시 유지되었다. 이듬해 뉴욕 연방준비은행 부총재 콥스(Cobbs)는 국제결제은행의 회원들을 이렇게 설득했다. "런던시장의 금값을 억제하는 것은 모든 국가의 이익과 관계된 것입니다. 그러므로 모든 국가는 금의 일부를 잉글랜드 은행이 관리하도록 맡겨야 합니다."

그의 설득 작업은 8개월이나 지속되었고 1961년 10월이 되자 드디어 효과가 나타나기 시작했다. 국제 금융가들은 종이로 된 협정서에 사인한 것은 아니었지만 구두로 한 약속은 협정서에 상응하는 효력을 발휘했다.

그들의 합의 내용은 다음과 같았다. 구미(歐美) 8개국 중앙은행이 출자하여 2억 7,000만 달러의 금을 조달해 이것으로 골드 풀(Gold Pool)[72]을 만들기로 했다. 그중 미국이 가장 많은 50%를 출자하고, 전후로 경제가 발전하면

[72] 런던 자유 금시장에서의 금 가격을 공정가격(1온스=35달러) 가까이 유지함으로써 투기에 따른 변동과 그로 인한 국제적인 환시세의 혼란을 방지하기 위하여 구미(歐美) 8개국의 중앙은행 사이에서 1961년 10월에 합의된 제도.

스위스 바젤에 있는 국제결제은행 건물

서 국고가 갈수록 불어나던 독일은 패전국이라는 열등감도 벗어 버린다는 차원에서 미국 다음으로 많은 3000만 달러를 내놓기로 했다. 영국, 프랑스, 이탈리아가 각각 2500만 달러를 출자하기로 했다. 그리고 스위스, 벨기에, 네덜란드가 각각 1000만 달러를 출자하기로 합의했다. 잉글랜드 은행은 실질적인 거래업무, 즉 우선 부족한 금을 채워 놓고 월말에 나머지 국가의 중앙은행과 비율에 따라 결산하는 임무를 맡았다.

골드 풀의 주요 목표는 바로 금값이 온스당 35.20달러를 초과했을 때 더 이상 오르지 못하도록 막는 것이었다. 35.20달러는 뉴욕에서 운반해 온 운송원가가 포함된 가격이다. 미국은 이 기금에 참여한 모든 중앙은행은 런던시장에서 금을 구매하지 않기로 약속하고, 어떤 상황에서도 각국의 중앙은행이 같은 정책을 취해야 한다고 설득했다.

초기 몇 년 동안 골드 풀은 순풍에 돛을 단 듯 순조롭게 운영되어 1962년 미국 주식시장의 폭락으로 인한 타격과 쿠바 미사일 위기의 영향도 견뎌냈다. 거기에 각국의 금융가들을 더욱 기쁘게 한 것은 1963년 흐루시초프(Khrushchyov)의 '처녀지 계획(Virgin Lands

Program)[73] 실패로 구소련의 농업은 심각한 흉년을 맞았고 소련은 식량 수입을 위해 금을 대량 매각해야 했다. 1963년 4/4분기 구소련은 무려 4억 7,000만 달러에 상당하는 금을 매각했다. 이는 골드 풀의 전 재산을 훨씬 초과하는 양이었다. 21개월 동안 골드 풀은 13억 달러 가치의 황금이 증가했다.

그러나 베트남 전쟁이 계속 악화되어 FRB는 달러 공급량을 계속 확대했다. 범람하는 달러는 빠르게 골드 풀의 재산 대부분을 잠식했다. 대세가 이미 기울었다고 판단한 프랑스는 먼저 골드 풀을 탈퇴했다. 뿐만 아니라 달러의 구매력이 나날이 떨어지자 프랑스 정부는 소유하고 있던 달러를 금으로 바꾸었다. 1962년부터 1966년까지 프랑스는 FRB에서 근 30억 달러에 달하는 금을 파리로 운반해 갔다. 1967년 11월 말, 골드 풀은 총 10억 달러어치, 약 900톤에 이르는 황금의 손실을 보았다. 이때의 달러는 세계적인 신용 위기에 처해 있었다.

노력한 보람도 없이 각국의 부가 탐욕스러운 투기꾼들에게로 하염없이 흘러들어가자 골드 풀 회원국들은 7년 만인 1968년 3월 17일 이 게임을 중단하기로 결정했다. 그들은 앞으로 런던시장 혹은 다른 금시장에 금을 수송하지 않겠다고 선포했다. 각국 중앙은행 간의 공식 거래는 온스당 35달러를 유지하고, 각국의 중앙은행은 달러를 주고 미국으로부터 금을 사기로 했다. 이 시기부터 자유 시장에서 비공식적인 개인 세력이 금값을 조종하기 시작했다.

[73] 농업 생산 확대를 위한 대단위 농경지 확대 사업.

골드 풀의 해체는 모두가 바라는 바였고, 사실 골드 풀은 원래 탄생하지 말았어야 했다. 골드 풀의 회원들은 미국 국제무역수지가 근본적으로 개선되기도 전에 금 보유고를 아무런 이유도 없이 황금시장에 투입한 결과 손해를 입었다. '골드버그'의 투기 작전은 사실상 저지하기가 어려웠다. 미국이 정한 금값의 마지노선은 온스당 35달러였고 투기꾼들은 언제든지 이 가격에 구입할 수 있는 힘을 갖고 있었다. 골드 풀 회원들은 시장에 온스 당 35.2달러의 가격으로 황금을 대량 공급했다. 35.2달러와 35달러의 차이는 투기꾼들에게는 손실은 미미하고, 상당한 수익을 기대할 수 있는 수준일 뿐이었다.

투기꾼들은 골드 풀 회원국의 금 보유고를 모두 소진시켰다. 많은 국가들이 화폐를 황금으로 태환해 달라는 요청이 쇄도하면 재고 부족에 직면할 상황에 처해 있었다. 만일 이런 상황이 벌어지면 막다른 골목에 다다른 정부는 금의 공식가격을 대폭 인상할 수밖에 없다. 이렇게 수익이 남는 장사를 바로 눈앞에 두고 투기꾼들이 가만히 있을 리 없었다.

드골 장군은 골드 풀 계획이 사기극이며 달러를 절하의 길로 들어서게 하는 임시방편일 뿐이라고 공언했다. 만일 FRB 의장 윌리엄 마틴(William Mcchesney Martin)[74]이 드골의 말에 솔직하게 응답하지 않았다면 드골의 성명은 달러를 비난하는 그의 행동 노선 중의 하나로 간주되었을 것이다.

그런데 1968년 3월 20일, 골드 풀이

[74] FRB 의장으로 가장 오랫동안 연준을 이끌었다. 1951년 4월부터 1970년 1월까지 역임.

39가지 사건으로 보는 금의 역사

해산한 지 3일째 되는 날 디트로이트의 한 강연에서 마틴이 이렇게 말한 것이다. "아마도 우리는 지금 절하의 길에 들어선 것 같습니다." 이 소식으로 그해 4월과 5월 런던의 금값은 41달러까지 치솟았다. 그리고 1969년 봄, 금값은 다시 43달러를 돌파했다.

그러나 해결해야 할 또 다른 문제가 있었다. 골드 풀은 하나의 조직이고 모든 회원은 규정에 따른 의무를 이행해야 했다. 규정에 따르면 회원들은 골드 풀을 이용해 이득을 취할 수 없었다. 그런데 골드 풀은 해산됐고 금값은 40달러를 넘어섰다. 과거 골드 풀 회원이었던 8개국(미국, 영국, 프랑스, 독일, 이탈리아, 벨기에, 네덜란드, 스위스)의 중앙은행이 뉴욕에서 35달러에 금을 사 런던시장에서 이윤을 남기고 파는 행위를 하지 않을 거라고 어느 누가 장담할 수 있을까? 골드 풀이 해체된 상황에서 재정거래는 뿌리치기 힘든 유혹이 아닐 수 없었다.

이러한 상황은 불을 보듯 뻔했으므로 반드시 조치를 취해야 했다. 골드 풀의 유럽 회원은 적어도 베트남 전쟁이 끝나기 전까지는 각자의 달러를 FRB에서 황금으로 태환하는 것을 자제하자는 데 합의했다. 미국은 만신창이가 된 국제수지 적자를 만회할 희망이 드디어 생겼다. 독일은 이미 1년 전에 달러를 금으로 태환하지 않겠다고 공개적으로 선언함으로써 선례를 만들었다.

사실 유럽이 아무런 보상도 없이 이런 자발적인 제한 조치를 취한 것은 아니었다. 이에 대한 보상으로 미국은 예산을 긴축하고 금리를 올리겠다는 전통적인 경제 처방을 약속했다. 그래서 닉슨 대통령은 백악관에 입성한 첫해, 즉 1969년 모든 소득세에 10%의 특별부가세를 징수하겠다고 했지만 물가상승 속도는 떨어질 기미조차도 보이지 않았다.

특별인출권 :
황금과 지폐의 절충 방안

각국의 중앙은행은 골드 풀을 청산한 후에도 여전히 남아 있는 여러 가지 문제들을 해결해야 했다. 약 36억 달러에 상당하는 세계의 화폐성 금이 런던 금시장에서 사라졌다. 파운드의 절하로 영국의 모든 식민지와 영국의 비호를 받는 국가가 보유한 파운드의 가치가 하락했으며, 이로 인해 화폐 보유고는 또 10억 달러의 손실을 보았다. 이런 상황에서 영국과 미국은 세계 각국에 영국과 미국의 국제수지 적자가 곧 개선될 것이라는 믿음을 심어주어야 했다. 그래서 국제통화기금 회원국들은 1969년 워싱턴 회의에서 특별인출권(SDR)을 도입하기로 했다.

당시 영국과 미국은 달러와 파운드의 지위 하락을 막고 금이 더 이상 유실되지 않도록 하기 위해 달러와 파운드를 지탱하는 금 부족

문제를 보완해 세계무역 발전에 필요한 수요를 만족시켜야 한다고 한목소리를 냈다. 반면 프랑스를 비롯한 서유럽 6개국은 이는 국제 유통수단이 부족해서 생긴 문제가 아니라 '달러의 지나친 유동성 과잉'과 통화 과잉으로 생겨난 문제라고 강조하며 미국이 하루빨리 국제수지 적자를 개선해야 한다고 촉구했다. 아울러 새로운 기축통화 창설에 반대하며, 금을 기초로 한 기축통화 단위를 수립해 달러와 파운드를 대체해야 한다고 주장했다.

1964년 4월, 벨기에가 절충안을 제시했다. 새로 기축통화를 만들어 발생 가능한 국제 유통수단 부족 문제를 해결하기보다는 국제통화기금에 대한 각국의 자동인출권을 확대하자는 방안이었다. 국제통화기금의 'G10'은 미국과 영국이 제시한 방안과 비슷한 벨기에의 방안을 채택했고, 이는 1967년 9월 국제통화기금 연례회의에서 통과되었다.

1968년 3월, 'G10'은 특별인출권 방안을 정식으로 제출했으나 프랑스의 서명 거부로 보류되었다. 달러위기로 미국 정부는 달러의 금태환 중지를 선포해야 했고 달러는 더 이상 독립적으로 국제 기축통화가 될 수 없었다. 그러나 달러 대신 국제 기축통화가 될 만한 다른 화폐도 없었다. 위기가 닥쳤을 때 만일 새로운 국제 기축통화나 국제 유통수단이 없다면 세계의 무역 발전에 영향을 미칠 것이 분명했다. 그래서 국제통화기금은 하루빨리 보완적인 기축통화나 유통수단을 제공해야 한다고 생각했다.

골드 풀이 모든 '황금 실탄'을 소진하자 국제 금융가들은 20여 년 전 케인스가 제시했던 '방코르' 계획을 떠올렸다. 지금 미국이 주장하는 특별인출권은 당시 미국 재무부 차관보인 화이트가 부결했던 '페이퍼 골드'[75]였다. 사실 미국이 특별인출권을 지지하는 것은 달러 가치가 하락했음을 보여주는 일면이었다. 금융사 전문가 찰스 킨들버거(Charles P. Kindleberger)는 상원의원 전문위원회 회의에서 이렇게 말했다. "만일 달러를 금으로 교환하는 것이 계속 어렵다면 황금만큼 믿을 만하지만 달러보다 나은 자산이 있어야 합니다. 하지만 이는 둥근 것을 네모로 만드는 것처럼 결코 쉬운 일이 아니라는 겁니다."

킨들버거의 말은 정확했다. 특별인출권을 사용하는 이유는 달러의 희소성을 유지하기 위해서인데 달러가 늘 과잉인 상태에서 특별인출권을 사용하는 것은 명백한 모순이었다. 프랑스의 유명한 경제학자 자크 뤼에프(Jacques Rueff)는 단도직입적으로 이렇게 말했다. "화폐학자들은 새로운 장난감을 만들어 달러의 파산 사실을 덮으려 했다. 모든 국가의 중앙은행에는 특수한 국제 비축통화가 분배되어 있지만 인플레이션을 방지하기 위해서는 특별인출권에 엄격한 제한을 두어야 한다. 미국을 보라. 특별인출권의 도움을 받았지만 여전히 달러 채무 중 일부도 상환할 수 없지 않은가."

특별인출권에 본질적인 결함이 있었지만 월스트리트의 또 다른 인사들은 이를 현대 금융사의 쾌거라며 다음과 같이 논평했다. "미국은 '페이퍼 골드'의 승리를 이끌었다." 재무부차

[75] 서류상으로 금을 발행하는 것을 의미함.

관 폴 볼커(Paul Volcker)는 만면에 미소를 띤 채 매스컴에 이렇게 말했다. "우리는 마침내 그것(특별인출권 계획)을 해냈습니다." 〈월스트리트저널〉은 이런 기사를 실었다. '이는 미국 경제학파의 의미 있는 승리다. 왜냐하면 화폐가치의 유일한 기준이자 경제에 만병통치약인 황금에 직격탄을 날렸기 때문이다.' 그러나 〈월스트리트저널〉은 특별인출권 역시 금 함량으로 정의되기 때문에 금이 여전히 화폐의 기준이고 특별인출권은 절하될 수 없다는 사실은 언급하지 않았다.

특별인출권에 대해 도널드 호프는 이렇게 말했다. "언젠가 특별인출권은 존 로의 음모에 의해 만들어진 미시시피 주식처럼 인류의 위대한 '발명' 대열에 들어설 것이다. 그것을 금과 동등하게 정의하면서 금으로 교환할 수 없게 만든 것은 황당무계한 특허를 출원한 것과 다를 바 없다. 모든 지폐나 신용 단위는 고정비율로 아무런 제한 없이 금으로 교환될 수 있어야 금과 '동등'하다고 볼 수 있다."

독일 경제학자 멜치어 팰리(Melchior Palyi)는 '페이퍼 골드'의 개념을 신랄하게 비평했다. "새로운 특별인출권은 무모한 금융경제의 확장과 인플레이션을 전 세계적으로 부추길 것이다. 특별인출권의 채택은 통화팽창주의자들의 승리를 의미한다. 이는 '세계화폐'의 길목을 가로막는 장애물이 제거된 것을 의미하며, 특별인출권은 세계에서 영원히 부족하지 않을 것이다." 1969년 3월 18일, 미국 국회는 FRB가 발행한 달러는 반드시 25%의 금 보유고가 뒷받침되어야 한다는 강제조항을 철폐했다. 이로써 금과 달러 발행 간에 놓인 최후의 강제적 법률관계가 사라졌다.

물론 국제 금융가의 계획이 항상 뜻대로 된 것은 아니었다. 1940년대 케인스가 특별인출권으로 미래의 '세계화폐'를 삼으려던 구상은 너무 앞선 것이었다. 그러나 이 당시 국제 금융가들의 낙관적인 견해도 전혀 근거가 없는 것은 아니었다. 제2차 세계대전 후 UN(United Nations)이라는 '세계 정부'의 원형이 탄생했고, '세계 통일 화폐의 발행기관'인 국제통화기금과 세계은행도 출범했다. 이런 상황에서 특별인출권이 계획대로 세계화폐가 된다면 그들은 대업을 이룬 것이나 다름없었다.

그러나 아쉽게도 계획이 변화의 속도를 따라가지 못했다. 미래 세계에 관한 '이상적인 청사진'을 그린 영국 케인스 버전과 화이트의 미국 버전 간에는 적지 않은 차이가 있었다. 미국은 충분한 재력을 갖췄고 달러가 이미 패권을 차지하고 있었기에 미국은 모든 조건을 갖춘 것이나 다름없었다. 따라서 미국으로서는 케인스의 계획에 적극적일 필요가 없었다. 이로 인해 둘 사이의 모순은 존재할 수밖에 없었다. 게다가 제3세계 국가들의 독립 운동 물결이 거세게 밀려왔고, 아시아의 부상이 기존의 세계구도를 뒤흔들었다. 이런 상황에서 특별인출권은 시종일관 성과를 내지 못했다.

미국의 조폐권을 저지한 드골

시뇨리지의 전통적 정의는 화폐의 액면가와 화폐 제조 원가 사이의 차액을 말한다. 즉, 일단 사람들이 불완전 화폐를 받아들이면 발행자는 화폐 발행의 이윤을 얻게 되는데 이 이윤을 통상적으로 시뇨리지라고 한다. 거시적 의미의 시뇨리지는 화폐 발행을 통해 화폐를 소지한 사람의 화폐가 실질적으로 절하되는 것을 말한다. 이것은 화폐를 소지한 사람에게 세금을 징수하는 것과 같다.

전후, 브레턴우즈 체제는 달러에 금과 동등한 지위를 부여했다. 각국은 자국 화폐를 달러와 연계했고 조정이 가능한 고정환율제를 시행했다. 이 체제하에서 달러는 기축통화라는 특수한 지위를 누렸으며, 미국은 인쇄기를 돌려 재정 적자를 메웠다. 그래서 달러를 외환 보유고로 한 국가의 부는 실질적으로 미국으로 이동했다. 바로 이것이 미국이 '시뇨리지'를 징수하는 방식이다. 케인스는 일찍이 시뇨리지의 본질을 파헤쳐 이렇게 말했다. "다른 방법이 없을 때 한 국가는 이런 방식(시뇨리지)으로 생존할 수 있다."

1960년대 말, 베트남 전쟁에 너무 깊이 관여한 미국 정부는 엎친 데 덮친 격으로 국제수지 적자와 재정 적자를 비롯해 인플레이션이라는 거대한 압력에 직면했다. 제2차 세계대전 이후 미국의 지원을 받아 새로 부상한 프랑스, 독일, 이탈리아를 위시한 EU는 대대적으로 '금융전'을 펼쳤다. 상호 간의 비난과 대립으로 국제 금융 질서는 상당히 긴장이 감도는 상태였다. 미국은 유럽과 일본이 국제수지 조절을 위한 의무를 다하지 않고 의도적으로 국제 경제의 불균형을 초래한다고 비난하면서 미국의 무역 불균형 해소를 위해 앞장설 것을 요구했다. 이에 반해 유럽과 일본은 미국이 책임을 다하지 않는다고 원망하며 베트남 전쟁으로 인한 군비지출로 재정 적자와 그에 상응하는 국제수지 적자를 유발했다고 비난했다. 또한 적자를 메우기 위해 멋대로 달러 지폐의 수량을 늘려 유럽이 거액의 시뇨리지를 지불하게 만들었다고 지적했다.

이 '금융전'에서 가장 주목을 끈 인물은 바로 프랑스의 드골 대통령이다. 제2차 세계대전 당시 프랑스는 피점령국이 되어 강대국의 지위를 상실했다. 미국, 영국, 소련은 미래 국제체계를 결정하는 주인공으로서 전쟁기간 세계 전략을 논의한 '테헤란 회의'와 전쟁이 끝날 무렵 전후체제를 논의한 '얄타회의'에서 주도적인 역할을 했다. 그래서 사람들은 루스벨트, 처칠, 스탈린을 '삼두마차'라고 일컬었

프랑스 제5공화국 제1대 대통령 샤를르 드골

76 북대서양조약기구. 제2차 세계
대전 후 동유럽에 주둔하고 있
던 소련군과 군사적 균형을 맞
추기 위해 체결한 북대서양조
약의 수행기구.

다. 그러나 과거 영광을 누렸던 프랑스
는 여기서 항상 제외되었다. 드골은 이
것은 프랑스 민족과 자신을 멸시하는
처사이며 결코 용서할 수 없다고 생각
했다. 전후 그는 나토(NATO)[76]를 탈퇴
하고 독자적으로 핵심 역량을 키워 중
국과 수교하고 제3세계에 무기를 판매
했다. 치욕을 씻겠다고 맹세한 드골은
프랑스가 국제 정치 무대에서 대국의
지위와 옛 영광을 되찾을 수 있는 방법
을 강구했다.

미국이 전 세계를 대상으로 시뇨리
지를 징수하는 특권을 누리는 것에 대
해 드골은 미국이 남에게 화를 전가한
다며 분노했다. 그는 미국의 국제수지
적자를 '눈물을 흘리지 않는 적자'라고
맹렬히 비난했다. 1965년 2월 4일, 프
랑스 대통령 관저인 엘리사 궁에 드골
은 1000여 명의 외신기자를 불러 모았
다. 기자회견의 목적은 다시 19세기 금
본위제로 돌아가는 것보다 더 좋은 선
택은 없다는 것을 대중에게 알리기 위

해서였다. 그는 이렇게 말했다. "금과 비교할 수 있는 척도나 표준은 아무것도 없다. 겉모습은 금괴나 금실, 금화로 변해도 금의 본질은 결코 변하지 않는다. 금은 세계 보편적이고 인류에게 영구적으로 받아들여지는 존재다."

드골은 한발 더 나아가 대중을 일깨웠다. "달러가 누리는 초월적인 지위는 지금 사라지고 있다. 그동안 달러가 이런 지위를 누릴 수 있었던 이유는 미국이 세계 금 비축량의 75%를 보유하고 있었기 때문이다." 드골의 말은 논쟁의 여지가 없는 사실이었다. 1965년 초, 미국의 금 보유고는 1937년 3월 이래 최저 수준까지 떨어졌고, 1949년 최고 수준인 250억 달러와 비교해 보면 당시의 금 보유고는 150억 달러에 불과했다. 세계 금 보유고에서 미국이 점유한 쿼터는 최고치인 75%에서 50% 미만으로 하락했다. 1960년대 말, 이 비율은 30% 아래로 떨어지게 된다.

기자회견이 끝나고 얼마 후 프랑스의 유명한 경제학자이자 대통령 경제사무 수석고문 자크 뤼에프는 이렇게 말했다. "드골은 이 시대의 걸출한 인물이다. '진정한 돈을 복원시키는 정치가'이다. 현재의 금융 질서는 황당무계한 데다 사회 발전을 가로막는 커다란 걸림돌이다." 6일 후, 당시에는 프랑스 재무장관이었고 이후 프랑스 제20대 대통령을 지낸 지스카르 데스탱(Giscard d'Estaing)이 파리 대학에서 학생 3,000여 명을 대상으로 한 강연에서 주요 금융국가는 모든 국제수지에서 금을 채택하여 현재 세계 금융 질서의 몰락을 저지해야 한다고 연설했다.

프랑스는 자신의 이념을 관철했다. 오랜 기간 각국은 달러를 금으로 교환한 후 금을 뉴욕에 있는 미 연방준비은행의 전용금고에 보관했다. 프랑스 당국은 당시 대미 무역에서 프랑스가 대량의 흑자를 내면 미국이 규정한 온스당 35달러에 금을 가져갈 것이라고 발언해 세계의 이목을 크게 집중시켰다. 그리고 1962년에서 1966년 사이 실제로 프랑스가 미국에서 금을 수송해가는 일이 벌어졌다.

해박한 경제지식을 갖춘 자크 뤼에프의 도움으로 드골과 그의 참모들은 금값이 온스당 70달러까지 상승해야 하며 만일 그렇게 된다면 전 세계의 화폐성 황금은 달러로 환산했을 때 두 배 가격이 될 것이라고 발표했다. 이러한 구상이 실현된다면 당시 미국 다음으로 금을 많이 보유한 프랑스가 적지 않은 이득을 얻을 수 있었다. 자크 뤼에프는 미국이 중간에서 이윤을 취하지 못하도록 분위기를 조성했고, 아울러 거액의 외채를 금으로 상환하라고 했다. 이로써 국제 무역에서 적자를 기록하고 있던 국가들은 금으로 차액을 결제해야 했다.

드골의 최종 목표는 미국이 특권적인 지위를 더 이상 누리지 못하도록 하는 것이었다. 기존의 세계 질서에서 미국은 외국에 새로운 달러를 발행해 국제수지 적자를 상쇄시키면 그만이었다. 그러나 다른 국가들은 자국의 화폐와 금으로 결제해야 했다. 이러한 금융 체제의 본질을 들여다보면 미국만이 달러 발행에 힘입어 해외투자에 대한 융자를 해줄 수 있고, 다른 국가들은 대외 무역에서 흑자가 나야 벌어들인 외화나 금으로 대외 투자가 가능하다는 사실을 발견할 수 있다. 그런데 사실상 드골만이 미국의 이런 특권적 지위에 불만을 갖고 있었던 것은 아니다.

그러나 드골이 주도하는 해결 방안은 다른 나라들로부터 호응을 얻지 못했다. 국제금융계에서 주류국의 정부는 모두 드골의 시험적 발언을 거부했다. 그 이유는 잠재적인 인플레이션 압력이 세계화폐의 기반을 위협하는 것도 문제였지만, 드골의 방안은 서방 세계에 평판이 그다지 좋지 않은 세계 1, 2위의 황금생산대국 남아프리카와 구소련에게 단번에 큰 부를 안겨줄 것이기 때문이었다.

1968년 4월, 프랑스의 〈르몽드〉 지는 "프랑스 지위의 약화는 미국과 유럽 우방국 간의 느슨하지만 통일된 연맹관계의 총체적인 상호작용 부족에서 비롯되었다"라고 보도했다. 달러에 도전하는 것을 줄곧 즐거워했던 〈르몽드〉 지의 이러한 입장 변화는 드골 진영이 와해됐음을 상징적으로 보여주는 것이었다.

1968년 5월에 일어난 '5월 혁명'은 드골의 희망을 철저히 부숴 버린 최후의 일격이었다. 5월 혁명은 프랑스 전역을 휩쓸었고, 프랑스 사회는 파업과 시위로 얼룩졌다. 그 격렬함은 대서양 맞은편인 미국에서 일어난 반전운동에 결코 뒤지지 않았다. 다만 다른 점은 미국 사람들은 자국 정부가 베트

5월 혁명 시기의 포스터

남전쟁에 너무 깊숙이 관여했다고 항의했지만 프랑스 사람들은 임금 인상을 요구했다는 것이다. 전 과정에서 표출된 폭력 양상은 1920년 대 국제자본이 심각한 위기에 직면했던 대공황을 연상케 했다. 이와 는 반대로 독일의 마르크와 스위스 프랑은 견고한 안정세를 보이며 안전한 피난처 역할을 했다.

1969년 4월 28일, 프랑스 국민은 투표를 통해 드골 대통령의 정치 개혁안을 공개적으로 부결했다. 드골 대통령은 이에 책임을 지고 사 퇴하기에 이른다. 드골의 이 결정으로 프랑스 프랑에 대한 전망은 더 욱 어두워졌다.

미국의 시뇨리지 징수를 막기 위해 줄곧 노력했던 드골은 대통령 직을 사퇴하고 얼마 후 유명을 달리했다. 1970년 11월 9일, 드골은 우울함 속에서 세상을 떠났고 프랑스는 새로운 시대로 접어들었다.

이에 비추어 보면 오늘날 중국이 미국의 최대 채권국이 되고 달러 를 대량으로 보유한 것은 미국이 지폐를 발행해 중국의 일부 재산을 무상으로 점유한 것이나 마찬가지다. 중국은 미국이 시뇨리지를 반 환하기를 희망하지만 미국은 이를 반환해야 할 의무가 있는 것은 아 니다. 현재 1조 7500억 달러의 외환보유고와 민간이 보유한 3000억 달러의 외환자산을 합산해 보면 중국이 보유한 외화는 약 2조 달러 에 이른다. 그중 달러자산은 1조 2000억 정도다. 이에 대한 세수가 얼마나 되고 또 어떻게 계산하는지는 정설이 없지만, 미국의 인플레 이션율을 3%로 해서 계산해 보면 미국은 적어도 해마다 중국으로부 터 360억 달러를 가져간 셈이다.

중미 금융관계에서 중국이 비축, 결제, 투자에 대한 결제수단
으로 달러를 사용한다면 이는 미국에게 화폐 수익세를 안겨주는
것이다. 이것은 결과적으로 미국인들에게 안정적인 수입처를 제
공하는 셈이다.

일본을 강타한
닉슨 쇼크

역사적으로 있었던 두 번의 '닉슨 쇼크(Nixon shock)'는 모두 닉슨이 주도한 정치정책과 경제정책에 불만을 표현하기 위해 일본이 내린 정의다. '닉슨 독트린(Nixon Doctrine)'[77]이 발표된 후 미국은 아태 지역의 대외정책에서 새로운 자세를 취했다. 특히 중국과의 관계 개선을 통해 함께 구소련의 위협에 대응하려 했다. 1971년 미국 국무장관인 헨리 키신저(Henry Kissinger)가 비밀리에 중국을 방문해 관개 개선의 물꼬를 텄다. 발표 바로 직전에 이 사실을 통보받은 일본은 갑작스런 습격으로 불안에 떨었다.

[77] 1969년 미국 대통령 닉슨이 발표한 아시아에 대한 외교정책. 동맹국이나 미국이 중요하다고 생각하는 국가가 핵의 위협을 받은 경우 보호에 나서고, 핵무기에 의한 위협 이외의 침략이 발생한 경우에도 조약에 기초하여 요청하면 군사, 경제 원조를 제공하며, 아시아의 방위는 아시아인의 힘으로 한다는 등의 내용을 담고 있다.

아태지역의 중요한 국가이자 한·미·일 군사동맹의 일원인 일본은 미국에게 버림받았다고 생각한 것이다. 이 사건은 일본 외교계에 큰 충격을 주었고, 이를 정치상의 '닉슨 쇼크'라고 불렀다.

리처드 닉슨 – 미국 제37대 대통령

닉슨은 천성적으로 의심이 많아 미국 정계에서 '교활한 디크(Tricky Dick)'로 불렸다. 이런 성격 때문인지 정치상에서 그는 언제나 예상을 깨는 행동을 서슴지 않았다. 그러나 경제 방면에서 일본은 그로 인해 한층 더 곤경에 빠졌다. 1971년 8월 15일 닉슨은 캠프 데이비드(Camp David)에서 '신경제 정책'을 발표했다. 미국 정부의 이 결정은 전 세계 자본주의 국가에 큰 충격을 안겨 주었다. 그중에서 특히 일본이 가장 심하게 타격을 입었다. 그래서 일본 금융계는 이를 경제상의 '닉슨 쇼크'라고 불렀다.

1968년 이후 미국의 인플레이션은 전체 경제체의 인플레이션 압력을 가중시켜 실업률, 이윤율, 금리, 세율을 통제하거나 혹은 인플레이션을 억제하는 다른 조치들을 동원해도 전혀 효과가 없었다. 강한 인플레이션 압력으로 달러 문제는 더욱 심각해져 갔고, 포트녹스의 황금 보유량은 계속해서 줄어들었다. 바로 이때 닉슨은 다시 정계로 돌아와 1969년 제37대 미국 대통령에 당선되었다.

진퇴양난의 딜레마에서 벗어나기 위해 닉슨은 둘 중 하나를 선택해야 했다. 첫째는 전통적인 방법인 세수와 금리를 인상해 인플레이션을 해결하는 것이었다. 그런데 1931년 영국이 이 방법을 채택한 결과 영국은 경제적으로 심각한 쇠퇴기에 접어드는 등 고통스런 시기를 보내야 했다. 이 방법은 심리적으로는 인플레이션의 근원을 차단해 달러를 구제하겠지만 저항의 목소리도 엄청날 것이기 때문에 자신의 정치적 인기를 고려하면 닉슨으로서는 선택하기가 쉽지 않았다. 또 다른 선택은 오르는 물가를 직접 억제하는 것이었다. 정부의 행정적인 통제시스템을 이용해 상승하는 임금과 물가를 억제하는 것이 포함된다. 임금 억제를 통해 정부는 상공업 운영의 여유를 확보할 수 있고, 기업은 일정한 이윤을 내기 위해 계속해서 상품 가격을 올릴 필요가 없다. 물가 통제를 통해 정부는 고용자들의 이익을 보장할 수 있고 높은 생활비로 국민의 구매력이 잠식당하는 것을 방지할 수 있다.

시카고학파의 통화주의(monetarism) 권위자 밀턴 프리드먼(Milton Friedman)은 첫 번째 방법을 주장했다. 그는 화폐 공급량 확대를 중지하고 금리를 높이면 6개월 안에 인플레이션을 억제할 수 있다고 제시했다. 그래서 1969년 4월 14일 닉슨 정부는 '일단 해보자'는 쪽으로 방향을 잡았다. 전통경제학과 통화주의를 결합한 재정과 통화 긴축 정책이었다. 이를 위해 닉슨은 연방예산을 삭감하고, 투자세 혜택 제공을 중단했으며, 재무부와 미국 연방준비은행 간의 긴밀한 협력을 통해 통화량을 줄이고 금리를 올렸다.

그러나 '일단 해보자'던 이 방법은 인플레이션 억제는커녕 전후 미국에 제5차 경제위기를 몰고 왔다. 1969년 11월에서 1970년 11월 사이 미국 국민총생산(GNP)은 1.1% 하락했고, 실업률은 6%로 상승했으며, 실업인구는 503만 명에 달했다. 또 소비자물가는 6.6%나 올랐다. 경제 쇠퇴와 인플레이션이 동시에 발생해 미국경제는 스태그플레이션(stagflation)[78]이라는 최악의 상태로 빠져들었다.

닉슨은 자유 시장에 대한 개입이라는 리스크를 무릅쓰고 어쩔 수 없이 두 번째 방법을 단행했다. 이는 많은 민주당 인사들이 주장하던 정책으로, 첫 번째 방법이 실패하자 많은 보수진영의 인사들이 두 번째 방법의 진영으로 넘어오기 시작했다. 1970년 8월, 임금과 가격 통제를 위해 미 의회는 닉슨 대통령에게 자유 재량권을 부여했다. 그러나 닉슨은 이 권한에 그다지 큰 관심을 보이지 않았다. 닉슨은 제2차 세계대전 당시 물가관리 사무실에서 일하면서 임금과 물가를 통제하는 것이 정치, 경제적으로 상당한 도전이라는 사실을 이미 경험했기 때문이다. 그래서 그는 우선 실질적인 의미는 없으나 상당히 상징적인 조치를 취했다.

닉슨은 의심과 꿍꿍이가 많았지만 상황이 워낙 긴박해 그에게 다른 선택의 여지가 없었다. 12월, 닉슨은 존 코널리(John Connally)를 재무부 장관에 임명했다. 코널리는 린든 존슨(Lyndon Johnson) 전임 대통령의 제자로 리처드슨 가문에서 석유와 부동산 고문을 해주며 재산을 모았다. 그는 케네디 내각에서 해군 장성을 맡았고,

[78] 경제 불황 속에서 물가상승이 동시에 발생하고 있는 상태. 스태그네이션(stagnation : 경기침체)과 인플레이션(inflation)을 합성한 신조어.

텍사스 주 주지사를 8년 동안 지낸 인물이다. 존 케네디 대통령이 댈러스에서 암살될 당시 동승하고 있던 코널리도 부상을 입어(저격수가 노린 것이 코널리라고 말한 사람도 있었다) 전 국민의 관심을 받았다. 의심이 가득한 닉슨에게 코널리는 자신이 결정을 내리지 못하고 있는 상황을 해결해 줄 유일한 인물이었다.

사실 금이 빠져나가는 것을 막을 방법은 없었다. 문제의 본질은 미국의 수지계정에 엄청난 적자가 발생해 미국은 이미 금 태환을 유지할 능력이 없다는 것이었다. 사실 미국이 보유한 금이 너무 적다기보다는 재정 적자를 메우기 위해 FRB가 너무 많은 지폐를 찍어낸 것이 문제였다. 코널리의 선동으로 닉슨은 인플레이션 해법으로 금을 정조준 했다. 만일 미국 재무부가 직접 황금 창구를 폐쇄한다면 이는 다른 국가의 정부와 중앙은행이 그들이 보유한 달러를 금으로 교환할 수 없음을 의미했다. 그렇게 되면 달러는 금의 족쇄에서 벗어나 닻이 없는 배처럼 자유롭게 외환시장을 떠다니게 되고, 그 결과 환율은 공급과 수요에 따라 상, 하한선도 없이 주식, 밀, 자동차, 석유 등의 가격처럼 시장에서 즉각적으로 형성될 것이다.

그러나 황금 창구가 폐쇄되면 외국 중앙은행은 곤혹스런 상황에 처할 것이다. 외국의 중앙은행은 시장에서 결제를 기다리는 달러를 계속 매입해야 하고 이로 인해 외환보유고는 계속 늘어날 것이다. 하지만 그들이 달러를 사들이지 않으면 달러는 곧 절하될 것이다. 이는 곧 해당 국가에서 달러를 소지하거나 달러로 표기된 자산을 보유한 국민은 막대한 손실을 입게 됨을 의미한다. 만약 엔이 달러에 대해 절상되면 미국인은 일본의 컬러 TV나 세탁기를 덜 구매하고 동시에 일본인은 과거에 비해 적은 엔화로 같은 가격의 미국 상품과 서비스를 구매할 수 있으므로 미국에서 더 많은 상품을 수입하게 된다.

이것은 닉슨과 코널리가 바라는 결과였다. 이렇게 된다면 미국은 수출이 증가함과 동시에 외국상품의 수입을 억제할 수 있어 미국의 외화수요가 감소하고 외국인의 달러수요가 상승해 달러 절하 문제는 자연히 해결될 수 있었다.

그러던 중 생각지도 못한 일이 일어났다. 1971년 8월 9일, 영국의 경제대표가 미국 재무부를 찾아와 30억 달러를 금으로 교환해 달라고 요청했다. 이것은 닉슨이 최후의 결단을 내리는 계기가 되었다. 6일 후, 즉 8월 15일(일요일) 저녁, 닉슨은 대통령 휴가지 캠프 데이비드에서 소위 '신경제정책'을 발표했다. 그는 매우 솔직하게 말했다. "지금이야말로 우리의 우방국들이 자유세계의 중대한 임무를 함께 분담할 때입니다. 미국은 달러와 금을 연계시키기로 한 국제적인 약속을 더 이상 이행할 힘이 없습니다."

닉슨이 황금 창구를 완전히 폐쇄하자 월스트리트는 환호성을 내질렀다. 뉴욕증권거래소의 한 트레이더는 흥분에 겨워 이렇게 말했다. "오늘 이 세상에서 가장 행복한 사람은 주식 딜러다." 뉴욕 채권이 대폭 상승했고 주식시장도 4% 가까이 상승했으며 거래량도 사상 최고기록을 경신했다. 그러나 다른 나라들은 미국 월스트리트와는 완전히 상반된 반응을 보였다. 다른 나라의 주식시장은 폭락했기 때문이다. 특히 일본 도쿄의 모든 주식시장은 패닉 상태에 빠졌다. 이에 대해 〈뉴욕 타임스〉는 이렇게 보도했다. '매물이 나오는 족족 시장 가격을 수직 하락시켰다.' 달러로 표기된 자산이 축소되는 것을 막기 위해 일본 정부는 잠시 제지를 한 후 엔화 환율을 개방했다. 엔화 환율은 1971년 1달러에 310엔 정도에서 1973년에는 1달러에 280엔 정도로 12%가량 상승했다.

인류는 마침내 진정한 의미의 순수한 달러본위제 시대를 맞이했다. 브레턴우즈 체제의 '척추'가 완전히 부러졌고, 국제 기축통화(달러)는 화폐의 왕인 황금의 감독 없이도 발행이 가능해졌다. 인류 역사 이래 전 세계는 드디어 법정 화폐 시대에 진입했다. 당시 닉슨과 그의 참모들도 구속력이 없는 달러본위제와 변동환율제가 전 인류에게 어떤 결과를 가져올 것인지 짐작하지 못했을 것이다. 그러나 그들은 가장 중요한 한 가지 사실은 분명하게 알고 있었다. 구속력이 없는 달러와 변동환율제가 미국에게는 더 이득이라는 사실을 말이다.

1971년부터 오늘에 이르기까지 전 세계의 기준통화(달러) 공급량은 수십 배가 증가했다. 평균 인플레이션 수준은 과거 인류가 겪었던 모든 인플레이션의 합을 능가했다. 수시로 금융위기가 발생하고, 금융경제와 실물경제의 괴리가 심각해지고 있으며, 인류의 진정한 경제 성장 속도는 눈에 띄게 완만해졌다. 선진국과 개도국 간의 소득 격차와 빈부 격차는 갈수록 벌어지고 홍수처럼 불어난 달러는 각국 금융 질서의 안정을 끊임없이 위협하고 있다.

자메이카 협정 :
브레턴우즈 체제의 철저한 붕괴

닉슨이 재빠르게 황금 창구를 봉쇄하자 달러를 매각하려는 거센 물결에 직면한 각국 정부는 어떤 형태로든 고정환율제를 회복할 것을 요구했다. 심지어 미국조차도 극심한 환율 변동은 무역과 관련된 많은 일의 전망을 불투명하게 만든다는 사실을 인정했다. 1971년 12월, 10개국 재무장관이 워싱턴에 있는 스미소니언박물관에 모여 마라톤 협상을 통해 가까스로 〈스미소니언 협정(Smithsonian Agreement)〉을 체결했다(외환시장의 질서 재건을 위한 협정). 협정은 금에 대한 달러가치를 7.89% 평가절하하여 금 1온스당 38달러로 규정했다. 당시 런던시장에서 거래된 금값은 새로 정한 평균가격보다 6달러나 비싼 44~45달러였다. 그러나 어처구니없게도 닉슨은 이 협정을 '세계 역사상 가장 중요한 화폐 협정'이라고 불렀다.

이는 전후로 달러가 처음 공식적으로 평가절하된 것이었다. 그러나 새로운 협정은 세계적인 거센 인플레이션 압력 속에서 살아남기가 어려웠다. 달러는 여전히 기축통화였기 때문에 다른 국가들은 달러로 채무를 상환했으며 그들에게 사용할 만한 다른 비축자산은 없었다. 달러는 시장에서 달러를 지원하는 용도로 사용될 수 없었다. 존 코널리가 미국 재무부에 재직할 당시 미국은 미국의 국제수지 적자는 외국인의 문제라고 여겼다. 코널리의 후임자인 조지 슐츠(George Shultz)는 한 술 더 떠 "미국은 달러의 국제가격을 유지할 의무가 없다"라고 말했다. 1972년 7월, 뉴욕 연방준비은행은 제한적으로 통화스왑(currency swap)[79]을 이용할 수 있는 권한을 위임받아 외국 중앙은행이 제공하는 외화를 이용하여 뉴욕 시장에서 달러를 살 수 있었다. 그러나 이 권한은 금세 회수되었다.

한편 호밀밭에서는 더 중요한 사건이 벌어지고 있었다. 가뭄으로 구소련의 곡물 공급이 대폭 감소하여 구소련은 미국으로부터 2,500만 톤에 달하는 밀을 구매했고, 이로써 미국 국제수지는 15억 달러가 개선되었다. 1972년, 시간이 흐르면서 달러가 절하되자 미국의 완제품은 더욱 싸졌고, 이에 과거에는 자신들의 경쟁력이 약했던 시장에 상품을 억지로 밀어 넣기 시작했다. 그 결과 미국의 금리가 상승했다.

그러나 시장은 외국인이 보유한 대량의 달러 때문에 불안해했다. 특히 시장이 더욱 불안에 떤 이유는 독일이 그들

[79] 두 거래 당사자가 계약일에 약정된 환율에 따라 해당통화를 일정 시점에서 상호 교환하는 외환거래.

이 보유한 달러를 더 이상 확대하길 원하지 않는다고 말했기 때문이다. 독일은 달러를 사들이기 위해 대량의 마르크를 발행했었다. 그들은 이것이 독일 경제에 심각한 인플레이션 압력을 유발할 것이라고 생각했다. 국제결제은행은 "환율 조정 자체만으로 달러에 대한 사람들의 신뢰를 회복하지 못한 이유는 상당 부분 평가절하 조치와 함께 국내 통화와 재정에 대한 긴축 조치가 이루어지지 않았다는 데 있다"라고 분석했다.

그러나 달러의 또 한 차례의 붕괴를 야기한 것은 이탈리아 리라의 투매 열풍이었다. 이탈리아 정부는 달러로 리라를 구매하는 방법으로 리라를 방어할 계획이었다. 리라와 달러는 모두 스위스로 유입되기 시작했다. 1973년 1월, 이탈리아는 두 가지 외환시장을 수립해 무역환율에 관해서는 〈스미소니언 협정〉이 규정한 중심환율(central rate)[80]을 유지하지만, 자본항목 거래에서는 리라의 절하를 허용했다. 이탈리아는 사전에 스위스와 협의하지 않아 스위스는 스위스프랑의 환율 변동을 허용했고, 결국 스위스프랑이 대폭 절상되었다.

이해할 수 없는 점은 조지 슐츠(George Shultz)가 이끄는 미국 재무부는 가능한 모든 마르크를 동원해 독일연방은행의 부담을 줄일 수 있었으나 실질적으로 닉슨과 슐츠, 볼커(Volker)는 1973년 다시 달러의 평가절하를 모색했다는 것이다. 볼커는 세계 각국을 돌아다니며 외국은행에 이렇게 알렸다. "미국 정부는 달러를 다시 10% 절하한다고 발표할 것이고, 금의 공식가격은 온

[80] 각국 통화의 대미 달러 기준 환율.

스당 42.22달러로 상승할 것이다(미국은 이 가격으로 금을 팔지 않을 것이다)." 볼커는 도쿄를 몰래 다녀갈 생각으로 밤에 일본에 있는 미국 공군기지에 비행기로 도착한 다음 미국 대사관에서 비밀리에 일본 대장성(2001년 1월 폐지되고, 그 업무는 재무성과 금융청이 담당) 대신을 만났다. 그러나 독일 재무부 장관은 볼커를 사무실에서 접견했고, 볼커가 2미터나 되는 장신이어서 본(Bonn)에서 금방 사람들의 눈에 띄고 말았다. 시장은 곧 무슨 일이 벌어질지 추측할 수 있었고 투기꾼들은 미친 듯이 달러를 차입했다.

투기자들은 차입한 달러로 금을 샀다. 볼커는 런던시장에서 전략적으로 금을 매각하면 국제통화체계가 지속적으로 유지될 수 있다고 제안했다. 그러나 프랑스는 이에 반대했다. 아마도 그들은 금값이 상승하기를 바랐기 때문일 것이다. 투기자들은 금으로 다시 마르크를 구매했고, 이에 독일연방은행은 2주 만에 60억 달러를 거둬들였다. 독일 사람들은 무제한적으로 마르크를 발행해 끊임없이 달러를 사들이는 것을 원치 않았다. 그래서 다시 고정 환율을 포기했다. 닉슨이 극찬한 '세상에서 가장 중요한 화폐 협정'은 15개월을 넘기지 못했다.

결과적으로 닉슨이 브레턴우즈 체제에 정면 도전한 행위는 세계의 화폐에 대한 관념을 크게 왜곡시키는 발단이 되었다. 수년 동안 경제학자들은 금이 각국 화폐의 기초가 됨으로써 각국 정부가 화폐 발행을 통해 어려움을 벗어나려는 경향을 효과적으로 저지했는지의 여부를 놓고 논의했다. 화폐사학자들은 과거의 통치자들이 경화

39가지 사건으로 보는 금의 역사

(硬貨) 부족의 위기를 고의적으로 일으켜 액면가에 못 미치는 화폐를 발행해 자신의 채무를 상환했다는 것을 증명했다. 그러나 지금 서방 각국은 모두 미국을 따라 지폐 부족의 위기를 일으켜 화폐 공급을 더 많이 늘리고 있다.

그 결과 세계의 생산성은 다양한 압력에 직면하게 되었다. 1971년 말에서 1973년 봄까지 로이터가 발표한 상품가격지수(식품, 섬유, 광물 포함)는 65% 상승했고, 석유를 제외한 상품가격은 급등했다. 독일의 인플레이션율은 6%, 미국과 프랑스는 7%, 영국은 10%, 이탈리아는 12%였다. 독일을 제외한 이들 국가의 인플레이션율은 계속 상승하고 있다. 비록 미국의 국제무역 수입이 'U'자형 곡선의 상승단계에 진입했지만(상당 부분은 농산물 가격의 계절적 상승 때문에 미국 상품 수출액은 1972년의 500억 달러에서 1973년 710억 달러로 늘었다), 변동하는 스위스프랑과 마르크에 대해 달러는 계속 절하됐다. 1973년 3월, 달러 절하로 유럽은 다시 달러를 투매하고 금을 사들이기 시작했다. 서유럽과 일본의 외환시장은 이로 인해 17일 동안 문을 닫았다. 협상을 통해 서방국가는 끝내 고정환율제를 포기하고 변동환율제를 채택하기로 했다. 이로써 브레턴우즈 체제는 완전히 붕괴했고, 이때부터 금의 비화폐화 개혁이 시작되었다.

1976년 1월 8일, 자메이카 킹스턴에서 열린 국제통화기금 임시위원회 회의에서 국제화폐제도 개혁에 관한 〈자메이카 협정(Jamaica Agreement)〉이 통과되었다. 이 협정은 1978년 4월 1일 정식으로 발효되었고, 이것은 곧 브레턴우즈 체제에 법적으로 사형 선고를 내린 것이다. 이 협정은 과거 금과 관련된 모든 규정을 삭제하고 금은 더이상 화폐의 가치를 정하는 표준이 아니며 금의 공식가격을 폐지하여 시장에서 자유롭게 금을 사고팔 수 있다고 선포했다. 또 국제통화기금에 반드시 금으로 지불해야 한다는 규정도 삭제했다. 또 국제통화기금이 보유한 금 중 6분의 1을 매각하여 얻은 이윤으로 저소득국가를 위한 우대차관기금을 설립하기로 했다. 또 금을 대신할 특별인출권을 만들어 회원국과 국제통화기금 간의 지불도구로 사용하기로 했다.

 이후 전 세계 화폐체계는 킹스턴 체제로 진입했다. 이로써 제2차 세계대전 이후 국제통화질서는 세 단계로 구분된다. 첫 단계는 국제통화기금(IMF)이 출범한 이후 1971년 리처드 닉슨 미 대통령이 금태환 정지를 선언하기까지의 '브레턴우즈 체제'다. 두 번째 단계는 닉슨 대통령이 금태환 정지를 선언하고 나서 과도기인 '스미스소니언 체제'다. 세 번째 단계는 1976년 킹스턴 회담 이후의 현 국제통화질서인 킹스턴 체제로 자유변동환율제가 정착되었다. 킹스턴 체제에서 달러는 더 이상 금과 연계되어 있지 않았다. 그러나 미국의 막강한 경제력, 미국 금융시장의 깊이와 광범위한 영향력, 제도의 관성 등 요인으로 달러는 새로운 세계 화폐체제하에서도 여전히 핵심적인 역할을 했다. 설사 변동환율제가 도입되었어도 세계 각국은 아직도 국제 무역과 투자에서 달러를 사용하고 있다. 달러는 지금까지도 국제무역에서 가장 중요한 결제화폐이고, 전 세계 외환보유 중 절대우위를 차지하고 있는 것이 사실이다. 그러나 달러가 더 이상 금과 연계되지 않자 폐단이 생겼다. 바로 미국 중앙은행이 자국의 거시경제 상황에 따라 달러정책을 수립해 알게 모르게 달러 환율이 세계 무역과 투자에 막대한 영향을 미치게 된 것이다.

금에서 해방된 달러는
어디로 갈 것인가?

〈자메이카 협정〉이 발효된 지 일 년 뒤, 즉 1979년 4월 미국 〈비즈니스 위크〉에는 '미국 패권의 쇠락'이라는 제목이 표지를 장식했다. 아울러 눈물을 흘리는 자유의 여신상이 배경을 장식했다. 미국 경제 곳곳에 구멍이 뚫린 것이 확실했고, 이런 어려움은 대부분이 미국 자체에서 유발된 것이었다. 미국은 자신의 성공에 스스로 대가를 치렀다. 제2차 세계대전이 끝난 후 미국의 산업은 전쟁의 습격을 받은 다른 경제체를 앞질렀다. 그러자 미국 기업의 관리자들은 스스로를 무소불위한 존재로 믿었고, 기업 간부들은 갈수록 혁신에 냉담했다. 반면 점차 원기를 회복한 유럽과 아시아의 경쟁력은 갈수록 높아졌지만 미국은 이를 간과했다. 해외의 새로운 기업 경영자들이 경제의 고속 성장과 기술 혁신을 꾀할 때 미국기업은 경제의 동맥경화라는 고통에 시달리고 있었다.

화이트 방안이 주도하는 브레턴
우즈 체제가 와해되자 사람들은 달
러가 약세로 돌아설 것이라는 예상
에 더욱 무게를 실었다. 또한 세계
경제체제에서 미국의 금융패권이
종말을 맞이할 것이라 생각했다. 그
러나 현실은 다른 방향으로 전개되
었다. 일련의 협정과 국제 정치, 금
융 게임 등을 통해 미국은 사실상
자신이 부담해야 했던 거대한 화폐
의무에서 해방되어 더 이상 금 태환

뉴욕 항에 있는 자유의 여신상

의 대가를 짊어질 필요가 없어졌다. 더욱이 미국은 무한대로 '법정
화폐'를 발행할 수 있게 되었다.

FRB 뉴욕은행은 달러를 이렇게 묘사했다. "달러는 재무부의 황금
이나 기타 어느 자산으로도 태환할 수 없다. 'FRB채'를 지탱하는 자
산은 아무런 실질적인 의미가 없고 단지 장부 기록 차원에서 필요할
뿐이다……. 돈을 빌리는 사람이 상환을 약속하기만 하면 은행은 화
폐를 만들면 된다. 은행은 이런 개인과 상업채무의 '화폐화'를 통해
돈을 만들어 낸다."

FRB 시카고은행의 설명은 이러했다. "미국에서 지폐든 은행 저축
이든 모두 상품과 같은 내재된 가치가 없다. 달러는 그저 종이에 불

과하고 은행예금 또한 장부상의 숫자에 불과하다. 주화에 일정한 가치가 있다고는 하지만 일반적으로 액면가에 크게 못 미친다."

그렇다면 어떤 힘이 이런 수표, 지폐, 주화 등으로 채무를 상환하고 상품과 서비스를 살 때 그것을 액면가로 받아들이게 하는 것일까? 가장 주된 것은 대중의 신뢰다. 사람들은 자신이 원할 때 언제든지 이 화폐로 다른 금융자산이나 진정한 상품 혹은 서비스를 구매할 수 있다고 믿는다. 또한 '법정 화폐는 반드시 받아들여야 한다'는 정부가 정한 강력한 법 규정도 일조를 한다. 다시 말해, 채무의 화폐화가 달러를 창조한 것이다.

1980년대 말, 짧은 몇 년 동안 미국은 최대 규모의 국채를 발행해 세계 최대 채권국에서 최대 채무국으로 바뀌었다. 높은 금리를 제공해 개인과 비 은행기관 투자자를 끌어들였고, 외국의 중앙은행도 높은 금리를 향해 몰려들었다. 기존의 달러가 순환하여 다시 사용되는 과정에서 새로 발행된 달러는 비교적 적었다. 그러나 1990년대에 이르러 구소련이 해체되고 미국의 뒤를 잇는 경제대국인 일본과 독일이 침체기에 접어들면서 미국은 정치, 경제적으로 독보적인 존재가 되었고, 이것이 달러의 발행을 더욱 늘일 수 있는 힘으로 작용했다.

개발도상국의 화폐는 일반적으로 절하되었지만, 미국은 여전히 고성장과 저인플레이션이라는 황금기를 맞이했다. 이런 상황에서 미국의 일본계 사회학자 프랜시스 후쿠야마(Francis Fukuyama)는 《역사의 종언》이라는 책에서 미국식의 민주정치와 자유주의 시장경제는 전 세계에서 승리할 것이라고 예언했다.

고삐 풀린 달러

그러나 10년 만에 후쿠야마의 논점은 현실적인 도전을 받았다. 9·11사태 이후 아프가니스탄과 이라크에서 일으킨 전쟁에 쏟아부은 방대한 지출, 1980년대 이후 발행한 기한이 만료된 각종 국채, 점점 불어나는 이자 지출 등으로 인해 미국은 더 많은 국채를 발행해 기존의 국채를 대신해야 했다. 그린스펀(Greenspan)은 주식시장과 채권시장을 구제하기 위해 결과는 고려하지도 않고 금리를 6%에서 1%로 내렸다. 그 결과 달러의 신용대출이 폭증하고 달러가 전 세계적으로 범람하는 재난이 발생했다. 그 결과 경제위기가 닥치고 그것을 몸소 겪으면서 사람들도 마침내 달러는 그저 녹색 무늬가 찍혀 있는 종이라는 사실을 깨닫게 되었다.

조폐기가 돌아가면 미국의 국채도 마구 늘어났다. 2008년 미국의 부채 규모는 이미 10조 달러를 넘어섰다. 뉴욕 타임스퀘어의 '국가부

채시계(The national Debt Clock)'는 열세 자리까지만 입력이 가능한 까닭에 2009년 7월 5일 부득이하게 시계를 멈추었다. 시계를 개조해 자릿수를 늘린 부채 시계가 다시 돌아가기 시작했다. 오늘날 3억여 명의 미국 인구가 이 부채를 분담한다면 1인당 3만 달러가 넘는 채무를 지게 될 것이다.

인류 역사상 이렇게 심각하게 미래를 저당 잡힌 나라는 없었다. 세계가 불안에 떠는 이유는 미국이 자국민의 재산만 볼모로 삼은 것이 아니라, 다른 국가 국민의 재산까지 볼모로 삼았기 때문이다. 국채만 보아도 그러한데 각 주와 지방정부의 채무, 국제채무, 개인채무까지 모두 합한다면 45조 달러에 달하고, 1인당으로 계산해 보면 15만 달러에 이른다. 4인 가족 한 가구당 60만 달러의 채무가 있는 것이다.

채무의 화폐화로 인해 미국이 지폐를 얼마나 찍어내느냐에 관계없이 다른 국가들은 이를 받아들여야 했다. 달러로 표기된 자산이 세계 자산에서 높은 비율을 차지하기 때문에 달러를 포기하기에는 손실이 너무 컸기 때문이다. 세계 각국은 은연중에 달러 절하 압력의 인질이 되어 반드시 달러를 받아들이고 그와 동시에 미국에 시뇨리지를 내야 했다. 미국이 조폐기를 가동시키기만 하면 세계의 부는 계속해서 미국으로 흘러들어갔다. 이러한 패권이 만들어 낸 이익은 과거 서방의 제국주의가 식민지를 통해 얻은 이익을 훨씬 넘어선다.

지금의 국제화폐체계는 점차 다원화되고 유로와 엔화 등의 화폐가 전 세계적으로 유통되고 있으며 위안화와 다른 화폐가 지역 무역에서 점차 비중을 높여 가고 있다. 그래서 과거만큼 달러가 유아독존

적이지는 않지만, 그래도 석유, 식
량, 광석, 첨단설비를 거래할 때에
는 아직도 달러로 결제가 이루어진
다. 따라서 달러는 여전히 국제화폐
체계에서 주도적인 화폐라 할 수 있
다. 브레턴우즈 체제의 가장 중요한
유산인 달러 패권은 여전히 현 국제
금융 질서의 기본 특징이라 할 수
있다.

달러는 어디로 갈 것인가?

많은 경제학자는 미국의 이런 화
폐제도를 옹호할 만한 구실로 종이
달러의 수요는 바터무역에서 유래했고, 이는 무역액이 커지면서 생
겨난 필연적인 요구라고 말한다. 만일 그들의 말이 사실이라면 사람
들은 이런 종이 수표가 결국에는 역할을 발휘하기를 기대할 것이다.
그러나 현실은 그렇지 않다. 법정 화폐는 바터무역에서 유래하지 않
았다. 만일 유통되는 법정 화폐(이는 가치기초가 없는 채무 증서에 불과
하다)의 수량을 통제하지 않는다면 달러의 가치는 떨어질 수밖에 없
다. 진정한 부는 진정한 지불에서 나온다. 보수를 받는 것은 먼저 노
동을 지불했기 때문이다. 이자를 얻는 것은 먼저 저축을 했기 때문
이다. 그러나 FRB는 조폐기를 돌리기만 하면 아무런 대가 없이 무한
한 부를 창조할 수 있다.

본질적으로 말하면, 채무의 화폐화는 장기적인 인플레이션을 초래

하는 원흉이다. 금본위제하에서 화폐 발행량이 금 보유량을 크게 초과하여 결과적으로 금본위제가 해체되었다. 브레턴우즈 체제하에서는 달러와 금의 연계가 붕괴될 수밖에 없었다. 순수한 법정화폐제도하에서는 악성 인플레이션을 피할 수 없고 세계적으로 경제가 심각하게 쇠퇴하는 결과를 맞이하게 된다.

고삐 풀린 달러는 결국 전대미문의 시장 과열을 불러일으키고, 그 결과 금융경제에서는 붕괴가 잇따를 것이다. "우리는 결국 모두 죽는다"는 케인스의 풍자적인 말은 앞으로 하나의 예언이 될지도 모른다. 그리고 그때 금은 예전처럼 응분의 자리를 되찾을 것이다.

위기 속의
황금 저격전

제5장

상품경제의 역사적 흐름을 보면 상황에 따라 금값이 수없이 많은 변화를 겪었음을 알 수 있다. 영국의 전 수상 벤저민 디즈레일리(Benjamin Disraeli)의 말이 이를 대변한다. "사람들의 정서는 사랑보다 황금에 의해 더 심하게 좌우된다. 6000여 년 동안 무수히 많은 사람들이 황금 때문에 싸우거나 죽거나 사기를 당했으며 황금의 노예가 되었다."

정치가 안정되고 경제가 건강하게 발전할 때 황금 혹은 통화체계의 지휘봉이 충실하게 본연의 기능을 발휘했다. 그리고 황금은 사치품으로서 추앙을 받았다. 전쟁의 발발, 정치 불안정, 경제위기 등의 중대한 변고가 생기면 황금은 경제공황을 억제하여 정국을 안정시키거나 혹은 천하가 안정되는 것이 두려워 파란을 더욱 부채질하는 역할을 했다. 그래서 황금은 예로부터 '난세의 영웅'이라는 칭호를 얻었다.

황금을 억압하려는
음모의 실패

브레턴우즈 체제하의 달러본위제는 부족한 점이 많았지만 금값은 경제 온도를 대략적으로 반영했다. 금본위제하에서 금값의 역할은 미약했지만, 그 효력은 금융 강국인 미국에 고통을 주기에 충분했다.

1974년 미국 정부는 황금 소유권을 합법화했지만 세계의 주요 경제 대국은 여전히 황금 소유 금지 정책을 실시했다. 목적은 정부가 장악할 수 없는 금속을 국민이 소지하는 것을 막기 위해서였다. 이런 상황이 발생한 이유는 간단했다. 이미 너무 많은 법정 화폐를 발행한 미국 정부가 지폐는 황금의 뒷받침이 없어도 되는 것처럼 위장한 사실을 숨기려 했기 때문이다. 이런 허상을 만들어 내기 위해 미국 재무부는 달러의 가치가 황금의 가치보다 더 견고하다고 스스로를 세뇌했다. 미국 재무부는 제1차 황금경매를 진행한다고 선포했고, 동시에 미국인들은 루스벨트에 의해 강제로 상납했던 황금을 다시 되찾을 수 있도록 허가를 받았다. 1974년 말, 미국 당국은 역사적으로 유명한 황금공매도 열풍을 일으켰다. 1971년 닉슨이 대통령 임기 시절 황금 창구를 폐쇄한 이유는 미국 정부가 더 많은 황금을 잃게 될까 봐 두려웠기 때문이다. 그러나 이 당시 미국 재무부가 걱정한 것은 금값이 계속 상승하여 달러에 대한 신용이 더 하락하는 상황이었다.

많은 유럽인은 미국의 위장에 현혹되어 다시 달러의 효력을 믿기 시작했다. 유럽에서는 적어도 금을 사서 손에 넣을 수 있었기 때문이다. 당시 금시장이 가장 발달한 스위스에서는 작은 마을에 있는 가장 작은 지점에서도 황금을 살 수 있었다. 그러나 대다수의 국가에서는 높은 부가가치세 때문에 금을 사려던 사람들이 구입을 포기했다. 미국에서 금을 사기란 더욱 어려웠다. 은행에서 컨설팅업무를 하는 직원조차도 금을 어떻게 사는지 몰랐다. 더욱 어처구니없는 사실은 당시 사람들은 어디에 가야 금을 살 수 있는지 몰랐고, 어떤 사람들은 평생 진짜 금화를 구경조차 한 적이 없었다는 것이다. 심지어 FRB 의장 폴 볼커조차 어디 가서 황금을 사야 하는지 몰랐다. 하루는 볼커가 전 FRB 뉴욕은행 부행장 존 엑서터(John Exeter)에게 "존, 당신은 어디 가서 금화를 삽니까?"라고 물었다는 에피소드도 있다. 미국 경제연구소에서 출간한 《왜 금을 원하는가?》에는 공매도 열기와 그것이 최종적으로 실패의 길로 들어서는 국면을 매우 날카롭게 묘사했다.

39가지 사건으로 보는 금의 역사

국제통화기금 주요 회원국의 도움으로 미국은 1975년부터 세계 황금시장에서 '공매도 열풍'을 일으켰다. 그 규모와 지속 기간은 가히 기록적이었다. 공매도 열풍을 일으킨 근본 목적은 세계 주요 국가의 국민이 지폐가 금보다 좋다는 것을 믿게 하기 위함이었다. 이것이 성공하면 지폐를 과도하게 발행해 발생한 인플레이션을 무제한적으로 지속시킬 수 있을 것이다.

상술한 모든 노력은 대중으로 하여금 황금은 '야만시대의 유물'이므로 인류가 재능과 지혜를 발휘해 새롭고 합리적인 화폐체계를 만들었고 그래서 황금은 이제 시대에 뒤떨어진 것임을 믿게 하려는 의도가 깔려 있었다. 일부 경제학자들은 정부가 만일 황금에 더 이상 화폐기능을 요구하지 않는다면 황금은 향후 아무런 가치가 없을 것으로 예측했다. 일부 화폐 전문가들은 금이 화폐 기능이 없는 것을 감안해 금값은 온스당 25달러 정도가 적당하다고 건의했다. 이런 상황에서 금융당국 관리들은 공매도 계획을 설계하고 추진할 충분한 이유가 있었다. 1973년에서 1974년까지 많은 국가의 물가상승률은 두 자릿수를 유지했고, 금값도 200%나 올랐다. 그래서 관계자들은 이 기간에 발생할 수 있는 악성 인플레이션과 화폐 투매, 국제화폐 협정 와해 등을 논의하기 위해 회담을 개최했다.

1975년 1월, 첫 번째 황금 경매가 열렸고, 여기에서 200만 온스의 황금이 팔려 나갔다. 같은 해 6월, 두 번째 경매가 열렸고 총 50만 온스가 팔렸다. 8월, G10과 스위스는 통화체계에서 금의 역할을 좀 더 축소하기 위해 G10국가와 국제통화기금의 금 보유량을 5000만 온스 줄이고 그중 2500만 온스를 4년 내에 팔기로 결정했다.

1980년 1월, 금시장은 극심한 광란의 한 달을 보냈다. 금값은 불과 몇 주 만에 온스당 800달러를 넘었는데, 이것은 1979년 말의 '주 이란 미국 대사관 인질 사건'이 도화선이 된 것이 틀림없었다. 1979년 11월 4일, 이란 학생혁명부대는 테헤란 주재 미국 대사관에 돌진해 외교관들을 인질로 잡고 억류했다. 한편 11월 20일 중동의 대표적 친미 노선 국가인 사우디아라비아에서 이슬람교의 성지인 메카 카바 신전이 광분한 이슬람 원리주의자들에게 점령당하고 수백 명이 인질로 억류되었다. 대중은 이 두 사건으로 다시 중동전쟁이 발발해 새로운 오일 쇼크가 닥치지 않을까 우려했다.

호메이니를 저지하기 위해 미국은 FRB에 예금한 이란의 금을 동

이란 방송국이 내보낸 1979년 미국인 인질 사건의 사진

39가지 사건으로 보는 금의 역사

결했다. 미국의 이러한 행동을 보면서 전 세계 중앙은행은 포트녹스에 금을 저장하는 것이 절대적으로 안전한 것은 아니라는 사실을 알게 되었다. 금을 구입해 자신의 금고에 넣어두는 편이 금을 다른 정권의 관할범위에 두는 것보다 훨씬 낫다는 것을 깨달았다. 금이 동결되어 패닉 상태에 빠진 이란은 즉각 취리히에서 금을 사들였다. 이때 이란과 적대적 관계에 있던 이라크도 금을 대량으로 사들였다. 결국 금값은 역사상 최고치인 온스당 850달러까지 치솟았다.

대중은 정부가 화폐의 가치를 떨어뜨리는 조치에 대해 우려를 드러냈지만 정부는 여러 해가 지나서야 깨닫게 되었다. 그러나 그들이 완전히 깨달았을 때에는 이미 황금의 상승세를 저지할 방법이 없었다. 1970년대 10년 동안 미국 정부와 재무부 그리고 FRB는 황금을 무너뜨리기 위해 노력했다. 그러나 이것은 그저 불필요한 소모전이었고 시작과 동시에 실패는 이미 예정되어 있었다.

금시장에 압력을 행사하는 것 이외에도 제2의 전쟁이 또 있었다. 그것은 바로 언론전(言論戰)과 학술전(學術戰)이었다. 케인스 경제학파든 그보다 조금 후에 나타난 화폐주의 학파든 모두 학술계의 이슈를 실제적인 세계 경제 운행과 상당히 동떨어진 수학공식의 게임 속으로 끌어들였다. 그들은 기존의 속도대로 화폐 공급을 늘려 화폐 수요를 만족시킬 필요가 있다고 여겼다. 이렇게 학계가 이론적인 논리를 전개해 부추김에 따라 사람들은 금과의 연계를 끊은 법정 화폐 제도는 좋은 것이고 또한 전적으로 인류의 복지를 위한 것이라고 인식하게 되었다.

그러나 FRB 뉴욕은행의 부행장 존 엑서터는 이 이론에 일침을 가했다.

이런 시스템에서는 어느 국가도 다른 국가에 진정한 가치가 있는 화폐를 지불할 필요가 없다. 왜냐하면 그들은 태환(금화)의 구속력이 없기 때문이다. 우리가 지폐를 얼마나 발행하든 우리는 지폐로 석유를 살 수 있다. 그들(경제학자)은 부를 저장하기 위한 견고한 화폐에 대한 사람들의 갈망을 무시하는 선택을 했다. 그들은 금이 화폐라는 사실을 인정하지 않았고, 금이 보통상품일 뿐이며 화폐 시스템에서 아무런 지위도 없는 납이나 아연 같은 존재라고 단정했다. 그들은 심지어 재무부에 금을 계속 비축할 필요가 없으므로 시장에 투매하라고 건의했다. 그들은 황금을 억압한 뒤 마음대로 지폐의 가치를 정했다. 그들은 우리에게 빠르게 증가하는 'IOU(내가 너에게 빚지다)', 즉 차용증서를 어떻게 화폐로 실현해 가치를 보전하는지에 대해 알려주지 않았다. 그들은 이렇게 빠르게 증가하는 지폐가 언젠가 채무문제를 초래할 것이라는 점을 전혀 의식하지 못하는 듯하다.

엑서터는 단도직입적으로 결론을 내렸다.

케인스와 프리드먼은 20세기 존 로의 복제판에 불과하다. 그들은 지폐를 황금으로 태환하는 철의 법칙을 무시하는 선택을 했고, 고의로 일부 경제학자나 정치가의 생각대로 지폐를 인쇄했다. 그들은 이렇게 하면 자연 규율을 벗어나 무에서 부를 '창조'할 수 있고 상업 주기가 사라지고 전 국민의 취업과 영원한 번영을 보장할 수 있다고 여겼다. 이는 일부 경제학자들이 특정 정치 성향을 위해 정책을 제정하고, 자신의 돈을 사용하지 않고 시장에서 모험을 한다는 전제하에 과거 존로 같은 치혜와 경제에 관한 광범위한 지식으로 화폐, 재정, 세수, 무역, 가격, 수입 등의 정책을 임의로 결정했음을 의미한다. 게다가 이렇게 하는 것이 우리에게 최선이라고 알려주었다. 그래서 그들은 우리의 경제를 미세하게 조정했다.

정치가들과 경제학자들이 황금과 금본위제를 좋아하지 않은 것은 당연했다. 세계에서 한두 손가락 안에 꼽히는 경제학자인 케인스와 프리드먼이 실정을 몰랐다기보다는 반대로 그들은 그 시대의 정치 분위기에 굴복한 것이다. 오늘날 정책 제정자이든 경제학 분야의 리더이든 그들은 황금이 '야만시대의 유물'이라는 것에 관한 설교를 너무 많이 수용했다. 어떤 이유 때문인지는 몰라도 그들은 황금 역사에 대한 연구를 고의적으로 소홀히 했을 수도 있다.

지금까지의 인류 역사를 돌이켜보면 과학 분야의 성과는 모두 진리에 대한 추구였다. 진리와 가까우면 가까울수록 과학은 정확한 결과를 얻었다. 같은 맥락으로 황금은 인류가 수천 년 동안 대를 이으며 시대를 막론하고 국가와 종교, 인종을 초월하여 모두가 인정한다는 점에서 인류를 위한 진정한 부(富)라 할 수 있다. 금시장에서 몇 차례 투매 열풍이 일어났다고 해서 그것이 금을 폄하할 수 있는 이유는 되지 못한다. 또 케인스의 '야만시대의 유물'이라는 표현으로도 황금에 대한 사람들의 호감을 잠재울 수는 없다. 역사를 통해 알 수 있듯이 그동안의 황금을 억압하려는 행동은 모두 실패로 돌아갔고 그것은 미래의 역사에서도 마찬가지일 것이다.

유로에 대한
미국과 영국의 이중 공격

1999년 3월 24일, 미국을 비롯한 나토는 UN 안보리의 동의 없이 인권 보호라는 명목으로 유고슬라비아에 군사행동을 개시했다. 나토는 78일 동안 폭격을 퍼부었고 유고슬라비아의 10만 제곱킬로미터가 넘는 면적에 폭탄을 무려 2만 1000톤 이상을 투하했다. 이로 인해 유고슬라비아의 공공시설이 대부분 파괴되었고, 수천 명의 국민이 사망하고 6000명 이상이 부상당했다. 같은 해 5월 8일, 미국 비행기가 유고슬라비아 주재 중국 대사관을 습격해 중국기자 3명이 사망하고 20여 명의 외교관이 부상을 당해 중국 국민의 분노를 샀다.

나토는 이를 인권재난을 막기 위한 행동이라고 설명했지만 전혀 설득력이 없었다. 군사적인 공격은 그 자체로 더 많은 인권재난을 야기하기 때문이다. 미국이 이 전쟁을 일으킨 동기와 목적을 놓

유고슬라비아 폭격을 준비 중인 미군 조종사

고 사람들은 지정학적 요인, 문명충돌, 나토 신전략, 미국의 패권 등 다각도로 분석하여 설득력 있는 해석을 제시했다. 그러나 미국이 이 전쟁을 일으킨 진정한 동기를 분석할 때 절대로 빼놓을 수 없는 것이 한 가지가 있다. 그것은 바로 경제적인 요소, 그중에서도 특히 '유로(Euro)'가 그렇다. 왜냐하면 유고슬라비아를 공습하기 3개월 전 EU(European Union, 유럽연합)의 단일화폐인 유로가 탄생했기 때문이다.

초기, 사람들은 새로운 유럽 통화체계에서 금이 어떤 역할을 하게 될지 다양한 추측을 내놓았다. 많은 사람들은 유럽은행의 비축통화를 모두 지폐로만 할 수는 없으므로 적어도 15%는 황금을 비축해야 한다고 여겼다. 그러나 유로는 달러와 마찬가지로 순수한 법정 화폐로서 황금과 직접적인 연계가 없었다. 설사 그렇다 하더라도 유로의 탄생은 세계에서 가장 강력한 두 가지 화폐인 달러와 파운드의 패권에 커다란 위험이 아닐 수 없었다. 만일 달러가 믿을 만하고 안정된 기초를 가지고 있었다면 유로의 출현은 문제될 것이 없었다. 그러나 당시 다른 국가와 지역에 대한 미국의 부채가 이미 2조 달러를 넘어섰고, 그 결과 달러의 명예가 심각하게 실추된 상황이었다.

이런 상황에서 1999년 초 유로가 정식으로 탄생했고 시작부터 위풍당당하게 달러 대비 1:1.19의 환율을 유지했다. 이후 다소 하락하기는 했지만 여전히 달러보다 높은 수준을 유지했다. 미국은 이 때문에 바늘방석에 앉은 듯 불안해했다. 그러나 EU의 통화개혁을 비난할 명목이 없는 미국은 칼끝을 아무런 관계가 없는 유고연방에 겨눈 것이다.

유럽에 '전쟁은 미국인의 일이고 평화는 유럽인의 일이다'라는 유행어가 있듯이 EU는 유고연방의 코소보 전후 재건에 대부분의 비용을 지불했다. 이로 인해 유로존(Euro Zone) 국가의 재정지출이 늘어나 재정적자의 압력이 높아졌고, 이는 결국 유로의 신용에도 영향을 주었다. 1999년 6월 1일, 달러에 대한 유로 환율은 10.6% 하락했고, 2000년 10월에는 탄생했을 때보다 32.7% 하락했다.

영국은 1973년 EU의 회원이 되었지만 화폐 문제에 있어서는 양보할 생각이 없었다. 영국 국민은 과거 기세등등하던 파운드가 '신생아' 유로에 의해 대체되는 것을 원하지 않았다. 영국과 EU의 미묘한 관계는 처칠이 말한 것과도 같았다. "영국은 유럽과 같이 있지만 유럽에 종속되지 않는다." 아마도 앵글로색슨족이라는 이유 때문에 파운드와 달러가 한편에 서게 되었는지도 모른다. 나토부대가 유고슬라비아 폭격을 끝마칠 무렵 잉글랜드 은행은 금의 시중가격에 가공할 만한 폭격을 퍼부었다.

금 시세는 1980년 역사상 최고치인 온스당 850달러를 기록했다. 이는 브레턴우즈 체제 시대의 온스당 35달러의 24.3배에 해당하는 가격이다. 그러나 이후 금값은 계속 제재를 받아 1997년 말 300달러 이하로 떨어졌다. 6개월이 채 안 돼 금값은 60%나 하락했다. 1999년 5월 7일, 믿기 어려운 일이 발생했다. 잉글랜드 은행이 보유하고 있던 금의 절반(415톤)을 팔겠다는 성명을 갑자기 발표한 것이다. 영국은 나폴레옹 전쟁 이래로 이렇게 많은 금을 매각한 적이 없었다. 이 놀라운 뉴스로 이미 약세를 보이던 국제 금값은 온스당 280달러로 떨어졌다.

잉글랜드 은행의 이 결정은 세계를 뒤흔들어 놓기에 충분했다. 세계는 "잉글랜드 은행은 제정신인가? 도대체 왜 이러는 것인가, 투자수익을 위해서인가?"라며 의아해했다. 만일 수익을 위해서라면 1980년 온스당 850달러일 때 팔았어야 했다. 그리고 다시 그 당시 투자수익률(Return On Investment, ROI)이 13%에 달하는 미국의 30년 국채를 매입했다면 큰 수익을 얻었을 것이다. 그러나 잉글랜드 은행은 사상 최저가에 가까운 280달러에 금을 팔아 투자수익률이 5%도 안 되는 미국 국채에 다시 투자했다. 설마 잉글랜드 은행이 장사하는 법을 몰라서 그랬을까? 아마도 그렇다고 생각하는 사람은 아무도 없을 것이다. 300여 년 동안 세계 금융시장을 좌지우지했던 현대 금융업의 시조인 잉글랜드 은행이 이런 말도 안 되는 '자살골'을 넣을 리는 없었다.

1999년 9월 11일, 세계금위원회(WGC)는 파리에서 회의를 개최했다. 회의에서 로버트 먼델(Robert Mundell)은 잉글랜드 은행이 '자살골'을 넣게 된 것과 관련해 기자들에게 이렇게 말했다.

39가지 사건으로 보는 금의 역사

"금은 영향력 있는 정부가 추진하는 실험 등 여러 불안정한 요인의 영향을 받습니다. 강력한 정부는 금의 지위를 불안정하게 만들기 위해 다양한 실험을 합니다……. 과거 20년 동안 금과 관련하여 정부가 어떤 정책을 취했는지 여러분은 주목해야 합니다. 금값이 온스당 850달러까지 치솟았을 때 금을 파는 것은 분명 남는 거래이고 이 거래를 통해 금값을 안정시킬 수 있었습니다. 그러나 정부는 그렇게 하지 않았습니다. 오히려 금값이 저점으로 떨어지자 금을 내다 팔기 시작했습니다. 영국도 금값이 거의 바닥을 치자 금을 팔기 시작했습니다. 이는 금의 안정성을 완전히 파괴하는 행위로 정부는 마땅히…… 싸게 사서 비싸게 팔아야 합니다."

먼델의 평가는 정확했다. 잉글랜드 은행이 경제 규율의 상식을 위배하면서까지 그렇게 행동한 이유는 단 한 가지, 바로 '두려움' 때문이었다. 잉글랜드 은행은 화폐의 비정상적인 상황을 유지하기 위해서 금값의 상한선을 통제할 수밖에 없었던 것이다.

1999년 5월, 잉글랜드 은행은 황금과의 마지막 사투를 벌이면서 자신의 금 보유고가 415톤밖에 안 된다는 사실을 폭로했다. 2003년 이는 313톤까지 감소했다. FRB가 8130톤의 금을 보유하고 있기는 했지만 이는 50년 전과 비교하면 천양지차였다. 황금 억제를 핵심전략으로 삼은 이 두 세력은 마음만 있을 뿐 에너지는 이미 바닥난 상태였다.

과거 금시장을 호령하던 FRB와 잉글랜드 은행은 그나마도 절반으로 줄어든 금 보유고를 바닥낸 것이다. 1950년 금 보유고가 2543톤에

독일 프랑크푸르트에 있는 유럽중앙은행 본사 빌딩

달했던 잉글랜드 은행은 1999년 5월 황금 저지를 위한 최후의 결전 이후 금 보유고가 83.68% 감소한 415톤에 불과했다. FRB의 금 보유고는 1950년의 2만 223톤에서 1999년의 8,130톤으로 59.8% 감소했다. 사실 1980년 이후부터 FRB는 금을 매도한 적도 거의 없고 실물로 임대해 준 적도 없다. 다시 말해 8130톤은 FRB의 최후 보유량으로 진정한 '비매품'이다. 따라서 앵글로색슨족 금융 질서의 핵심 주력부대로서 영국과 미국의 중앙은행이 여전히 세계의 황금 비축을 통제하고 있기는 하나 이 정도 양으로는 금시장에 타격을 주기에 역부족인 것이 사실이었다.

이와는 대조적으로 유럽대륙의 유로 진영은 황금의 가장 충실한 구매자였다. 영국과 미국의 중앙은행이 금값을 끌어내리기 위해 금을 투매할 때 유로 진영의 3대 주요국인 독일, 프랑스, 이탈리아는 최선을 다해 이 물량을 받아내 금 보유고를 늘렸다. 1950년 876톤에 불과하던 보유량은 1998년에는 8430톤으로 증가했다. 그중 제2차 세계대전에서 패한 후 금고가 완전히 바닥을 드러낸 독일은 마치 평지에 마천루를 세우 듯 금 보유고가 3417톤까지 늘어났다. 유로존의 중앙은행이 비축한 금은 1만 2000톤에 달했다. 1999년 이후 중앙은행

39가지 사건으로 보는 금의 역사

만 놓고 보면 유로존 진영과 '앵글로색슨족'의 영미 연합군 간의 세력은 이미 역전되었다고 할 수 있다.

동시에 과거 수십 년 동안 황금 생산량이 계속 증가하면서 세계 황금 저장량은 1950년의 약 5만 톤에서 1999년에는 15만 3000톤으로 증가했다. 즉, 미국 정부의 쿼터는 40%에서 2000년을 전후해 5.3%로 하락했다. FRB는 더 이상 세계경제와 금융의 유일무이한 통치자가 아니라 가까스로 명맥을 유지하는 '마지막 황제'였다.

황금은 세계 주요국 중앙은행의 중요한 신용보증이자 발행된 지폐의 최후 담보물이다. FRB의 금 보유량은 8100톤 이하로 떨어진 적이 없고, FRB 자산에서 차지하는 비중도 항상 75% 이상이었다.

그런데 지금 FRB가 황금 때문에 딜레마에 빠졌다. 황금을 억압하지 않으면 금값이 계속 오를 것이고, 값이 오르면 황금은 더 많은 사람들의 추종을 받게 될 것이다. 그렇게 되면 황금은 언젠가 달러의 패권적 지위를 전복할 것이다. 하지만 황금을 계속 억압하기 위해 영국과 미국의 금융거물인 FRB와 잉글랜드 은행이 지나치게 '실탄'을 낭비한다면 달러와 파운드의 담보자산이 줄어들고 최고사령부는 수세에 몰리게 될 것이다.

이해득실에 민감한 달러의 배후세력인 영국과 미국의 금융거물도 더 이상 금 공매도 전쟁을 일으킬 능력이 없었고, 금값은 253달러 이하로는 떨어지지 않았다. 1999년은 황금전쟁의 중요한 전략적 전환점의 해로, 제2차 세계대전 당시 전쟁의 향방을 결정했던 '스탈린그라드(Stalingrad) 전투'[81]만큼이나 의미가 있었다. 이때부터 금값을 억압하려는 시도는 황금전쟁에서 주도권을 쥐지 못했다. 그리고 달러 위주의 법정 화폐 체계는 황금의 거센 공세 앞에서 붕괴할 때까지 계속 뒷걸음질 치게 될 것이다.

[81] 2차 세계대전 당시 독일군이 산업의 중심지이자 주요 석유 공급로인 스탈린그라드를 공격해서 벌어진 전투.

39가지 사건으로 보는 금의 역사

금본위는 인플레이션 헤지의
최상의 방법이다

미국의 서브프라임 위기가 몰고 온 글로벌 금융위기로 각국 중앙 은행은 시장을 구제하기 위해 대규모 양적완화(quantitative easing)[82] 정책을 단행했다. 중국의 경우만 보더라도 경기 하락을 막기 위해 2009년 1사분기에만 신규대출을 4조 5800만 위안을 늘려 연초 중앙은행이 발표한 5조 위안의 90%를 초과했다. 이렇게 통화량이 기록적으로 늘어나자 일각에서는 인플레이션에 대한 우려의 목소리가 높아졌고, 경제학자들은 '기대 인플레이션(expected inflation)'[83]에 관심을 집중하고

[82] 중앙은행의 정책으로 금리 인하를 통한 경기부양 효과가 한계에 봉착했을 때 중앙은행이 국채 매입 등을 통해 유동성을 시중에 직접 푸는 정책.

[83] 물가가 장기간 상승하는 인플레이션이 지속되면 경제주체들은 앞으로도 물가가 계속 상승할 것이라는 예상을 하게 된다. 이와 같이 경제주체들이 예상하고 있는 미래의 인플레이션.

있다.

기대 인플레이션 못지않게 사람들이 관심을 보이는 것이 바로 물가다. 생산자 물가지수(PPI)뿐만 아니라 소비자 물가지수(CPI)까지 지속적으로 하락하거나 저공비행한다면 디플레이션(deflation)[84]에 대한 우려가 높아질 것이다. 반대로 만일 생산자 물가지수와 소비자 물가지수가 상승하거나 고공비행을 하면 기대 인플레이션이 높아질 것이다. 기대 인플레이션이 상승할 때마다 금의 가치는 상승했다. 금에는 인플레이션을 헤지(hedge)[85] 하는 기능이 있어 인플레이션이 높아지면 사람들의 투자가 금으로 몰리기 때문이다.

만일 개인이 황금을 소지하고 있다면 인플레이션이 발생했을 때 자산이 줄어드는 것을 다소 방지할 수 있다. 같은 맥락으로 화폐를 발행하는 국가가 황금 보유를 늘리고 금본위제를 시행한다면 인플레이션의 어두운 그림자는 점차 사라질 것이다. 당대 경제학자들 사이에서 유행하는 관점은 '금과 은의 증가속도가 재산의 증가속도를 따라가지 못해 금은화폐 체제하에서 모든 경제체의 공공의 적인 디플레이션이 초래된다'라는 것이다.

그러나 이는 선입견이 만들어낸 착각이다. '인플레이션이 일어나는 데는 이유가 있다'는 견해는 국제 금융가와 케인스 등이 만들어 낸 것이다. 이는 금본위제를 폐지함으로써 나타나는 인플레이션을 수단으로 해 사람들에게서 '보이지 않는 세금'을 걷고 흔적

---

[84] 통화량의 축소에 의하여 물가가 하락하고 경제활동이 침체되는 현상.
[85] 가격변동이나 환위험을 피하기 위해 행하는 거래로 위험회피 또는 위험분산이라고도 함.

없이 국민의 재산을 약탈하려고 내세우는 이론적 근거다. 영국과 미국을 비롯한 구미 국가들의 역사를 보더라도 17세기 이후 경제의 거대한 발전이 반드시 인플레이션을 유발한 것은 아니라는 사실이 이를 증명한다. 영국과 미국 두 나라는 오히려 강도가 약한 디플레이션 상태에서 산업혁명을 완성했다.

1974년 7월 13일자의 〈이코노미스트〉는 영국 산업혁명 시기의 물가통계표를 실어 세계를 놀라게 했다. 1664년에서 1914년까지 250년이라는 긴 세월 동안 금본위제를 유지한 영국의 물가는 안정을 유지하는 가운데 약간 하락하는 추세를 보였다. 파운드의 구매력도 놀랄 정도로 안정세를 보였다. 지금이라면 이렇게 긴 세월 동안 안정적인 물가를 유지하기란 아마도 불가능할 것이다.

1664년의 물가지수를 100이라고 한다면 나폴레옹전쟁 기간 (1803년~1815년) 황금을 되찾겠다던 약속을 실현하지 못해 물가가 잠시 180까지 상승한 것을 제외하면 대부분의 기간은 1664년 수준보다 낮았다. 1914년 제1차 세계대전 발발 당시 영국 물가지수는 91이었다. 다시 말해, 금본위제가 시행되던 1914년의 1파운드는 250년 전인 1664년의 등가화폐보다 더 큰 구매력이 있었던 것이다. 영국이 대영 제국으로 부상할 수 있었던 데는 금본위제의 시행이 큰 역할을 했다. 그러므로 만일 영국이 완벽한 화폐체계를 수립하지 않았다면 그렇게 찬란한 역사를 쓰기는 어려웠을 것이다. "황금은 돈이고 돈이 바로 황금이다"라는 윌리엄 리스모그(William Rees Mogg)의 말이 틀리지 않았음이 증명된 셈이다.

미국의 상황도 비슷했다. 1834년에서 1862년까지 그리고 1879년에서 1913년까지 미국은 전통적인 금본위제를 시행했고, 이 기간의 물가는 매우 안정적이었다. 미국의 소비자물가는 26% 범위 내에서 움직였고, 62년 동안 처음과 끝이 거의 동일했다.

1800년 102.2였던 미국의 도매물가지수는 1913년에는 80.7로 하락했다. 1879년에서 1913년 사이 미국과 여타 국가들은 모두 금본위제를 시행하고 있었다. 이 34년이라는 세월 동안 미국 소비자물가의 변동은 17%에 불과했다. 평균 인플레이션은 거의 제로에 가까웠고 연평균 물가변동은 1.3%를 넘지 않았다. 이 수치를 다른 시기의 다른 가격 변동률과 비교해 보면 현저한 차이를 볼 수 있다. 제1차 세계대전 기간과 대전 후의 평균가격 반락(反落)은 6.2%에 이르렀고, 제1차 세계대전에서 브레턴우즈 체제 시기까지의 평균가격은 5.6%, 브레턴우즈 체제 이후 이 시기의 평균가격 반락은 6%에 달했다.

1900년 이전, 당시 세계의 모든 산업화 국가라 할 수 있는 50여 개

프랑스 프랑	1814~1914	100년 동안 화폐안정 유지
파운드 실링	1816~1914	98년 동안 화폐안정 유지
네덜란드 길더	1816~1914	98년 동안 화폐안정 유지
스위스프랑	1850~1936	86년 동안 화폐안정 유지
벨기에 프랑	1832~1914	82년 동안 화폐안정 유지
스웨덴 크로나	1873~1931	58년 동안 화폐안정 유지
독일 마르크	1875~1914	39년 동안 화폐안정 유지
이탈리아 리라	1883~1914	31년 동안 화폐안정 유지

국가가 금본위제를 시행했다. 금본위제하에서 유럽의 주요 국가들이 농업국에서 공업국으로 탈바꿈하며 전대미문의 경제발전을 이룬 중요한 시기에 그들의 화폐는 고도의 안정세를 유지했다.

오스트리아 태생의 미국 경제학자 루트비히 폰 미제스(Ludwig Edler von Mises)는 자신의 저서 《인간 행동(Human Action)》에서 이 시기의 금본위제에 대해 다음과 같이 서술했다.

> 자본주의 시기에 금본위제는 각국의 통화표준이다. 이 제도는 부와 자유, 정치와 경제적 민주화를 증대시킬 수 있다. 자유무역을 신봉하는 자의 눈에는 금본위제가 국제무역과 국제통화자금시장에서 요구하는 국제표준을 만족시킬 수 있을 것으로 비쳤다. 이는 교환의 매개체로, 이 방식을 통해 산업자본주의는 서양 문명을 세계의 가장 먼 지역까지 전파시켰다. 그리고 그곳에서 기존 사회의 편견과 미신을 타파하고 새로운 생명과 행복의 씨앗을 퍼뜨렸다. 또 사람들의 생각과 영혼에 자유를 불어넣어 과거에 누려보지 못한 부를 창조했다. 서방의 자유주의자들은 빠른 발전을 성취함으로써 각국이 함께 공동체를 만드는 데 여건을 조성했고, 각국은 이 공동체에서 평화적으로 협력했다. 그러므로 왜 금본위제를 역사상 가장 위대하고 유익한 금융제도라고 말하는지 충분히 이해할 수 있다.

세계 경제는 분명 당시의 모든 잠재력을 발휘하여 운행되었다. 오늘날의 지도자들은 기대 인플레이션 압력에 직면했을 때 과거 금본위제를 실시했던 시기의 역사를 되짚어 볼 필요가 있다. 앞서 말했 듯이 황금의 화폐로서의 기능은 자연적으로 진화된 산물로 국제회 의를 통해 만들어진 것도 아니고 어떤 천재가 발명한 것도 아니다. 처음 금본위제를 채택한 영국도 뉴턴의 수학적 기초가 이 제도의 탄생을 앞당겼을 뿐 처음부터 이 제도를 찬성한 것은 아니었다. 금 본위제는 진정한 시장경제가 발전하면서 인류가 선택한 산물이고, 황금은 인류가 신뢰하는 성실한 화폐다. '황금빛 세계'에는 인플레 이션이 없기 때문에 사람들은 화폐를 신뢰하고 자신의 노동 성과를 안심하고 누릴 수 있다. 따라서 황금만이 인플레이션 문제를 해소 하고, 국민의 자산을 보호하며, 사회자원의 합리적 배분을 보장할 수 있다.

중동전쟁과
석유위기 배후의 음모

1973년 5월, 84명의 세계 정상급 금융가와 정계 인사들이 스웨덴 금융계의 거물 발렌베리(Wallenberg) 가문의 휴양지가 있는 살트요바덴(Saltsjobaden)에 모였다. '빌더버그 클럽(Bilderberg club)'[86]이 개최한 이 비밀회의에서 미국대표 월터 레비(Walter Levy)는 OPEC의 석유 판매 수익이 4배 증가할 것이라는 전망을 내놓았다.

이들이 만난 이유는 곧 발생하게 될 오일달러(oil dollar)[87] 홍수를 조종하기 위해서였다. 제2차 세계대전이 종식된 이후 미국의 석유회사들이 세계 에너지시장을 주도했기 때문에 달러로 석유대금을 치르는 것이 세계 관례가 되었다. 만

[86] 미국, 유럽 제국에서 정계, 재계, 왕실 관계자들 약 100~150명이 모여 다양한 국제·정치·경제 문제를 토의하고 비밀리에 정책을 결정하는 모임.
[87] 산유국(産油國)의 석유 수출입에 따른 잉여 외화.

약 세계 유가가 갑자기 폭등하면 석유를 구매하는 달러 수요가 대폭 증가하게 된다. 그래서 그들은 가장 위력 있는 무기를 사용해 세계 석유 유통을 통제하기로 했다.

1973년 10월 6일, 이집트와 시리아는 구소련과 결별 후 주도면밀하게 세운 사전 계획에 따라 이스라엘을 습격했다. 이날은 유대인의 '속죄일(Day of Atonement)'[88]이었다. 이스라엘이 경계심을 풀고 있는 사이 이집트와 시리아는 전쟁의 주도권을 잡고 바레브 방어선을 뚫어 이스라엘을 공황상태에 빠뜨렸다. 그 후 미국을 위시한 서방 진영은 이스라엘의 반격을 전폭적으로 지지했다. 미국은 이스라엘에 22억 달러의 긴급원조를 제공했다. 미국의 막강한 지원을 받은 이스라엘 군대는 신속하게 전세를 역전시켜 이집트 시나이 반도와 시리아 골란 고원을 다시 탈환했다.

[88] 유대교의 가장 엄숙한 제일. 유대력의 정월에 해당.

시나이 반도에서 이스라엘 낙하산 부대가 이집트군의 돌격 부대 거점을 돌파하는 모습

이러한 전쟁 결과에 이슬람 세계는 분노에 휩싸였다. 그들은 서방 세계에 보복을 가하기 위해 석유 금수조치를 결정했다. 10월 16일, 이집트와 시리아를 지지하기 위해 이슬람 국가가 손을 잡았다. 그들은 석유를 무기로 삼아 유가를 70% 인상한다고 발표했다. 10월 20일에는 이란과 아랍 국가들이 미국에 석유 수출을 전면 중단한다고 발표했다. 국제유가는 1970년 배럴당 1.39달러 하던 것이 1974년 11.46달러로 폭등했다.

　　석유 금수조치로 세계 경제가 침체에 빠지자 서방 진영은 또다시 미국을 중심으로 긴밀하게 단결했다. 그러자 식량이나 공업제품이 부족하고 심지어 정유시설도 수입에 의존해야 하는 산유국들의 사회와 경제가 급속도로 혼란에 빠지는 바람에 석유 금수조치는 불과 5개월 만인 1974년 3월 흐지부지 끝나 버렸다. 금수 기간 유가는 금수조치 이전의 배럴당 3달러에서 거의 4배인 최고 11.65달러까지 치

1973년 10월 16일 세계를 뒤흔든 오일쇼크가 발발했다.

솟아 국제 금융가들의 전망을 현실로 만들었다.

달러 절하를 방지하기 위해 미국은 하루빨리 사우디아라비아 등지로 유입되는 달러를 흡수해야 했다. 고민 끝에 미국은 '분열과 통제'라는 방법을 이용해 중동 산유국을 분열시킨 뒤 그들을 무너뜨리기로 했다. 미국은 첫 번째 공격 목표로 사우디아라비아를 선택했다. 중동 중심에 위치한 사우디아라비아는 세계 제1의 산유국으로 이란, 시리아, 이라크, 이스라엘 등 강국에 둘러싸여 있었다. 하지만 군사력이 약한 탓에 사우디아라비아 왕실은 항상 불안에 떨었다.

이런 약점을 간파한 미국은 사우디아라비아에 상당히 매력적인 조건을 제시했다. 전면적인 정치 지원과 군사적 보호는 물론 기술지원과 군사훈련을 제공해 사우디아라비아 왕실이 영원히 존속할 수 있도록 해 주겠다는 약속이었다. 그 대가로 석유거래는 반드시 달러로 결제할 것, 벌어들인 오일달러로 미국의 국고채를 구매할 것, 미국의 원유 공급을 보장할 것, 석유가격을 조정할 때 반드시 미국의 동의를 받을 것을 제시했다. 만일 이란이나 이라크, 인도네시아 혹은 베네수엘라가 미국에 석유 금수조치를 단행하면 사우디아라비아는 이로 인해 생긴 원유 공급 부족분을 메워주고 미국에 대한 석유 금수조치를 중단하라고 권유해야 한다는 조건도 내걸었다.

'경제 저격수' 존 퍼킨스(John Perkins)는 이 계획을 구체적으로 실행하기 위해 사우디아라비아에 파견된 인물이다. 세계적으로 유명한 컨설팅회사 수석 이코노미스트인 퍼킨스의 임무는 사우디아라비아에 투자하면 전도가 매우 유망한 것처럼 분위기를 조장하고, 이를

오일쇼크 당시 미국인들이
줄을 서서 주유를 기다리
는 모습

이용해 미국의 엔지니어링 회사와 건축회사가 공사를 낙찰받도록
하는 것이었다.

심사숙고 끝에 퍼킨스는 좋은 생각을 떠올렸다. 그는 사우디아라
비아의 수도 리야드 거리에 지나다니는 양떼가 현대적 분위기와 거
리가 멀다는 것을 명분으로 사우디아라비아에 대규모 도시를 건설
하여 오일달러를 벌어들일 계획이었다. 또 그는 OPEC 회원국의 경
제학자들이 자체적으로 석유 제련 산업을 운영하고 석유의 정밀가
공을 진행해 원유 수출보다 더 많은 이윤을 획득하자고 목소리를 높
이고 있다는 사실을 잘 알고 있었다. 드디어 퍼킨스는 모두가 만족
할 만한 해결방안을 찾았다. 오일달러를 양떼 처리에 사용함은 물론
미국의 가장 비싼 현대화 쓰레기처리시설을 도입하는 데 사용하게
하고, 리야드의 도시정비 사업에도 첨단의 미국 제품이 많이 사용되
도록 할 생각이었다. 또한 산업분야에서 원유 수송과 가공에 필요한

인프라를 건설하고 사막 한가운데 거대한 석유가공 산업단지를 세우며 주변으로 대형 산업단지, 대형 발전소, 변전 및 송전 시스템, 고속도로, 송유관, 통신설비, 공항, 항구의 재개발과 이에 필요한 거대한 서비스 산업 체계를 구축할 계획을 세웠다. 이 모든 사업에 오일달러를 쓰도록 계획하는 것이다.

이 밖에도 퍼킨스는 더 원대한 계획을 세웠다. 아라비아 반도에 생기는 거대한 산업 체인을 보호하기 위해서는 미국 군사기지 건설을 포함한 국방산업계약뿐만 아니라 방대한 시설 관리와 서비스 계약을 포함한 일련의 계약이 필요했다. 또 군용 비행장, 미사일 기지, 인재훈련센터 등과 같은 프로젝트를 수행하기 위해서 새로운 건설공사 계약이 필요했다.

퍼킨스의 목표는 미국이 다시 오일달러를 흡수하는 것은 물론 이 거액의 자금이 만들어 내는 이자 수익도 모두 미국 회사에 투자하는 것이었다.

이 계획이 실현되면 사우디아라비아는 현대화된 산업기지와 정비된 도시에 한껏 고무될 것이고, 다른 OPEC 국가들은 이렇게 빨리 현대 국가로 변모한 사우디아라비아를 부러워할 것이다. 그렇게 되면 이 계획을 다른 국가에도 적용할 수 있었다. 퍼킨스의 뛰어난 계획과 로비 능력을 막후의 국제 금융가들은 높이 평가했고, 이런 대규모 계획을 품고 당시 미국 국무장관이던 헨리 키신저(Henry Kissinger)가 1974년 사우디아라비아로 가서 오일달러에 관한 방침을 최종적으로 확정했다. 키신저는 이와 관련해 다음과 같이 속내를

털어놓았다. "원유를 통제한다는 것은 모든 국가를 통제한다는 것을 의미한다. 식량을 통제하면 모든 사람을 통제하는 것이고, 화폐를 통제하면 세계를 통제하는 것과 같다."

황금의 감독에서 벗어난 달러는 이렇게 석유라는 현대산업국가의 윤활유를 볼모로 삼아 명실상부한 '오일달러'가 되었다. 미국은 1973년부터 세계 석유 및 거래와 가격통제권을 달러를 지탱하는 기반으로 삼았다. 전 세계 식량 거래와 가격의 통제권을 획득함으로써 전 세계를 통제한다는 목표를 실현하게 된 것이다. 아울러 미국은 달러를 찍어내 마치 공납품을 받듯 전 세계로부터 염가로 상품을 구매하고 부와 자원을 무궁무진하게 독식할 수 있었다.

그러나 최근 오일달러는 도전을 받고 있다. 특히 이란의 강경한 태도로 미국은 좌불안석이다. 1979년 이슬람혁명 이래로 미국이 이란을 응징한다는 소문이 끊이지 않고 있어 군사적 공격이나 경제제재가 언제 터질지 모르는 상황이다. 그러나 이란의 강경한 자세는 수그러들기는커녕 오히려 강도가 높아지고 있다. 우라늄 농축 중단을 거부하는 것은 물론 이란 정부는 석유거래소를 세워 향후 유로로 원유가격을 표시하고 거래하겠다고 밝혔다.

이란이 '오일달러' 대신 '오일유로'를 사용하겠다고 한 결정은 각계의 주목을 받았다. 그러나 '오일유로'가 결코 허황된 생각은 아니다. 이것은 석유수출국의 수입과 수출 구조에 따라 결정되기 때문이다. 예를 들면, 1998년에서 2002년까지 OPEC 국가의 원유수출 중 22.4%가 미국으로 수출되었고 21.1%가 EU로 수출되었다. 그중 알

제리, 리비아, 이란이 유럽으로 수출한 비율이 미국으로 수출한 비율보다 각각 55%, 97%, 36% 높았다. 인도네시아, 쿠웨이트, 카타르, 아랍에미리트는 주로 일본으로 수출했다. 또한 같은 기간 OPEC 국가의 EU로부터의 수입은 37.2%를 차지했고, 미국에서의 수입은 13.6%를 차지했다. 이런 상황에서 석유수출국이 수출입에 쓰는 결제통화와 리스크 회피 용도로 쓰는 통화를 서로 달리하는 것은 충분히 있을 수 있는 일이다. 장기적으로 보면, 현재 석유 정가와 결제 수단으로서 달러의 독점적 지위는 미국에게만 유리할 뿐 다른 국가들에게는 별다른 이득이 되지 않는다. 이는 결국 OPEC 국가가 자신들에게 유리한 국제통화로 가격을 정하고 결제하는 전략을 택하도록 작용할 것이다. 따라서 미국을 제외한 국가들은 오일유로의 탄생에 결코 배타적이지 않다.

중국이 시장경제를 발전시키면서 중국 경제와 세계 경제는 갈수록 긴밀해지고 있다. 따라서 거액의 자금인 오일달러가 세계에 영향을 미치면 어떠한 형태로든 중국에게 영향을 미친다. 경제의 빠른 발전으로 중국은 이미 원유 수출국에서 수입국으로 변했고, 세계 석유가격의 상승으로 오일머니를 대규모로 지불했다. 오일달러에서 쿼터를 어떻게 줄이느냐는 중국의 장기적 과제다. 뿐만 아니라 원유를 팔아 축적한 오일달러가 페르시아 만의 유동자금을 형성했고, 이것이 중국 경제의 투기 프로젝트에 유입되어 중국 경제에 각종 버블을 형성한 점도 주목해야 할 문제다.

오일달러의 순환은 일찍부터 주목받고 있는 독특한 국제 정치, 경

39가지 사건으로 보는 금의 역사

제 현상이다. 국제 비축통화와 결제통화라는 지위에 기대어 미국은 달러를 마구 찍어내고 전 세계에서 상품과 서비스를 구매한다. 그러나 다른 국가들은 힘들게 벌어들인 외환보유고에서 상당 부분을 페르시아 만 국가 등 산유국에 지불한다. 석유수출국들은 남아도는 오일달러를 투자하기 위해 막강한 경제력과 선진적인 자본시장을 보유한 미국의 문을 두드린다. 오일달러는 이런 순환 과정을 통해 미국의 은행예금이나 주식, 국채 등의 증권자산으로 바뀐다. 결국 오일달러는 미국의 무역과 재정 적자를 메우고, 나아가 미국의 경제 발전을 지탱한다.

미국은 세계 경제와 금융 방면에서의 특수한 지위를 이용해 오일달러를 계속해서 순환하도록 함으로써 미국에는 소비의 팽창, 대외 무역 역조, 대량의 외자 흡수가 병존하는 상황이 장기간 지속되었다. 미국 경제는 바로 이런 특수한 구조 속에서 성장하고 있는 것이다.

플라자합의가
우리에게 주는 시사점

　'위안화 절상'을 둘러싼 논쟁은 갈수록 치열해지고 있다. 특히 미국과 일본의 위안화 절상 압력은 더욱 거세지고 있다. 이에 따라 국제 금융계도 이 문제에 대해 관심을 집중하고 있다.

　글로벌 경제위기가 발발한 2008년 11월 이후, 중국이 미래의 세계 경제를 좌지우지할 것이라는 목소리가 높아졌다. 언론 매체에서는 '중국은 이미 세계 경제 지도자가 되었다!' '중국과 미국은 G2를 결성해 함께 세계 경제체제를 이끌 것이다!' '강대한 G2가 없다면 G20도 없다!'는 등의 구호를 쏟아냈다.

　하지만 많은 학자는 이런 현상을 두고 중국이 1980년대 일본 경제의 전철을 밟는 것은 아닌지 우려하고 있다.

　제2차 세계대전에서 나치 독일 다음가는 국가였던 일본도 군사와 정치 방면에서 철저한 실패를 맛보았다. 그러나 경제의 추는 오히려 일본 쪽으로 기울었다. 1960년대와 1970년대 고속성장기를 거치고 나서도 일본 경제의 발전 추세는 전혀 수그러들지 않았다. 1980년대 일본은 G7 국가 중 가장 높은 경제성장률을 보였다.

그중 1980년에서 1984년까지 일본 GDP의 연평균 성장률은 3%였고, 1985년에서 1991년 사이에는 4.6%에 달했다. 미국과 일본의 경제 격차가 갈수록 좁혀져 1990년 일본의 GDP는 그해 미국 GDP(5조 8,033억 달러)의 절반을 넘는 3조 522억 달러에 달했다. 일본은 지금까지도 미국과의 경제 격차를 가장 좁힌 유일한 국가다. 일본은 미국의 GDP만 능가하면 자신들은 '정상국가'로 회복하여 제2차 세계대전에서의 패전국이라는 치욕을 벗어던지고 단숨에 다시 '정치대국'으로 올라설 수 있을 거라 생각했다.

1980년대 일본은 국가 미래에 대한 낙관적인 전망으로 자부심이 넘쳤고, 패전국의 열등감에서 서서히 벗어나 자신감을 회복하고 있었다. 주목할 만한 것은 바로 이 시기 우익 정치가 이시하라 신타로(石原愼太郎)의 저서 《노(NO)라고 말할 수 있는 일본》이 선풍적인 인기를

1980년대 선풍적인 인기를 끈 이시하라 신타로의 《노(NO)라고 말할 수 있는 일본》

끌었다는 점이다. 당시의 일본은 아시아에서 가장 발전한 경제체이고 경제 성장의 질과 산업제품의 수출경쟁력, 부의 축적 속도와 규모 면에서 국제 금융가들이 두려워할 정도로 눈부신 성장을 보이고 있었다. 클린턴 행정부에서 재무장관을 지낸 로렌스 서머스(Lawrence Summers)는 "일본을 선두로 한 아시아 경제지역은 대다수 미국인에게 두려움의 대상이다"라고 말했을 정도였다. 미국인들은 일본의 미국에 대한 위협은 구소련도 능가한다고 여겼다.

전후 일본은 서양제품의 디자인을 모방하는 것으로 시작해 생산원가를 줄이고 결국에는 역으로 구미시장을 점령했다. 1960년대 일본은 이미 자동차산업에 산업용 로봇을 대거 도입해 불량률을 거의 제로 수준으로 떨어뜨렸다. 1970년대 오일쇼크로 미국의 8기통 승용차는 일본의 값싸고 질 좋은 절연자동차로 대체되었다. 첨단 기술을 필요로 하는 자동차산업에서 미국은 더 이상 일본의 공세에 대항할 힘이 없었다. 1980년대 이후 전자산업의 눈부신 발전으로 소니 (Sony), 히타치(Hitachi), 도시바(Toshiba) 등은 모방에서 혁신 단계로 들어섰으며, 중앙처리장치(Central Processing Unit, CPU)[89]를 제외한 거의 모든 집적회로와 컴퓨터 칩의 제조기술을 빠르게 장악했다. 산업용 로봇과 염가의 노동력을 바탕으로 미국 전자산업과 컴퓨터 하드웨어산업에 타격을 입혔고, 심지어는 미국이 제조한 미사일에 반드시 일본제 칩을 사용해야 할 정도로까지 발전했다. 대부분의 미국인들은 도시바나 히

[89] 명령어의 해석과 자료의 연산, 비교 등의 처리를 제어하는 컴퓨터 시스템의 핵심적인 장치.

타치가 미국의 IBM이나 인텔을 인수하는 것은 시간 문제라고 여겼고, 미국의 산업 노동자들은 일본의 로봇에게 일자리를 빼앗길까 봐 걱정했다.

1980년대 초 미국과 영국이 고금리 정책을 시행하자 달러는 신뢰를 회복했지만 아프리카와 라틴아메리카의 많은 개발도상국은 위기에 빠졌다. 그러나 고금리는 일본 제품이 미국시장을 대거 점령하는 결과를 낳음으로써 미국의 산업에도 치명타를 입혔다.

미국이 금융전을 개시하기 이전, 일본은 2850억 달러에 달하는 미국의 직접자산과 증권자산을 보유하고 있었고, 3290억 달러 이상의 미국 은행자산(미국 은행자산의 14%)을 보유하고 있었다. 또 캘리포니아주 은행자산의 25% 이상과 상환하지 않은 대출 30%가 있었다. 일본이 보유한 미국 지역의 부동산은 EU 전체가 보유한 총합보다 많았다. 또한 일본은 미국 국채의 30~40%를 구매해 뉴욕 증권거래소 일일거래량의 25%를 점유했다. 반도체 부품의 20%, 자동차의 30% 이상, 공작기계의 50% 이상, 절대다수의 소비류 가전제품, 다른 수십 가지의 상품과 서비스를 모두 일본이 공급했다. 이는 한창 성장세에 있던 2009년의 중국도 따라갈 수 없는 성적이었다. 그래서 미국의 호놀룰루 시장은 이렇게 말했다. "호놀룰루는 곧 도쿄의 구가 될 것이다!" 미국인들도 자조 섞인 말투로 "언제 일본이 우리의 자유여신상을 사갈지 모른다!"라고 말했다. 일본이 이렇게 자신감에 흠뻑 도취되어 있을 때 미국은 치밀하고 물샐틈없는 금융전을 준비하고 있었다.

1985년 9월, 미국은 마침내 손을 쓰기 시작했다. 미국, 영국, 일본, 독일, 프랑스의 5개국 재무장관이 뉴욕 플라자 호텔에 모여 '플라자합의(Plaza Accord)'에 서명했다. 목적은 다른 주요 화폐에 대한 달러의 '통제 가능한' 평가절하를 유도하는 것이었다. 일본은행은 미국 재무장관 베이커의 고압적인 자세에 눌려 엔화 절상에 동의했다. '플라자합의'가 체결된 후 몇 개월 내에 달러 대비 엔화가 1:250에서 1:149로 절상되었다.

　　1987년 10월, 뉴욕 증시가 붕괴했다. 그러자 미국 재무장관 베이커는 일본 나카소네 야스히로(中曾根康弘) 수상에게 일본은행이 계속 금리를 인하하도록 압력을 행사해 도쿄 시장에 있던 자금이 일본 증시보다 미국 증시에 더 매력을 느껴 미국으로 방향을 전환하도록 유도했다. 베이커는 만일 민주당이 집권하면 미일 무역적자 문제로 일본을 압박할 것이며, 공화당이 계속 집권하면 조지 부시가 미일 친선을 대대적으로 추진할 것이라고 말했다. 나카소네 수상은 굴복했

1985년 9월 G5 재무장관과 중앙은행 총재들이 '플라자합의'에 서명했다.

　　　　　　　　39가지 사건으로 보는 금의 역사

고, 곧 금리는 2.5%까지 떨어져 유동성 범람이 초래되었다. 그 결과 자본이 주식과 부동산 시장으로 몰려들어 도쿄 증시는 연성장률이 40%에 달했다. 심지어 부동산은 90%나 성장해 거대한 금융 버블이 형성되었다.

이렇게 짧은 시간에 발생한 극심한 환율변동 때문에 일본의 수출품 생산업자들은 심각한 피해를 입었다. 엔화 절상으로 인한 수출 감소 손실을 만회하기 위해 기업들은 은행에서 저리로 융자를 받아 주식에 투자했고, 그 결과 일본은행의 단기대출시장은 세계에서 가장 큰 규모로 발전했다. 1988년, 세계 10대 은행은 모두 일본이 독점했다. 이때 도쿄 증권거래소는 3년 만에 300% 상승한 상태였고, 부동산은 더욱 놀라울 정도였다. 도쿄 한 지역의 부동산 가격을 달러로 환산해 보면 당시 미국 전국 부동산 총액을 능가했다. 일본의 금융시스템은 바람 앞의 등불처럼 이미 위태로운 지경에 이른 것이다.

이때 만일 외부에서 그토록 강력하게 뒤흔들지 않았다면 일본 경제는 완만한 긴축으로 연착륙[90]에 성공했을 것이다. 그러나 일본이 꿈에도 생각지 못한 것은 이 모두가 바로 국제 금융가들이 선전포고도 없이 단행한 '금융교살' 행위였다는 점이다. 금융전은 원자폭탄처럼 일본 경제를 철저하게 파괴했다. 《머니 패전》의 저자 요시카와 모토타다(吉川元忠)는 금융전에 실패해 일본이 입은 손실은 제2차 세계대전 참패로 인한 손실과 맞먹는다고 말했다.

그런데 20여 년이 지난 지금 '플라

> [90] 경기가 과열될 기미가 있을 때에 경제성장률을 적정한 수준으로 낮추어 부작용을 최소화하는 것을 의미.

자합의'가 다시 재연되려 하고 있다. 그러나 이번에는 당시 '플라자합의'의 피해자인 일본이 다른 나라들과 손을 잡고 위안화 절상을 외치고 있다. 2002년 말부터 일본 정부와 언론매체는 중국이 '통화 긴축을 수출'하고 있다고 비난하며 위안화 절상을 요구하고 있다. 2003년 2월 22일, 일본 재무대신 시오카와 마사주로(鹽川正十郎)는 OECD 7개국 회의에서 다른 6개국에 '플라자합의'와 유사한 문건으로 위안화 절상을 압박하자고 제안했으나 결국 통과되지 않았다. 6월 하순, 미국 재무장관이 처음으로 공개석상에서 위안화 절상을 환영한다는 의사를 표명했다. 이것은 미국 정부가 처음으로 위안화 환율 추세에 대한 의사를 표명한 것이다. 그러자 뒤이어 위안화 환율에 관한 논의 열기가 전 세계적으로 뜨거워졌다.

왜 위안화가 논쟁의 중심이 되었을까? 그 이유는 미국 등 세계 경제가 침체의 늪에 빠졌을 때 유독 중국 경제만이 발전을 구가했기 때문이다. 이 밖에도 위안화 환율이 달러와 연계되어 있어 달러가 절하되면 위안화도 따라서 절하되어 중국 대외무역 기업의 경쟁력을 효과적으로 상승시켰다. 이 때문에 중국이 세계에 통화긴축을 수출한다는 비난을 받으며 위안화 절상 압박을 받게 된 것이다.

향후 황금은 다시
화폐의 왕좌를 차지할 것인가?

제6장

✛

전 세계적으로 시장화가 실현된 오늘날, 화폐는 한 국가의 흥망성쇠를 좌우하는 중요한 지표가 되었다. 화폐는 황금과 연계되어 있을 때 비로소 안정적이다. 역사도 이러한 사실을 잘 보여주고 있다. 1931년 잉글랜드 은행이 파운드와 황금의 태환 중지를 선포하면서 대영 제국은 과거 식민지였던 아메리카에 자리를 양보했고, 1971년 닉슨이 황금창구를 폐쇄한다고 일방적으로 선포함으로써 무소불위의 지위를 누렸던 달러도 전환점을 맞이했다. 그 후, 미국은 황금을 탄압하고 군사 행동을 취하고 오일달러 등의 수단을 동원해 달러 강세를 유지하려 애썼지만 달러의 약세를 막을 수는 없었다.

그럼, 달러가 점차 몰락하는 현시대에 황금은 옛 영광을 다시 회복할 수 있을까?

　✛

근대 중국 황금의 역사와
현황

5000년이라는 긴 세월 동안 중국은 줄곧 황금이 부족한 나라였다. 세계 다른 민족과 마찬가지로 중국에서도 황금은 부를 측정하는 단위이자 부의 상징이었다. 그러나 황금의 양이 부족했기 때문에 부를 유통시키는 매개 역할을 하지는 못했다. 중국의 근대 역사를 살펴보면 유통화폐의 기능을 담당한 것은 바로 은(銀)이었다.

1840년의 아편전쟁 이후 약 100년 동안 서방 열강은 중국을 상대로 아편무역과 무력 약탈 및 착취 등을 일삼았다. 그 결과 대량의 백은과 황금이 아편대금과 전쟁배상금이라는 명목으로 중국에서 빠져 나간 탓에 중국에는 황금과 백은 등 하드커런시(hard currency)[91]가 매우 부족했다. 이후 계속되는 내전과 일본의 침략으로 중국의 금과 은은 더욱 대량으로 유출되었다. 일부 금과 은은 군수물자를 구매하기 위한 용도로 사용되기도 했고, 고관대작들이 외국으로 빼돌리기도 했다. 그 당시 사라진 황금과 관련된 의문점들은 아직도 풀리지 않고 남아 있는 상태다.

해방전쟁(1946~1949년) 당시 국민당 정부가 발행한 '금원권(金圓券)'[92] 사건은 또 다른 대표적인 황금유출 사건이다. 국민당 정부의 재정이 해마다 심각한 적자를 기록하자 국민당 정부는 적자를 메우기 위해 법정 화폐를 대량으로 발행했다. 법정 화폐가 범람하자 물가가 치솟았다. 붕괴 직전의 경제를 구제하기 위해 1948년 8월 19일 국민당 정부는 이른바 '화폐제도 개혁'과 '가격제한 정책'을 시행했다.

당시 국민당 정부가 발표한 〈금원권 발행 방법〉은 다음과 같다. 금원권 1위안은 황금 0.22217그램을 함유하고, 그 발행액 한도는 20억 위안으로 한다. 금원권 1위안은 법정 화폐 300만 위안에 해당한다. 아울러 금 1냥은 금원권 200위안이고, 은 1냥은 금원권 3위안이며, 1달러는 금원권 4위안이다. 당시 국민당 정부는 고압적이고 기만적인 수단을 사용해 이 법령을 강제 시행했으며 국민당 통치 하에 있던 국민에게 반드시 1948년 9월 30일까지 소지한 금과 은을 모두 금원권으로 교환하라고 명령했다. 기한을 어길 시에는 강제로 몰수하겠다고 선포한 결과 정부는 두 달도 채 안 돼 2억 달러에 달하는 금과 은을 국민으로부터 거두어들였다.

[91] 경화. 본래의 의미는 금화나 은화와 같이 소재가치를 지닌 화폐를 지칭하지만 최근에는 국제통화로서 외국통화와 자유롭게 교환되는 화폐를 의미하기도 함.
[92] 국민당 정부가 1948년에 발행한 지폐의 일종. 금원권 1圓은 법정 지폐 300만 元에 해당. 4圓은 1달러에 해당한다.

1948년 상하이 시민이 앞다투어
금원권으로 태환하는 모습

　1948년 10월 초, 상하이에서 시작된 사재기 열풍은 국민당이 통
치하는 지역으로 파급되어 각 대도시의 물가가 한층 더 치솟았다.
11월 10일 국민당 정부는 가격제한 정책을 철폐한다고 발표했
다. 12일 또 〈금원권 발행법 수정 법안〉을 발표하여 1금원권의 금
함량을 0.044434그램으로 낮추었다. 아울러 금원권 가격을 기존 가
격에서 80%가량 내린다고 선포하고, 20억 위안으로 정했던 금원권
발행 한도액도 철폐했다. 그러자 금원권 발행량이 무한대로 늘어났
다. 1949년 5월 금원권 발행액은 67조 위안까지 늘어났고, 결국 금
원권도 법정 화폐처럼 휴지 조각이 되고 말았다.

　1949년, 국민당 정부는 '금원권'으로 바꾼 금은과 중앙은행이 보
유하고 있던 금은을 군함에 실어 타이완으로 호송했다. 당시 실어간
황금의 양이 얼마나 되는지에 대해서는 의견이 분분하다. 국민당 소
속이었던 유명한 문인 첸샤오웨이(陳孝威)는 '황금 50만 냥'이라 했
고, "8000만 위안 상당의 금, 황금 92만 4000냥, 은화 3000만 위안"이

라고 말하는 사람도 있었다. 리종런(李宗仁)의 비서 량성쥔(梁升俊)은 "난징이 함락되었을 때 국고에 황금 280만 냥과 5000만 달러가 넘는 돈이 있었고, 무명천을 판매한 돈 1500만 달러, 상당한 액수의 유가증권이 있었다"고 말했다.

신중국이 건립된 후 중국 정부는 금과 관련된 산업을 매우 엄격히 관리했다. 금을 채굴하고 제련하는 기업이 생산한 금을 모두 중국 런민(人民)은행에 판매하면 런민은행은 심의를 통해 이를 황금을 사용하는 기업에 판매했다. 1982년부터 국내에서 금으로 만든 장신구 판매가 회복세를 보이자 중국은 런민은행의 팬더 금화 발행을 시작으로 금은시장 개방의 첫발을 내디뎠다. 뒤이어 1999년 11월에는 은시장을 개방해 반세기 동안 금지되었던 은의 자유무역을 허용했다. 상하이 화통(華通)유색금속 현물도매시장은 중국 유일의 은 현물거래 시장이 되었다. 은에 대한 규제 철폐는 금시장 개방을 위한 시금석으로 간주된다.

2001년 4월, 중국 런민은행은 황금의 '일괄구매와 일괄판매'를 철폐한다고 발표하고 상하이에 금거래소를 설립했다. 같은 해 6월, 중앙은행은 금 시세 주간 가격표 제도를 시행하고 국제 금 시세에 따라 국내 금값을 조정했다. 뒤이어 금 장신구, 금정광(金精鑛)[93], 금괴광(金塊鑛), 금은 제품의 가격을 모두 개방했다.

2002년 10월 30일, 상하이 금거래소의 정식 개장을 신호탄으로 하여 중국 금시장은 전면 개방되었다. 이를 계기

[93] 불순물을 제거하여 품위가 높아진 광석.

로 황금에 대한 국민의 투자가 점차 늘어나면서 중국에서 황금투자는 새로운 전기를 맞이했다. 현재 중앙은행이 보유한 금과 국민이 소지한 금을 모두 포함하면 중국의 금 보유량은 약 4000~5000톤 정도에 이른다.

그동안 중국 국내의 황금수요는 액세서리 등의 소비수요가 주를 이루었다. 매년 중국시장에서 판매되는 금은 대부분 금 장식물을 만드는 데 쓰였다. 반면 공업이나 의료, 과학연구 등 분야의 수요는 비교적 적었다. 금 관련 금융투자는 아직 걸음마 단계이기 때문에 이것과 관련된 금 소비 비율은 매우 낮다. 중국 국민이 금을 이해하고 인식하는 수준은 장신구로서의 금을 아는 정도에 머물러 있는 경우가 대부분이기 때문에 아직은 적극적으로 금 투자에 나서는 사람이 많지는 않다.

다양한 역사적 원인과 금융체제 등의 이유로 중국 대륙의 1인당 금 보유량은 3.5그램 정도이고, 1인당 연간 금 소비량은 0.2그램에 불과하다. 소비가 주로 장신구에 집중되어 있기 때문에 홍콩이나 타이완 혹은 서양과 비교해 볼 때 소비량에서 현격한 차이가 난다(아랍에미리트의 1인당 연간 금 소비량은 30그램으로 가장 많다). 또 인도의 1인당 소비량인 1그램과도 상당한 차이가 있다. 그동안 중국의 금 소비량은 연간 200톤 정도였지만 앞으로 몇 년 내에 400~500톤 정도로 늘어날 전망이다. 이는 국제 금 시세에 중대한 영향을 미칠 것이다.

중국 국내 상황을 살펴보면 국가 차원의 장기적인 황금비축계획이 미흡했기 때문에 일반 대중들은 자산의 가치를 보전하고 늘리기 위해 금에 투자하거나 혹은 금으로 금융위기나 인플레이션에 대응하는 방법을 잘 알지 못했다. 그러나 금 투자에 대한 의식이 높아지고 있고, 중국의 금시장이 완전히 개방되면서 금융시장에서 중국인들의 금에 대한 투자는 전 세계가 놀랄 정도로 빠르게 상승하고 있다.

세계금위원회가 발표한 국가별 황금비축현황 자료를 보면 아직도 많은 나라가 공식적인 금융전략비축 수단으로 금을 선택하고 있다. 금은 그 우수성 때문에 과거 오랜 기간 화폐 기능을 담당했다. 서방의 주요 국가를 포함한 많은 국가의 전략비축에서 금은 중요한 위치를 차지한다. 세계 각국이 발표한 공식적인 비축총량은 전 세계 연간 금 생산량의 13배에 달하는 3만 2700톤이다. 그중 공식적인 금비축량이 1000톤 이상인 국가나 조직은 미국, 독일, 프랑스, 이탈리아, 스위스, IMF가 있다. 이중 미국이 가장 많은 양인 8100여 톤을 비축했으며, 이는 세계가 비축한 총량의 24.9%를 차지한다.

지금까지의 자료를 종합해 볼 때 금은 아직도 한 나라의 종합적인 국력을 보여주는 지표임을 알 수 있다. 동시에 국제수지의 균형을 맞추고 환율을 유지하고 조절하는 기능과 함께 금은 금융자산으로서 국민 경제를 안정시키고 인플레이션을 억제하며 국제적으로 자금신용도를 향상시키는 등 매우 특수한 역할을 수행한다. 관련 자료에 따르면, 미국은 국가의 전략비축(strategic stockpile)[94] 중 금의 비율이 56.7%를 차지하고 서방 10대 국가의 공식적인 금 비축량은 세계 각국의 정부가 비축한

[94] 비상시에 대비하여 정부가 주체가 되어 중요 물자를 비축하는 것.

총량의 75%를 차지한다. 우리는 이를 통해 금 비축의 중요성을 분명히 알 수 있다. 국가 금융전략에서 금 비축 비율이 높다는 사실은 금이 지금도 국가 전략비축의 주요 대상이며 세계 선진국이 황금을 상당히 중시한다는 것을 의미한다.

'달걀을 한 바구니에 담지 말라'는 투자 전략에 근거해 한 자원만 비축하기보다는 비축 자원을 다원화하는 것이 더 안정적인 투자 방법이다. 한 나라의 경제를 안전하게 지켜주는 금은 국가 경제와 국민 경제를 안정시키고 통화를 안정시키는 데 매우 중요하고 긍정적인 역할을 한다. 역사적으로 보면 금은 무한한 권위를 지닌 비축자산이다. 앞으로도 금은 세계 경제와 패권지위를 결정하는 데 있어 중요한 역할을 하게 될 것이다.

가장 안정적인 금융 방화벽 :
정부와 국민의 금 공동 보유

중국은 WTO에 가입하면서 2006년 말까지 금융 산업을 전면적으로 대외 개방하겠다고 약속했었다. 과거에 국유은행은 인플레이션을 유발해 이윤을 얻고자 하는 욕망은 있었지만 악의를 품고 의도적으로 디플레이션을 조장해 국민의 재산을 갈취할 의도나 능력은 없었다. 신중국 성립 후 심각한 경제위기가 없었던 이유는 바로 의도적인 경제위기 조장도 없었지만 능력이 미치는 세력이 없었기 때문이기도 하다. 그러나 국제 은행가들이 중국에 들어온 후 상황은 근본적으로 변했다.

200여 년 전 미국 〈독립선언문(Declaration of Independence)〉의 초안을 작성한 토머스 제퍼슨(Thomas Jefferson)은 미국의 채무 화폐화에 대해 정확한 식견을 갖고 있었다. "만일 미국 국민이 법정 화폐를 받아들인다면 은행가들은 우선 인플레이션을 통해, 그다음은 다시 통화긴축을 통해 국민의 재산을 갈취할 것이다. 그들의 자녀들은 어느 날 아침 잠에서 깨어났을 때 자신들의 보금자리와 조상들이 일구어 놓은 대륙을 잃었음을 발견할 것이다." 제퍼슨의 경고는 현

미국 제3대 대통령 토머스 제퍼슨

재 중국에도 시사하는 바가 크다. 중국에 진출한 외자은행은 중국 국내의 채무를 화폐화하여 인플레이션과 디플레이션을 통해 중국 국민을 '양털 깎기(Fleecing of the Flock)'[95]의 희생양으로 삼을지도 모른다.

그렇다면 양털을 깎이는 신세가 되지 않기 위해서 어떻게 해야 할까? 금융 분야에 내부적으로 견고한 방화벽을 세워 외자은행과 국제 헤지펀드 같은 금융투기꾼들의 연합에 대비해야 한다. 대외적인 금융 방화벽과 관련해서는 특히 달러체계의 붕괴 위기를 대비해야 한다. 44조 달러라는 천문학적인 채무가 누적되어 있기 때문에 미국

[95] 양의 털이 자라는 대로 내버려 두다가 어느 날 한꺼번에 털을 깎아서 수익을 챙기는 것.

경제는 수면이 지면보다 수십 미터나 높아 방대한 복리채무가 만들어낸 유동성 범람이 날마다 방파제에 충격을 가하고 있다. 이것은 '저지대'에 살고 있는 중국과 다른 동아시아 국가 및 지역을 심각하게 위협하고 있다.

달러의 절하는 더 이상 특별한 예측이 아닌 매일 발생하는 '누수'와도 같은 현상이지만 일단 '제방이 붕괴'되면 그 결과는 상상을 초월할 것이다. 따라서 외환보유고 중 일부를 금이나 은으로 전환해 위험을 대비하는 것이 매우 중요하다. 금과 은은 세계 부를 가장 안전하게 지킬 수 있는 '노아의 방주'이므로 금과 은의 보유량을 시급히 늘릴 필요가 있다.

황금 보유가 100톤 이상인 국가, 지역, 조직은 32개이고 주로 유럽과 북미주에 집중되어 있다. 반면 아시아와 아프리카 지역에서 해당하는 국가는 극히 소수다. 황금 보유가 10톤이 안 되는 국가나 지역, 조직은 총 47개로 주로 아시아와 아프리카, 라틴아메리카에 분포되어 있다. 그 총량은 미국 금 보유량의 1.43%에 불과하다.

이 데이터를 통해 정치, 경제력이 막강한 국가가 황금을 많이 보유하고 있음을 알 수 있다. 금 보유량은 국가의 종합적인 국력을 상징하는 동시에 금값 상승은 선진국의 이익을 대변한다.

주목할 만한 점은 자국의 상황에 따라 '국민에게 금을 보유하게 한' 국가도 있다는 사실이다. 이들 국가는 정부의 공식 보유량은 많지 않지만 민간이 상당히 많은 양의 금을 보유하고 있다. 일례로, 인도의 경우 공식 보유량은 357.8톤에 불과하고 국가의 전략비축에서 차지하는 비율도 7.8%로 높지 않지만, 관련 자료를 보면 민간에서 보유한 황금이 적어도 1만 톤 정도이며 은은 적어도 11만 톤가량을 보유하고 있다. 현재 인도는 연간 600~800톤의 소비를 자랑하는 세계 최대의 금 소비시장이다. 인도는 금을 생산하지 않기 때문에 매년 소비하는 금은 대부분 국제시장에서 구매하는 것이다. 최근 몇 년 동안 인도 경제가 빠르게 성장하면서 금 수입량도 대폭 증가했다.

전통 관습 때문이든 아니면 경제적 목적 때문이든 간에 국민에게 금을 보유하게 한 인도의 정책은 주목할 만하다. 달러가 장기적으로 약세를 보이자 많은 학자는 외환보유를 국민과 함께 분담해 외환보유고의 손실로 인한 리스크를 줄여야 한다고 주장한다. 만일 중국이 강제적인 결제제도를 포기하고 금을 소지한 개인이나 기업이 직접 외환을 통제한다면 국가 외환보유고 위축의 리스크를 분산할 수 있고, 동시에 화폐 추가발행과 위안화 절상 압력을 완화할 수 있다. 하지만 외환 유동성과 관련된 국가의 관리감독 능력은 분명히 약화될 것이며, 이로 인해 금융시스템 전체의 리스크는 증가할 것이다. 그러므로 이러한 방법이 만병통치약이라고 보기는 어렵다. 따라서 국민과 외환보유를 분담하기보다는 국민이 금을 소지하도록 장려하는 편이 낫다. 어느 나라의 화폐든 속도는 다를지언정 장기적으로는 모두 금에 대해 평가절하될 것이다. 그러므로 금은 근본적으로 국민의 재산을 보전할 수 있다.

2009년 4월 24일, 국가외환관리국은 현재 중국이 보유한 금은 2003년 대비 75.6% 증가한 1054톤으로 세계 5위라고 발표했다.

1054톤이라는 수치는 향후 중국 경제 발전에 중요한 의미가 있을 뿐만 아니라, 이로 인해 국제 금 보유의 발전 역사와 국제 금 보유 순위가 모두 다시 쓰여졌다. 중국은 이미 세계적인 금생산대국이자 소비대국이다.

그러나 중국이 1,054톤, 즉 10억 5400만 그램의 황금을 보유하고 있다 해도 이를 13억 인구로 나누면 1인당 평균 보유량은 0.81그램에 불과하다. 이것은 매우 낮은 수치다. 동시에 금 보유량은 많이 늘었지만 전체 보유자산에서 황금이 차지하는 비중은 2%에 못 미치는 매우 낮은 수준에 불과하다. 현재의 금값으로 계산해 보면 중국이 보유한 금은 약 300억 달러 수준으로 외환보유에서 차지하는 비율은 과거 0.9%에서 1.6%로 상승했다. 반면, 선진국은 외환보유에서 금이 차지하는 비율이 보통 40%~60%에 달하고, 유로존 국가는 60.8%에 달한다.

이로 미루어 볼 때, 중국이 보유한 1054톤은 세계 수준에 한참 미치지 못하기 때문에 더 많은 양의 금을 보유해야 한다. 전문가들의 예측에 따르면 중국의 금 비축 비율이 일본 수준에 다다르려면 1400톤의 황금이 필요하다. 또 러시아나 인도 수준이 되려면 2500톤 정도가 필요하며, 국제 평균수준에 다다르려면 6000톤가량이 필요하다.

중국은 중국 실정에 맞는 금은을 기축으로 하는 '이중화폐체계'를 수립하고 안정된 화폐 도량형으로 세계 주요 기축화폐가 되는 것을 화폐개혁의 최종 목표로 삼고 있다. 이를 위해 정부와 국민 모두 금과 은의 보유를 늘릴 필요가 있다.

달러 독주체제와
국제 화폐체계 개혁

금융위기가 발발한 이후 '위안화의 국제화'라는 단어가 자주 보도되고 있다. 금융위기로 사람들은 달러가 독주하는 국제 화폐체계의 폐단과 국제 화폐체계 개혁의 중요성을 인식하게 되었다. 동시에 위안화의 국제화가 부각되고 있다.

사실 한 나라의 화폐를 세계화폐로 삼는 현행의 국제 화폐체계는 화폐의 남발을 초래하게 된다. 이것이 이번 금융위기 발발의 가장 근본적인 원인이자 근 30년 동안 세계 금융위기가 빈번하게 발생하게 된 제도적 문제점이기도 하다. 21세기에 들어서 FRB는 자국의 경기부양을 위해 2001년부터 화폐를 대량 발행하고 방만한 화폐정책을 시행해 마침내 서브프라임 시장을 기점으로 한 글로벌 금융위기가 일어났다. 그 결과 전 세계 투자자들은 막대한 손실을 입었고 세계 경제는 직격탄을 맞았다.

위기를 예방하기 위해 세계 각국이 일치단결하는 모습을 보일 때 FRB는 국제 화폐체계에서 자신이 차지하고 있는 책임이나 지위는 고려하지 않고 미국 국채를 대거 구매하여 시장에 달러 공급을 늘렸다. 이는 곧 달러가치의 하락과 함께 중국을 포함한 많은 채권국이 다시 미국 정부의 시장구제를 위해 대가를 지불해야 한다는 것을 의미했다.

지금의 화폐체계에서 만일 각국이 자신의 이익을 추구하지 않는다면 위기가 또다시 도래했을 때 이번보다 훨씬 심각한 손실을 입게 될 것이라는 징조들이 이미 드러나고 있다. 따라서 개발도상국들은 국제 화폐체계의 개혁을 위해 협력할 필요가 있다. 또한 중국이 주변 경제체와 대외무역 거래를 할 때 위안화로 결제하는 제도를 적극 추진하여 홍콩 마카오 지역의 위안화 관련 업무를 확대하고 위안화의 국제화 속도를 가속화해야 한다.

위안화의 국제화는 향후 중국이 국제 화폐체계 개혁에서 더 많은 발언권을 얻고, 국내 경제정책의 독립성을 유지하며, 국내 경제의 안정을 유지하는 데 유리하다. 아울러 중국이 세계 경제 강국으로 우뚝 서는 데 꼭 필요한 전제조건이다.

물론 현재로서는 진정한 글로벌 단일시장이 되기까지 세계가 가야 할 길이 멀다. 이것이 세계화폐가 출현하지 못하는 원인이기도 하다. 단일시장이 완성되기까지의 기나긴 과도기 동안 달러는 준 세계화폐로서 거액의 시뇨리지를 계속 벌어들일 것이다. 물론 시뇨리지에도 대가가 있다. 이 대가는 주로 '게임 룰'을 유지하는 원가로 표현된다. 미국이 안정적인 화폐발행체제를 유지하기만 한다면 달러에 대한 전 세계의 믿음은 지속될 것이고, 이 믿음을 유지하기 위해 미국의 정책 입안자들은 경제의 외부 균형이나 내부 균형을 희생시키려 할 것이다. 과거 발생했던 몇 차례의 달러위기와 이번 금융위기는 사실 달러의 신용을 지키려는 것과 내, 외부 경제 균형을 유지하려는 것, 양자 사이의 이익충돌이라 할 수 있다.

그러나 달러가 도전을 받는다 해도 달러의 시뇨리지는 지속될 것이며, 달러는 여전히 세계에서 가장 중요한 준비통화(reserve currency)의 역할을 지속할 것이다. 비록 과거만큼 독단적일 수 없고 유로나 다른 화폐의 도움을 받을지언정 달러는 여전히 세계화폐 '이사장' 노릇을 할 것이다.

그 이유는 달러의 지위를 유지하는 양대 축이 아직 막강하기 때문이다. 그중 한 축은 바로 미국의 다국적 기업이 보유하고 있는 글로벌 지위다. 지난 30여 년 동안 국제 경제에 나타난 중요한 현상 중의 하나는 바로 중국 등 신흥시장의 부상이다. 하지만 그 배후에 미국 등 선진국의 다국적 기업이 자리하고 있다. 그들은 단순 제조 등의 분야를 중국 등 개발도상국으로 이전시키고 현지의 염가의 노동력과 토지, 에너지 등의 생산요소를 충분히 활용했다. 그리고 디자인, 마케팅, 물류 시스템 등 핵심 분야는 자신들이 장악하여 거액의 이윤을 얻었다. 결국 신흥시장의 거액의 무역 흑자는 미국 다국적기업이 전 세계 자원을 장악하고 있다는 사실을 은폐해 버렸다. 그리고 수출 주도로 축적한 막대한 외환보유고는 사실 다국적 기업의 본위화폐를 달러화한 것에 불과하다. 그래서 진정으로 주도권을 쥐고 있는 것은 여전히 미국의 다국적 기업이다. 다른 한 축은 발달한 미국 금융기관과 금융시장이다. 편리한 금융시장은 보유국의 외환자산이 이상적으로 거래될 수 있는 장소를 제공하고, 금융파생상품과 자산 증권화 및 무소불능의 은행기관은 이 시장을 구성하는 요소다. 그들은 각국의 거액의 무역달러와 오일달러를 미국시장으로 끌어들이고 이 과정에서 막대한 수익을 챙긴다.

글로벌 금융위기는 막대한 손실과 무한한 기회가 병존하는 시기라 할 수 있다. 이렇게 중요한 시기에 심사숙고하여 명확한 경제정책을 수립한 국가는 야심 찬 계획을 실현할 수 있고, 전통 금융 질서의 '통치자' 지위를 차지하게 될 것이다.

위안화의 국제화를 실현하기 위해서는 우선 주변 지역이 위안화 사용을 늘릴 수 있도록 주요 무역 국가나 지역과 협상하여 위안화를 결제화폐로 선택하게 해야 한다. 2009년 3월 29일, 중국 런민은행과 아르헨티나 중앙은행은 700억 위안의 통화스왑 계약을 체결했다. 이것은 지금까지 중국이 라틴아메리카 국가와 체결한 계약 중 규모가 가장 큰 금융거래다. 2008년 12월부터 중국 중앙은행은 홍콩, 한국, 말레이시아, 인도네시아, 벨로루스, 아르헨티나 등 여섯 개 국가 및 지역의 중앙은행 그리고 통화 당국과 통화스왑 협정을 체결했다. 그 총액은 6500억 위안에 달한다. 이는 중국 외환보유고의 약 5%에 달하는 액수이다. 이 밖에 중국은 브라질과 양자 무역에서 본위화폐 사용에 관한 연구 협정을 체결했다.

앞에서도 언급했듯이 중국은 실물인 황금보유량을 확대하고 있으며, 현재 보유량은 2003년 대비 75.6% 증가한 1054톤이다. 중국은 또 200억 달러에 달하는 IMF의 SDR 표시 발행 채권을 구매했다. 중국은 비축관리를 위해 해외의 원자재 자산(회사와 자원) 구매에 주력하고 있다. 장기적으로 중국 기업은 해외에서 가치가 하락한 채굴기업을 인수하고 거액의 원료공급 계약을 체결할 것이다. 또한 중국은 러시아 연방에 250억 달러의 차관을 제공해 20년 동안 원유 공급을 약속받았다. 또 브라질과 100억 달러의 유사한 협정을 체결했고, 베네수엘라와도 40억 달러의 계약을 체결했다. 주목할 만한 점은 이 계약이 모두 일주일 사이에 체결되었다는 것이다. 얼마 전 시노펙(Sinopec, 중국석유화학기업)이 72억 4000만 달러에 스위스 아닥스(Addax) 석유를 인수하여 해외 석유가스기업 인수로는 역대 최대 규모를 기록했다.

이 모든 일련의 활동은 대내적으로 계속 늘어나는 수요에 대비하고 위안화의 국제화를 위해서 일정 부분 기반을 다진 것으로 평가된다. 만일 전략비축이 충분하다면 중국은 직접 원자재상품 거래소를 만들어 위안화를 결제화폐로 사용할 수 있다. 중국의 화폐로 원료무역을 한다면 이것은 위안화가 국제 준비통화로 한 걸음 다가가게 되는 길이다. 그리고 진정한 위안화 채권이 출현한다면 최종적으로 달러를 대체하는 데 기초를 마련할 것이다(이미 일부 해외은행은 홍콩에서 위안화 채권을 발행하고 있다).

화폐의 흥망성쇠는 한 국가의 정치와 경제력을 깊숙이 반영한다. 영국과 미국은 강성했던 시기 전 세계 경제와 무역을 장악하고 세계의 정치, 군사 판도를 결정했다. 그들의 패권을 가장 잘 보여주는 것이 바로 그들의 주권 화폐가 전 세계에서 누린 막강한 발언권이었다.

주권 화폐가 부상하려면 탄탄한 물질적 기초가 뒷받침되어야 한다. 예를 들어 해당 국가의 경제 번영과 신뢰 기반, 강력한 국가기관의 확고하고 명확한 의지 등이 있어야 해당 국가의 화폐를 보유한 다른 나라로부터 신뢰를 받을 수 있다. 그리고 우수한 신용환경과 완벽한 금융시스템은 하드커런시 시장의 기초다.

파운드가 세계 준비통화가 된 후 영국은 전 세계 금융패권을 이용해 너무나 많은 이득을 누렸다. 예를 들면, 19세기 말에서 20세기 초 영국의 국력이 쇠퇴하면서 경제, 군사력이 이미 미국이나 독일 심지어 프랑스 등 서방 열강보다 뒤졌음에도 불구하고 파운드는 1940년대가 되어서야 달러에 의해 대체되었다. 반세기 동안 파운드의 패권은 영국이 대국 지위를 유지하는 데 있어 가장 중요한 버팀목이었다.

국제 준비통화가 되는 길은 저절로 열리는 것이 아니라 국력과 의지, 기술, 결정권자들의 치밀한 계획과 지속적인 이행이 뒷받침되어야 한다. 사실 파운드나 달러가 하드커런시가 될 수 있었던 이유는 영국과 미국이 정치, 군사, 외교, 문화 등 다양한 분야에서 막강한 힘을 갖추었기 때문이다. 얇은 종이인 지폐의 배후에는 그러한 막강한 힘이 지탱하고 있어 지폐가 황금처럼 강해질 수 있었다.

국제 금융체제 개혁의 길이 아무리 멀고 험난하더라도, 또 중국이

람들 때문에 실물 자산인 황금은 역대 최고기록을 몇 차례나 갱신했다. 2008년 3월 금 현물가격은 온스당 1000달러를 돌파하며 신기록을 갱신했다. 그 후 온스당 800달러 수준을 유지했고, 9월 중순이 되자 다시 온스당 900달러를 넘었다.

경제학의 대가 케인스는 황금을 '야만시대의 유물'이라고 즐겨 말했지만, 금융신용체계가 상당한 수준까지 발달한 오늘날 왜 사람들은 여전히 황금을 이렇게 갈망하는 것일까?

우주대폭발로 지구가 생성되는 그 순간 황금은 지각의 암석에 1톤당 0.0035그램의 소량이 함유되었고, 산화와 부식에 강한 물리적 특성을 갖고 태어났다. "희귀한 것이 값비싸다"는 말처럼 황금은 희소성 덕분에 사람들에게 많은 사랑을 받았다. 황금은 인류가 보편적으로 인정하는 하드커런시다. 이는 순전히 황금 자체의 '천부적인 본성'과 인간의 선택으로 형성된 지위다.

대자연은 황금의 공급량에 상한선을 정했고, 무(無)에서 황금을 만들어 낼 수 있는 사람은 아무도 없다. 귀금속으로 만든 화폐와 금본위에 연계된 지폐는 그 가치가 기본적으로 안정적이다. 사람들은 이를 이용해 통치자가 마음대로 인쇄기를 돌려 자신들이 힘겹게 모은 자산을 빼앗는 것을 방지하도록 통치자의 탐욕의 손에 수갑을 채우는 계약을 만들었다. 이것이 잘 유지되었다면 그래도 인류에게는 행운이었을 것이다. 그러나 애석하게도 가장 진실한 금본위제는 또다른 의미의 유토피아였다. 일부 엘리트들이 고안해 낸 법정 화폐가 국민의 신임을 받자 금본위제는 공격을 받기 시작했다. 금시장의 가격도 수시로 요동을 쳤고 가격을 하락시키려는 음모가 만연했다.

1971년 8월 15일 닉슨이 황금 창구를 폐쇄한 후 황금은 연금 상태가 되었다. '참주(僭主)인 달러'는 곧 세계 화폐의 중심 무대에 올라 세계 무역의 주요 결제화폐이자 절대다수 국가의 외환보유화폐가 되었다. 그렇다면 황금을 대신한 달러가 세계의 일반 등가물이 된 것은 과거 어디에선가 사람들이 황금으로 조개껍데기를 대신한 것처럼 합리적인가? 결코 그렇지 않을 것이다. 인간의 대자연에 대한 경외심이 FRB에 대한 경외심을 훨씬 능가하므로 달러의 가치는 영원히 황금의 가치를 능가할 수 없기 때문이다.

미국의 유명한 금융사학자인 피터 번스타인(Peter Bernstein)의 《황금의 지배(The Power of Gold : The History of an Obsession)》에 보면 이런 내용이 있다. "과거의 경험을 통해 알 수 있듯이 비잔틴의 금화, 디나르, 파운드는 모두 세계 금융체제에서 영원한 통치 지위를 누리지 못했다. 달러 혹은 유로화가 세계적인 지불수단으로서 제 역할을 다하지 못할 때 황금은 다시 한 번 최후 중재자로서 제 역할을 발휘할 것이다." 로버트 먼델도 다음과 같이 예언했다. "황금은 21세기에 국제 통화체계의 일부가 될 것이다." 언제나 그랬듯이 황금이라는 '난세의 영웅'은 경제가 위기에 처할 때마다 '부의 피난처'가 될 것이다.

역사를 살펴보면 다른 모든 형태의 탐욕과 마찬가지로 권리에 대한 탐욕도 그 끝이 있다. 공중누각의 화폐의 권리를 만들어 이를 장악한 사람들은 결국 자신들이 만들어 낸 버블에 침몰하고 말 것이다. 요즘 끊임없이 재현되고 있는 금융위기가 바로 그 증거라 할 수 있다. 향후의 세계 통화체계에서 황금이 다시 '왕좌'에 오를지 현재로서는 단언하기 어렵다. 그러나 한 가지 예측 가능한 사실은 달러, 유로화 혹은 다른 법정 화폐가 세계적인 지불수단으로서 제 기능을 다하지 못할 때 황금은 다시 한 번 재량권을 발휘하게 될 것이라는 점이다.

왜 사람은 금을 탐하나?

39가지 사건으로 보는 금의 역사

지은이 | 루안총샤오
옮긴이 | 정영선
발행처 | 도서출판 평단
발행인 | 최석두

등록번호 | 제2015-000132호
등록연월일 | 1988년 7월 6일

초판 1쇄 발행 | 2019년 8월 30일
초판 3쇄 발행 | 2021년 7월 08일

우편번호 | 10594
주소 | 경기도 고양시 덕양구 통일로 140(동산동 376) 삼송테크노밸리 A동 351호
전화번호 | (02)325-8144(代)
팩스번호 | (02)325-8143
이메일 | pyongdan@daum.net

ISBN | 978-89-7343-520-3 03320

ⓒ 루안총샤오, 2019